广视角·全方位·多品种

权威·前沿·原创

皮书系列为
"十二五"国家重点图书出版规划项目

产权市场蓝皮书

BLUE BOOK OF
PROPERTY AND INTELLECTUAL
PROPERTY EXCHANGES

中国产权市场发展报告
（2012~2013）

ANNUAL REPORT ON CHINA'S PROPERTY AND INTELLECTUAL
PROPERTY EXCHANGES (2012-2013)

主　编／曹和平

副主编／何亚斌　张承惠　李正希

北京大学中国产权与PE市场研究课题组

社会科学文献出版社

SOCIAL SCIENCES ACADEMIC PRESS (CHINA)

图书在版编目（CIP）数据

中国产权市场发展报告. 2012~2013/曹和平主编. —北京：社会
科学文献出版社，2013.12
　（产权市场蓝皮书）
　ISBN 978 - 7 - 5097 - 5240 - 1

　Ⅰ.①中⋯　Ⅱ.①曹⋯　Ⅲ.①企业产权－产权市场－研究报告－
中国－2012~2013　Ⅳ.①F279.21

中国版本图书馆 CIP 数据核字（2013）第 257849 号

产权市场蓝皮书
中国产权市场发展报告（2012~2013）

主　　编 / 曹和平
副 主 编 / 何亚斌　张承惠　李正希

出 版 人 / 谢寿光
出 版 者 / 社会科学文献出版社
地　　址 / 北京市西城区北三环中路甲 29 号院 3 号楼华龙大厦
邮政编码 / 100029

责任部门 / 皮书出版中心（010）59367127　　　　责任编辑 / 周映希
电子信箱 / pishubu@ ssap. cn　　　　　　　　　责任校对 / 邓晓春
项目统筹 / 邓泳红　　　　　　　　　　　　　　责任印制 / 岳　阳
经　　销 / 社会科学文献出版社市场营销中心（010）59367081　59367089
读者服务 / 读者服务中心（010）59367028

印　　装 / 北京季蜂印刷有限公司
开　　本 / 787mm×1092mm　1/16　　　　　　印　　张 / 24.5
版　　次 / 2013 年 12 月第 1 版　　　　　　　 字　　数 / 393 千字
印　　次 / 2013 年 12 月第 1 次印刷
书　　号 / ISBN 978 - 7 - 5097 - 5240 - 1
定　　价 / 79.00 元

产权市场蓝皮书
编 委 会

中国产权市场发展报告（2012~2013）
编　委　会

主要编撰者简介

曹和平 北京大学经济学院教授，美国俄亥俄州立大学博士，北京大学数字中国研究院副院长，北京大学发展经济学系主任，北京大学中国产权与 PE 市场研究课题组负责人，北京大学供应链研究中心顾问，广州市金融咨询决策专家委员，云南省政府经济顾问，西安市经济决策咨询委员会金融委员，哈尔滨市经济决策咨询委员会金融委员。

主要研究领域为发展金融（Development Finance）。近年来在《中国社会科学》《经济研究》《北京大学学报》等刊物发表中英文文章多篇，出版中英文著作、译著和主编论文集多部。

1986～1991 年间先后在中共中央书记处农研室、国务院农村发展研究中心、农业部工作，曾获聘为实习研究员、助理研究员和研究室副主任。1991～2002 年在美国俄亥俄州立大学、美国中西部科技协会学习、工作。2001～2004 年任美国亚洲经济研究委员会会刊 *Journal of Asian Economics*（中国区）编辑。2002～2004 年底任北京大学经济学院副院长兼北京大学环境经济系主任、北京大学供应链研究中心主任，北京大学中国都市经济研究基地首席专家。2004 年 12 月至 2008 年 3 月，任云南大学党委委员、副校长。

近年来，主持参与国家社会科学基金项目和部委委托项目多项。其中共同主持"非正规保险与市场深化程度（Informal Insurance and the Extent of Market）"为美国国家科学基金项目；2006 年以后，与美国伯克利大学 Brian Wright 教授共同参加 2001 年诺贝尔经济奖获得者 Joseph Stiglitz 主持的"中国行动小组"研究"中国经济增长新制度设计模型""中国产权市场发展研究"部分。

邓志雄　国务院国有资产监督管理委员会产权管理局局长，教授级高级工程师。1984 年开始管理企业，1988 年开始接触企业诊断，历任湖南新晃汞矿矿长，岭南有色金属集团公司副董事长，海南金海股份公司董事长，中国有色金属工业总公司计划部副主任，国家有色金属工业局企事业改革司司长、企业结构调整办公室主任，国家经贸委综合司副司长。发表过大量企业及经济管理方面的论文，对企业治理、产权流转、资本市场、经济危机、PE 发展和国资监管信息化有长期研究和独到见解。

摘　要

《中国产权市场发展报告（2012～2013）》（简称《报告》）的整体判断是，2011年是我国产权市场建立20多年来，发展情况最好，社会各界接受程度最高的一年。2011年，我国产权交易规模持续扩大，市场分布遍及大江南北，存在类别延伸至金融、环境、文化，甚至一系列在发达经济尚未出现的特种市场领域。以国资委成立为起点，在产权交易大发展的十周年之际，不仅国有资产保值和升值登上了一个高高的台阶，而且还以国资产权交易市场为依托，出现了更大一批股份制产权交易市场，形成国家和民间两条腿走路的可持续局面。

这一年，中国产权市场发生的最重大事件是国务院发布《国务院关于清理整顿各类交易场所切实防范金融风险的决定》（国发〔2011〕38号，简称"38号文"），明确划分了产权交易市场与股票市场的边界。38号文的宗旨是要防范各类交易场所的区域性、系统性风险，对中国产权市场的健康发展起到了规范和推动作用。

随后的一年，国务院对全国各类产权交易场所进行了清理整顿，全国产权交易市场逐步进入规范发展轨道。

《报告》认为，通过建立统一的交易规则和统一规范的交易平台，能够达到减少交易成本，提高市场效率的效果，是产权市场发展的内在需求。建设统一的产权交易市场分三个层次：①在各省、市和自治区建立统一的产权市场；②构建区域产权市场；③建立全国统一产权交易市场。现在，产权市场整合的三个层次均已展开。

《报告》主要阐述了六个方面的内容：①中国产权市场认知周期、管理周期和绩效周期错位的警示；②国务院整顿各类交易场所在全国范围阶段性展开；③产权交易所交易规范取得突破；④产权交易所业务创新及市场建设上新台阶；⑤第三方市场边界拓展及会员单位建设童话；⑥产权市场"十二五"后续年度与国民经济共成长。

Abstract

The *Annual Report on China's Property and Intellectual Property Exchanges* (2012 – 2013) (hereafter referred to as "The Annual Report") assesses that China's property market has been most developed and has highest acceptance in 2011 since more than twenty years of development. The scale of property rights transaction continues to expand, the market distribution spreading throughout China, and the category of property extends to the areas of finance, the environment, the culture, even a series of the special domain of maker which does not yet appear in the developed economy. In the tenth anniversary of the development of property rights transaction since the starting point of the establishment of SASAC, not only the preservation and appreciation of state-owned assets reached a high level, but also there has been a greater number of joint-stock property rights exchange institutions relying on state-owned property rights exchange institutions, creating sustainable situation of property markets in both of national and private sectors.

The most significant event that has occurred in China's property rights exchange market is that the State Council issued "Decision of the State Council on clean up and rectify all kinds of trading venues; guarding against financial risks (Circular of the State Council, No. 38, 2011)" which demarcated clearly the boundaries between property market and stock market. The purpose of No. 38 circular is to guard against all kinds of regional and systemic risks at trading venues, and it plays an important role in promoting the healthy development of China's property market.

In the following year, the State Council cleaned up the various national property exchanges, the national property market gradually being on the track of standardized development.

The Annual Report affirms that there is an intrinsic demand from the property market to reduce transaction costs and improve efficiency of market by establishing a unified trading platform with unified regulations. It includes three levels of construction of a unified property market: (1) to establish a unified property market in each province, city and autonomous region; (2) to establish regional property markets; (3) to establish a unified national property market. The consolidation of the three levels has been launched.

The Annual Report discusses six parts, as follows: (1) Warning on mismatches between cognitive cycles, management cycles and performance cycles in China's property market. (2) Expanding and promoting exchanges' checking-up and rectification. (3) Property exchanges reach new heights of performance in trade normalization. (4) Property exchanges continue to innovate, breakthrough in market construction. (5) The fairy tale of expanding the property market's boundaries and constructing the group member. (6) The development trend of property market after the 12th Five-Year Plan, growing with the national economy.

目 录

₿ I　总报告

₿ II　市场顶层设计篇

𝔹 V　实绩篇

𝔹 VI　案例与数据篇

B Ⅶ　年度法规篇

皮书数据库阅读**使用指南**

CONTENTS

B I   General Report

B II   The Top-down Design of Market

B Ⅲ　Market Development

B Ⅳ　Special Subjects

B V   The Performance of Exchanges

B VI Case Study and Data Analysis

ℬ Ⅶ Annual Policies

CONTENTS

总 报 告

General Report

B.1
中国产权市场新一轮规范、创新与发展趋势

曹和平*

产权交易比资本市场的主要部分——股票交易——的外延要广，这一点在中国过去十年的资本市场上得到广泛证实。2011年，我国产权交易规模持续扩大，市场分布遍及大江南北，存在类别延伸至金融、环境、文化，甚至一系列在发达经济尚未出现的特种市场领域。以国资委成立为起点，在产权交易大发展的十周年之际，不仅国有资产保值和升值登上了一个高高的台阶，而且还以国资产权交易市场为依托，出现了更大一批股份制产权交易市场，形成国家和民间两条腿走路的可持续局面。可以这样来评价：这一年是产权市场建立二

---

* 曹和平，北京大学经济学院教授，美国俄亥俄州立大学博士，北京大学数字中国研究院副院长，北京大学发展经济学系主任，北京大学中国产权与PE市场研究课题组负责人，北京大学供应链研究中心顾问，广州市金融咨询决策专家委员，云南省政府经济顾问，西安市经济决策咨询委员会金融委员，哈尔滨市经济决策咨询委员会金融委员。

十多年来，发展情况最好、社会各界接受程度最高的一年。

因缘于交易市场数量和分布在过去数年间的快速增加，市场交易以及关联业务出现了极个别机构的行为与存量资本市场监管条例相违背的案例，引起监管部门的重视。2011 年 11 月，国务院发布《关于清理整顿各类交易场所 切实防范金融风险的决定》（国发〔2011〕38 号）；2012 年 7 月，国务院办公厅发布《关于清理整顿各类交易场所的实施意见》（国办发〔2012〕37 号），对各类交易场所进行清理整顿。令人欣慰的是，清理整顿工作基本完成，产权交易协会会员单位无一因为不规范而被清理停牌，产权交易市场规范健康发展得到整顿检查的证实。

另外，因应于产权市场数量和规模的拓展，原来我们所不理解的第三方市场的场内交易机理及场内外联动过程，尤其是长期存在于西方但一直未有突破的实点 OTC 交易、证券类 OTC 市场和第三方市场之间的关系被中国版式的资本市场丰富起来，甚至出现打通三者领域从而引领发达经济的一丝亮光。这种极其珍贵的中国版实践及其演化所获得的市场前沿突破资源，在我国"拿来主义"占据主导地位的今天，非常有可能被主流认知忽略进而被监管层整顿之手捎带出舞台中央，造成"阿喀琉斯之踵"式的制度神话遗憾。

基于上述考虑，本年度报告适当调整往年方式——年度现状描述、业内实绩总结、问题反映及未来趋势展望等谋篇布章做法，从中国产权交易市场新一轮规范发展、业务创新与后续趋势分析的思路来展开报告的内容。毕竟，国有产权和民间产权市场规模的壮大和类别延伸的速度，带来了在更高层面上回视自己的问题进而寻找道路启明星的需要。本研究报告主要阐述六个方面内容：①中国产权市场认知周期、管理周期和绩效周期错位的警示；②国务院整顿各类交易场所在全国范围阶段性展开；③产权交易所交易规范取得突破；④产权交易所业务创新及市场建设上新台阶；⑤第三方市场边界拓展及会员单位建设童话；⑥结语：产权市场"十二五"后续年度与国民经济共成长。

一 中国产权市场认知周期、管理周期和绩效
周期错位的警示

近一两百年来，人类对一个实体行业的了解——认知过程，基于认知之上

的从业绩效——工商实施过程，以及对应于实施之上的规制——管理过程，如果说各自有周期的话，当三者在方向和期长上大体拟合的时候，才会给实体行业的发展带来前所未有的高效率及行业群板块的整体进步。

当三者周期出现错位甚或方向差异达到一定程度时，对实体行业的迟滞甚或发散式的摩擦非常显著。我国产权市场在过去二十年间的发展，内涵了三者大体上拟合，但更多时候是三者周期错位的观察现象。虽然各自周期都有自身的内在力矩性因素，但是三者拟合的错位，无疑为最近几年和未来更长时程的发展带来行业直至国民经济崛起的迟滞。尤其是最近几年，三者之间周期错位的程度在增加，这在某种程度上挑战着我国产权研究、一线产权市场实体以及政策规制层的整体智慧。

（一）参考史实Ⅰ：第二次世界大战后人类关于制造经济的三类认知周期大体拟合

到第二次世界大战前夕，人类大体上形成了战后至今70年间仍在沿用的科学方法论。基于其上，战后学科体系成群出现，应用技术序列爆发，制造业板块以前所未有的速度发展。在经济领域，基于维也纳学派的方法论、英国剑桥学派的边际理论、奥地利学派的效用理论、马克思主义价值观（政治经济学）等精华被继承和包容，形成了宏观管理上的凯恩斯主义和新自由主义规制原理，并在央行和财政口径将其细化为操作流程。观察下来，上述三种过程——制造行业认知、对应技术和产业实施及管理规制三周期——大体上处在互相协调的良性拟合过程中。

其展开逻辑是，20世纪50年代基于技术和制造认知，美国出现高速公路和基础设施建设热潮，凯恩斯主义总需求管理思想推动了上述建设热潮的实现；60年代汽车及关联产业群大发展——技术发明周期与高速公路建设周期相拟合——补偿了60年代高速公路投资的成本；70年代大型家电及关联产业群的爆发，使得高速公路产业、汽车及关联配套产业以及大型家电产业群之间形成进一步增长的外部性；80年代电子通信和计算机技术产业群问世，看似是技术爆发的纯粹后果，事实上也是前三个十年产业诸群外部性的助推后果。试想，如果没有汽车产业将家庭的一日活动半径从5公里拓展到35公里，如果没有家电技术将商业实体大型单元变换成微型单元走向家庭，远距离通信技术也许就失却了家庭消费的活动半径基础和家庭结构裂变后计算机信息处理的新需求的基础。90 年代互联网和信息高速公路产业群的出现，也是以十年为单元观察到的典型产业进步案例。

事实上，我国改革开放后加工出口贸易带来的家电生产爆发，稍后一些时段的电子计算和通信技术，以及 20 世纪 90 年代末期起始的汽车产业会战，21世纪房地产业、资源型企业和互联网信息高速公路产业，何尝不是上述战后人类车间制造产业群大爆发的中国版式呢？但改革开放后产业群的爆发中我们奉行的是跟进战略，前任经济体有了路线图，我们自己复制和管理，前沿产业的创新和市场群的建设几乎都在国外。这种自知之明我们还是应该铭记在心的。

滞后一段时间的东方在第二次世界大战后 70 年间每十年一次的产业和经济大变化，经济认知和管理工具基本上都跟上了时代进步，起到了良好的促进作用。①

---

① 20 世纪 40 年代以后美国经济周期和技术周期耦合及大调整提供了最好的观察事实。二战后的 50 年代，艾森豪威尔在美国 930 万平方公里的土地上每隔几十公里铺上高速公路。如果美国 60 年代没有成千上万辆汽车在上边奔跑，投资可能会收不回来了。非常幸运，美国 60 年代出现大工业生产，福特汽车在 40 年代发明的流水线生产技术，经过 20 年的初试、中试和付诸商业，把成百万辆车摆进了高速公路网。高速公路在 50 年代的投资，于 60 年代获得了加倍的报酬。汽车产业和高速公路产业形成的产业群联动效应为产业带来了巨大的变化，配合家庭消费结构变化，美国经济进入到了一个更高的形态。反回来看当时的金融资本市场，由于投资于当时经济的主导产业——汽车行业有利可图，银行愿意给汽车行业贷款，非银行类的金融机构愿意跟进，汽车投资出现高潮，比如，汽车零部件和 4S 店以及各种各样衍生商店如雨后春笋般成长起来。

60 年代高速发展的汽车及关联产业群，经过十年的强劲发展，投资报酬逐渐趋向平均，由主导产业变为成熟产业。70 年代出现大型家电，冰箱、彩电、洗碗机、洗衣机行业重复 60 年代汽车产业投资银行跟进，关联产业成群的过程；当产业周期投资报酬率需要技术周期跟进、提供新产业形成的技术条件时，家用电子技术的进步周期及时赶了上来。

大型家电不排斥汽车产业，汽车产业不排斥高速公路网，技术进步路线并不是美国人有意识设计出来的。巧合的是，经济投资报酬率十年高报酬增长和技术变迁报酬率下降，需要技术变迁升级换代的时候，80 年代微型电脑和电子信息技术，90 年代的互联网、信息高速公路技术，重复着同样的逻辑。经济上帝似乎特别偏心，每每第一个把美国经济拉入天堂的乐园。

90 年代冷战结束的时候，美国学者福山沾沾自喜地预言，"资本主义和社会主义之间的制度竞争似乎一劳永逸地终结了历史"。人类将会沿着一条康庄大道——美国梦指向的大道走入经济的天国。不巧的是，2003 年互联网泡沫破灭以后，到今天已经十年了，我们还没有像 20世纪 50 年代、60 年代、70 年代、80 年代、90 年代那样，取得产业投资的高报酬率。技术推进寻找新的创新产业群，产业投资高报酬率趋于平均，技术周期适时跟上，上帝在第七次挑选自己经济选民的时候，似乎不再眷顾美国人了。

人类战后 70 年间的经济认知、技术进步和宏观管理三者合一，是迄今为止所能知道的最佳黄金增长长周期。但是，三者归一的美好时世不是外生变量嵌入的，而是数千年积累带来的极其稀缺的黄金增长年轮而已。我们不能寄希望三者归一的过程无限期存在，也不能寄希望于其可以信手拈来。

（二）参考史实Ⅱ：第二次世界大战后关于金融资本经济的三类认知周期拟合度不高

与消费品类制造产业不同，人类对金融业的认知在战后仅仅在货币银行领域有可观的进步，但也远非完满。战后 70 年间，人类对金融资本行业群的认知、对应的工商实施以及宏观规制三者在多数情况下是分离的。经济学关于金融资本行业群的认知尚处于各个分类学科形成自己理论框架的时期。20 世纪 70 年代末期爱德华·肖[①]和罗纳德·麦金农[②]关于拉美经济存在金融压制（financial repression）导致稀缺信贷资源误置损失效益的时候，理论界才感知货币和利率并不是金融本行业知识的全部。[③] 但 80 年代中期主流经济学理论的成熟、证券投资理论的爆发和稍后一些时期金融工程产品设计的亮点，加上 90 年代西方冷战胜利，以福山为代表的学者关于华盛顿共识终结了人类历史进步的形态之后，经济学在金融领域的羞愧感觉不再引人注意。毕竟，谁还能对这些指导了西方经济"伟大"成功的理论提供更好的设计方案呢？

20 世纪 90 年代本该是金融资本行业整合存量理论走出方法论突破的十年，但西方不仅将自己在经济和政治方面的成功当成了历史的终结，而且还将自己在金融资本理论方法论方面的些许进步和与之对应的衍生品设计知识的成熟当成了金融资本理论研究方法论方向上的终结。事实上，人类在各个亚类金融资本行业的探索并没有达到基本方法论上的突破，更谈不上在综合方法论的高度上形成政策和流程操作了。在金融规制领域，虽然金融产品和金融中

---

① 爱德华·肖，美国经济学家，曾任美国斯坦福大学经济系教授，系主任，代表著作《经济发展中的金融深化》、《金融理论中的货币》（与约翰·格利合作）等。

② 罗纳德·麦金农，加拿大经济学家，美国斯坦福大学经济系教授，代表著作《经济发展中的货币与资本》。

③ 今天从其政策实践在拉美的实绩来看，该理论粗疏地方太多。

介——评估、授信、增级、回购、信托、租赁、托管、置换、进入、退出及法律和会计关联等——超出了银证期报等传统中介形式，需要新的管理和对策，但对策流程在顶层还是一般意义上的凯恩斯主义的总需求管理和新自由主义一只"看得见的手"和一只"看不见的手"的决策轮回（期间加上短暂时期的总供给管理——长期意义上凯恩斯主义过分强调总需求管理的政策矫正），认知流程没有先置，实体金融资本行业发展出现非体系性质的中介离散，监管流程又落后于实体资本中介业务。

2008年金融危机爆发时，不仅经济学家没有预测到这种危机会从华盛顿共识的经济体中出现，而且他们还认为危机会像往常的周期一样能够在两到三年时间内自恢复。直至今天，发达经济仍然深陷债务危机而不能恢复到正常的增长速度。金融资本行业需要一个更高层面的关于金融业态形式的综合认知理论，主流经济学框架只能提供各类市场，包括金融资本市场将会是走向归一的均衡收敛总过程的老生常谈式的见解。"看不见的手"和"看得见的手"不仅能够管理，而且能够万能到让市场分群总体协调，既细分又综合发展的地步。人类的三种亚群——研究、实施和管理的互动协调在这一时期太骄傲了。

金融资本的工商实施在1945～1975年间主要集中在工商企业信贷金融，对应的企业实体是商业银行，其关联风险管理和评估业务多数停留在商业银行内部，而不是第三方独立中介。第三方中介初始出现在保险领域，但主要是为企业实体及其他经济人的从工从商风险提供关联服务，而不是车间制造意义上产业链上下道工艺顺序上集合类业务的第三方中介业务（20世纪80年代以后才出现）。60年代大发展起来的证券市场业务，虽然让融资从间接模式走向第三方市场直接融资，但相对于需要融资的企业整体来说，能够上市融资的不到合格企业的3%。第三方市场——极少量的交易所——内部的中介无法满足更大范围的融资需要。70年代大发展起来的债券市场业务，大多是商业银行业务的外包延伸。借助于70年代后衍生于各地OTC市场的投资银行和关联中介的支持，债券市场出现了快速成长的趋势。但是，从资本市场的逻辑看，这些金融业务尚处在工商企业信贷金融及关联服务阶段，至于产业链金融——银行类金融机构和非银行类金融机构对应于聚集在某段产业链条上的工商实体或者工商项目集合，还是到80年代中期以后才出现的融资现象。建立在工商企业信贷金融和产业链金融之上的中介类金融——金融业发展的较高级阶段——直到 20 世纪末才形成规模。

在监管层面，由于缺乏综合性金融方法论的认知支持，金融规制的目标常常失准。关于投资银行的监管就是典型一例。脱胎于 20 世纪 80 年代地方性 OTC 市场的投资银行实体，在当时的金融监管法规看来是企业性质的中介，不属于银行类金融机构。其实，投资银行不是制造类实体，而是市场类实体，当投资银行中介在自身内部建立了投融资双边市场，依托信息屏蔽和披露技巧把资本（信用）供需双方分离，将融资杠杆放大到超过商业银行数倍（巴塞尔（II）协议允许商业银行杠杆最高达到 12.5 倍）以后，美国的时存法规不仅不懂得投资银行的内部融资市场应该和商业银行的工商信贷市场一样必须受到监管，更为遗憾的是，2008 年金融危机爆发以后，美国监管条件趋向严格，把绝大多数投资银行又逼回了商业银行内部或者商业银行关联金融机构去管理。结果是，投资银行在过去 20 多年间发展起来的资本市场边界拓展的技术进步被不理解投资银行业务合理一面的监管周期给扼杀了。这一次，监管周期滞后工商实施周期，运用滞后的法规将工商实施逼回类商业银行业务，金融资本市场的发展走了一次大大的弯路，退回到 20 世纪 90 年代以前。检讨下来，人类关于金融资本市场的认知周期，基于其上的工商实施周期和监管周期的长期分离，是上述金融资本技术倒退的重要原因。

（三）中国产权市场十年发展中最近几年出现三者分离加大趋势值得警惕

中国对产权市场的认知、工商实施和规制三者周期蕴涵了拟合的因子，但多数情况下三者的周期是错位的。令人担心的是，三者错位在近年有距离加大之势，应该加以警示。

中国产权市场成长的背景是，20 世纪 80 年代后半期农村改革取得成效①后，国有工商企业改革步入议事日程。改革的目标是增效减亏。引进社会资本

---

① 中国农村联产承包制改革的成功，事实上是政治经济学认知瓶颈的突破，而不是艰深的理论经济学问题。这从农村经济体制在 20 世纪 90 年代长期滞后于非农经济的发展的观察事实中可以得到验证。

和人力资本要求某种意义上的产（股）权市场和薪酬性股票期权——没有选举权但可交易的股权——出现。这一时期，各地积极试验，规制鼓励发展。时间大约持续在80年代中期到90年代中期十年间。

与中国改革受发展经济学影响很大一样，中国产权市场的改变受科斯和西方证券市场理论的影响太多。数十年来，我们自觉不自觉——更多的时候是监管层自觉地——把股票类市场和债券类市场的综合当成资本市场的全部（这是西方20世纪70年代形成并被接受的但在今天看来是狭义性质的资本市场观点）。只要是西方理论框架中和实践中不存在的东西，虽然监管顶层声称要按照中国的实际情况创新资本市场，但在规制的细则上为了更行稳妥和不犯错误，绝大多数情况下是一刀切死。后果是，西方的经验我们在学习，西方制度设计的内在不合理我们也加以继承。反过来，授权监管部门中有不少对产权市场——内生于中国本土的资本市场——的优点一直疏于理解，勉为其难地被动管理，在支持力度上一直不如对证券市场大。在这部分监管者眼里，产权市场怎么看也不像是西方发达经济走过的道路，因而不是正统的。这种当年学习苏联模式时碰到的教训在1990年代以后三者认知主体——理论研究、工商企业实施和监管层——中似乎被忘记了。现代国家管理团队代际的集体记忆连传统家庭代际的记忆都比不上。

中国金融资本市场借鉴（确切说是复制）[1]西方的指标之一是镶嵌式地向中国植入了上证所、深证所等几家交易市场，遴选培训了几百家做市商队伍，影响了超过1亿个机构和自然人实体加入到证券市场之内，业绩是为约3000家企业在直接市场上融资。遗憾的是，我国股份有限公司约有1000万家，股份制企业约有3000万家。在制度设计者眼里，他们都需要融资。为3000家不到的公司提供资本服务，相比那些不处在龙头和高新地位的"沉默"的大多数企业来说，不能算是公平式的制度设计。这和奥运会式的国家体育队制度一样，离全民健身的国家体育锻炼目标太远。

从对产权市场的扶持角度和规制角度看，中央监管部门对产权市场规制内

---

[1] 当然，部分监管者会理直气壮地说，能复制就不错了。但复制毕竟缺少了创新，不管你把复制说得多好。

容大于支持的力度。这与地方对产权市场的支持力度形成鲜明的对照。通常的观察现象是，在每一次清理整顿之后，都是地方政府通过直接渠道和间接渠道请求条条部门宽容和批复。我国产权市场近20年来的大发展，我们调查组几乎没有看到任何金融监管部门正式的褒奖和系统性政策支持。反倒是，一旦有与存量条例不相符合的地方实践，就惊恐地祭旗封杀。

没有经过资本市场制度自下而上的内生发展，短时间内镶嵌资本市场前沿形式满足了监管业绩的需要，但是也重复了我国产业二元经济的过程。这种不难幸免的二元现象是发展经济学理论的出发点，也是我国19世纪40年代以后受西方发达经济影响的思想方法论桎梏。先贤们看到了这种中国精神与西方技术难以结合的现象，但后辈们仅仅在理论顶点上强调中国特色，在操作层面上复制西方。我国的监管部门不能简单地因为上证所等几家交易所和存量债券市场的业绩得高分。毕竟，在创新意义上，那只是模仿；在理论联系实际上，忽略了太多中国的实际。我国金融资本市场百年来理论认知欠缺中国基础，工商实施过程中西方一元（维）市场压制草根性质的另外一元（维）——地方资本市场。建立在二者的基础上，规制层面把西方认为是先进的不加咀嚼地认为是中国所需的，对国家层面的证券资本市场恪守西方框框，对草根性质的地方资本市场进行诸多限制，大大强化了金融资本市场二元共存的现象。但求稳定无事，少求创新风险，这是近十几年来我国规制主体的通病。三种认知周期差距太大的时候，伤害的是中国资本市场进步的效率和效益，急需引起警示。

二　国务院整顿各类交易场所在全国范围阶段性展开

产权市场是我国资本市场的重要组成部分，其最大的优点是出于国有企业改制和地方资本市场融资的内生制度需要。虽然不同于绝对草根性质的民间资本市场，但也与纯粹借鉴国外资本市场的国家层面的交易所制度形式不同，这种内生于国家和草根两个层面之间的市场也带来了"省－省"之间的差异性，自然出现了部分交易实点对国家层面存量交易规则的模仿，也出现了对草根层面资本品兑换形式的提炼。前一方面的模仿数次带来了自上而下的"矫正"——整顿；后一方面的"提炼"，由于区域范围限制，尚未受到应有的关注。

2005 年 11 月，国资委、财政部、发改委、监察部、国家工商总局、证监会联合发布《关于做好企业国有产权转让监督检查工作的通知》（国资发产权〔2005〕294 号），形成了一部门牵头、多部门参与，每两年一次的联合评估和核查机制。八年来的实践证明，这一机制是符合国情的，是有效的。

（一）对产权市场前两次清理整顿事件的回顾与思考

从 1988 年 5 月 27 日全国第一家产权交易的实体机构"武汉企业并购事务所"成立至今，中国的产权市场已经发展了 25 个年头。以 2003 年底国资委、财政部联合颁布《企业国有产权转让管理暂行办法》（简称 3 号令）为界，产权交易市场的发展可大致划分为三个阶段，即 1988 ~ 2003 年的初级发展阶段，2003 ~ 2008 年的迅速发展阶段，2008 年至今的革新发展阶段。回顾前两个阶段的发展，发生过两次因违反当时规定而导致清理整顿的事件。

1994 年，北京产权交易中心、上海城乡产权交易所、天津产权交易中心先后成立，同时山东、四川、江苏、武汉、深圳、河北、辽宁、河南、海南、福建、吉林、江西等地产权交易所也如雨后春笋般纷纷成立，产权市场达到了第二轮发展高潮。在此期间，一些市场偏离主营业务，从柜台市场变相成为股票市场。例如，四川乐山的企业产权市场将国有企业的产权进行柜台交易，当地人将这些股票放入箩筐中进行出售，演变成所谓的箩筐交易市场。1994 年 4 月 25 日国务院办公厅发布《关于加强国有企业产权交易管理的通知》，宣布暂停企业产权交易市场和交易机构的活动，开始了第一次的清理整顿，产权市场步入低潮。1995 年，国家国有资产管理局发布《关于加强企业国有产权转让监督管理工作的通知》，次年 1 月，国务院发布《企业国有资产产权登记管理办法》，对国有产权的登记管理和转让进行了规定，形成了产权市场发展的行政规定依据。

这一时期的相关法规停留在产权登记和转让等通则意义上的市场边界界定，边界内部更重要的交易类细则——比界定边界更为复杂——尚未成形，地方一线执行起来很容易将上证所和深证所模式当作业务模板。通则上上证所的连续、拆细和标准合约格式的交易被定义为这几所的独有，但在时下业界的认知中，连续和拆细交易恰好是可盈利的最直接部分。由于产权交易创新模式在当时尚未形成新维度的工具形式，上述盈利模式一再被没有授权的新建市场所复制。

这一时期，一些省市的产权交易所开始不满足于企业整体或部分产权交易。部分产权交易所利用山东淄博产权交易所的报价系统，将非上市股份公司的股权进行拆细交易。至 1997 年，全国有 12 家产权交易所与淄博进行了联网，将一些外地非上市企业的股权拆细成单股在淄博产权交易所交易。业内的股权拆细至与货币单元相近的程度，在不加门槛设限的条件下有可能变为和货币资本的流动性接近，再次引起了有关部门的高度重视。

1997 年的全国金融工作会议决定，对涉及拆细交易和证券交易的场外非法股票交易进行清理整顿。武汉、成都、淄博、乐山等一批产权交易市场因此关闭，只有比较规范的上海、深圳等少数几家仍正常开展活动，全国范围内的产权交易市场再次走入低潮。第二次产权市场的清理整顿全面展开。

1998 年国务院 10 号文件"不得拆细、不得连续、不得标准化"规定出台，如今这"三不"规定依然是产权市场业务拓展和交易方式创新不得逾越的政策底线。

在 1994 年和 1998 年的两次整顿中，违规机构利用产权法律不明晰以及监管方式的漏洞，试图以产权交易之名，行股份交易之实，将企业的部分产权进行标准化和拆分化，再利用公开的报价系统进行柜台交易。这类明面是产权交易市场，实质却是场外股票交易市场，造成高流动性第二市场。在这个意义上，国务院在当时关闭产权市场有其合理性。拆细和连续如果形成第二市场体系，无疑会增加资本品的流动程度而冲击尚未成熟起来的货币市场。但这种关闭应该理解为过渡性质，当货币市场完善的时候，这类冲击将会变为第二位的扰动，货币市场的自稳定机制将可以吸纳这种扰动因子且不影响正常运行。过渡期限完了，应该允许产权资本市场和证券资本市场都运用流动性机理来变形资本品。根本意义上说，让资本品的形态"流动"起来畅顺变形是融资的本质。如果只允许一类资本市场运用流动性机理而不允许另外一类资本市场运用流动性机理，就好像只允许西医医院用 CT 扫描仪而不允许中医医院运用一样的荒唐。

（二）因河南省技术产权交易所和天津文化艺术品交易所而引发的第三次"整顿"

继1994年和1998年的两次"整顿"之后，产权市场交易规范得到加强。随着十六届三中全会的召开以及国资委的成立，产权市场进入快速发展阶段。2003年，全国产权交易机构达到230多家。2005年，国务院国资委联合六部门组成了产权市场监管体系，对产权市场交易进行日常监督以及两年一次的评审。在国家的重点推进和监管下，产权市场自2003年后一直保持稳步和快速的发展，直到2010年底2011年初，河南省技术产权交易所和天津文化艺术品交易所事件引发了产权市场的第三次整顿。

2009年10月21日，工信部出台《关于开展区域性中小企业产权交易市场试点工作的通知》，这个《通知》让沉寂已久的河南省技术产权交易所看到了希望。2010年4月19日，河南省政府正式下文成立"区域性中小企业产权交易市场试点单位工作指导委员会"；随着7月6日工信部《关于河南省中小企业产权交易市场试点工作实施方案的复函》的正式下发，这个被宣传为"中国纳斯达克"的市场步入筹备的快车道。

出于工信部和河南省政府的高度支持，市场开盘前期的强势宣传以及市场具备的强大吸引力，开盘当日的场面火爆异常。当日9点一过，首批挂牌企业的首笔成交价格不断飙升；9点半交易开始之后，挂牌的41家企业全部以高于2元的价格首笔成交；而此后的价格依然狂飙，盘中各股涨幅大多超过100%，甚至200%、300%，灵宝金业更是以1149%的涨幅"惊艳全场"。

之后几天的交易情况比开盘当日少了些许疯狂，而市场上的一些风险与问题开始涌现：市场太小股价易被操纵、信息披露不完整、流动性风险过大等。仅仅几天之内，就产生了两笔异常交易。而更大的风险还在于政策风险和法律风险。《公司法》规定，发起设立股份公司股东不能超过200人；同时，《证券法》规定，发行股票后股东累计超过200人的为公开发行，未报经证监会核准擅自发行的属于非法发行股票。按照河南省技术产权交易所的交易规则，自然人投资者均可开户买卖在该所挂牌的产（股）权，这意味着超过200人是确定无疑的。

事实证明，正是这一市场存在的政策风险和法律风险让其在开盘 10 个交易日之后戛然而止，11 月 22 日，河南省工信厅出台暂停交易公告，停盘期限为一个月。证监会向国务院指出了这个市场存在的种种问题，认为这个市场以产权之名，行证券之实，涉嫌非法证券交易。国务院随即成立了由证监会牵头的调查组，进驻河南调查此事。

2011 年 1 月 26 日，天津文交所首次以"拆分"的方式推出了天津画家白庚延的两幅作品《黄河咆哮》和《燕塞秋》。上市 30 日之后，两幅作品的行情如同过山车般跌宕起伏，非涨停即跌停。截止到 3 月 16 日收市前，《黄河咆哮》每份报 17.16 元，《燕塞秋》每份报 17.07 元，在 30 个交易日内暴涨了17 倍，两幅作品的流通总市值超过 1.8 亿元。然而近年来，国内书画作品成交价最高者——齐白石的《可惜无声》作价也仅为 9520 万元。由此可见，上市交易的这两幅画作的市值，远远超过其本身的价值。（炒作绘画和炒楼盘及炒绿豆一样，有更大意义上资本市场单一和产品匮乏的问题。）

天津文交所采用的"艺术品份额化交易"模式，细节上是将艺术品的"财产权"打包，等额拆细，再以份额为单位向投资者发售，投资者购买的不是实物艺术品，而是艺术品的拆分权益。而艺术品投资是典型的高风险投资，投资者不仅需要较高的风险承受能力，也需要很强的艺术品鉴赏能力。像艺术品份额化交易这种高风险、高收益的投资工具，只适用于有较高风险承受能力的投资者，不宜大众化。

个别产权交易所业务"越界"引发中国证监会恐慌，惊动国务院出手清理整顿各类交易场所。

经过 2011 年近一年的准备和协调，国务院成立部际联席会议（办公室设在中国证监会，证监会主席兼任办公室主任），负责清理整顿全国各类交易场所，副总理王岐山专责此事。同年 11 月 11 日，国务院正式出台《关于清理整顿各类交易场所切实防范金融风险的决定》（国发〔2011〕38 号），上升到防范系统性金融风险的高度。这个 38 号文最核心的内容是划定了各类交易场所业务与股票交易所业务的边界，具体体现在"五个不得"中："自本决定下发之日起，除依法设立的证券交易所或国务院批准的从事金融产品交易的交易场所外，任何交易场所均不得将任何权益拆分为均等份额公开发行，不得采取集中竞价、做市商等集中交易方式进行交易；不得将权益按照标准化交易单位持续挂牌交易，任何投资者买入后卖出或卖出后买入同一交易品种的时间间隔不得少于 5 个交易日；除法律、行政法规另有规定外，权益持有人累计不得超过 200 人。"

为贯彻落实国发〔2011〕38 号文，进一步明确界限、措施和工作要求，经国务院同意，国务院办公厅根据 38 号文执行中出现的新问题，于 2012 年 7 月 12 日发出《关于清理整顿各类交易场所的实施意见》（国办发〔2012〕37 号）。这个《实施意见》进一步明确了清理整顿的范围，明确了政策界限，特别是对 38 号文的"五个不得"的具体内涵做了界定。

38 号文出台后，各相关部委积极行动，大多发出了在本系统如何贯彻执行的文件。其中，监管交易场所最多的部委如国务院国资委、商务部、文化部、国家工商总局等出台的要求更缜密、更具体。

在 38 号文出台后仅仅一个月左右，中宣部、商务部、文化部、广电总局、新闻出版总署 5 部委就在同年 12 月联合发出《关于贯彻落实国务院决定加强文化产权交易和艺术品交易管理的意见》（中宣发〔2011〕49 号）。这个 49 号文指明了什么是文化产权交易、文化产权交易所的区域分布、设立文化产权交易所的必备条件和设立审批程序。该文提出要"稳妥"推进文化产权交易试点，"中央文化企业"的国有产权指定到上海文交所和深圳文交所进场交易，其余各省市已经设立的文交所都在清理整顿之列。对清理整顿后的文化艺术品的交易，该文也作了规定。

回顾河南省技术产权交易所和天津文化艺术品交易所两起事件，与前两次引起整顿的问题一样，这次的核心违规问题仍然是将产权交易"标准化、连续化、拆分化"，借着产权交易的名义，以证券交易的形式谋取利益。然而，本次整顿与前两次的整顿有着些许的不同。1994 年与 1998 年的两次整顿是由于产权界定和规范的模糊所导致的，当时的产权交易并没有严格的限制，再加上早期人们对于产权交易的概念不明确，很容易使得产权交易演变为股权交易。直到 1998 年国务院出台 10 号文件对产权交易做出了"不得拆细、不得连续、不得标准化"的规定，产权交易才逐渐规范起来。2011 年的整顿事件中，产权交易相比于之前已相对规范，在产权市场监管方面，形成了由国务院国资委牵头、多部门合作参与的评审机制。可以说在市场规范以及监管力度方面，相比于 1994 年或者 1998 年，2011 年产权市场有着长足的进步。而在 2011 年的两次事件中，天津文化艺术交易所通过艺术品份额化进行交易，而河南技术交易所则是通过工信部出台的《通知》行使非上市公司场外证券交易。前者钻了艺术品交易的漏洞，而后者则利用了工信部与证监会推出条例的矛盾。与前两次整顿不同的是，此次整顿重点在于细化产权市场交易规定，再次明确了产权市场与股票市场的边界。

在纯粹理论意义上，我们可以做这样一个思想实验，如果 1990 年代末期美国人将资产证券化的拆细交易定义为自己独有，而不许别人使用的时候，中国人将会变得何等样的愤怒。早期的"增气弹"和"增光霉素"何尝不是这种愤怒的正面回应呢？换句话说，当能够隔离货币市场的扰动因素的时候，仅仅允许授权交易所而不允许产权交易所使用连续和拆细的交易工具兑换资本品，在工具意义上是不公平的，毕竟产权处置是需要市场的流动性来支持的。国务院在采纳主管部门"三不"规定的时候，事实上没有穷尽隔离流动性扰动其余货币市场的政策集合。在实践上，我们看到在授权不公和创新不足双重条件下，我国产权市场竟然也重复了投资市场改革前的总观现象，一管就死，一放就在类证券交易或变相证券交易附近轮回。在制度进步上，压制而不疏通的一维制度选择，连当年大禹治水时期也都突破了。

三　产权交易所交易规范取得突破

我国的产权交易市场作为资本市场整体的重要组成部分，实现共用一个交易平台、制定统一的交易规则是长时间以来关注的问题。虽然产权交易市场的政策性因素很强，但是作为资本市场中基础市场的重要部分，体系的规范化、法制化、市场化是必须经历的轨道。近几年来，交易所的交易逐步规范并取得业绩突破。

（一）产权交易所法律法规体系基本完备

2003 年 12 月 31 日，国务院国资委和财政部联合颁布了《企业国有产权转让管理暂行办法》（简称"3 号令"）对国有资产的流转做了进场交易的规定。

2009 年财政部发布的《金融企业国有资产转让管理办法》（简称"54 号令"）则规定了金融企业国有资产的流转。而 2009 年 6 月，国务院国资委下发的《企业国有产权交易操作规则》（简称"120 号文"）对国有产权交易作了更具体的规定。在这三个文的基础上，国有产权交易法律法规体系已经基本完备。

（二）监管体系进一步完善

为了进一步促进产权市场的健康发展，必须有严格的监管体系和规范的中介自律组织。而一直以来，我国的产权交易市场的监管体系并不健全。中央政府并没有设立全国性的产权交易监管机构，各地方政府对地方市场的管理和监督没有一个统一的体制和管理方法，并且一些地方监管机构较侧重于"管理"而忽略了"监督"。

而在 2011 年，这些问题得到了一定程度的解决，国有资产的监管体制大格局也初步形成，地方经营性国有资产集中统一监管也在逐步推进。各地国资委监管的覆盖面加大，国有资产的监管范围得以拓宽，14 个省级国资委监管覆盖面已经达到 80% 以上。此外，国有产权交易机构协会于 2011 年 2 月 15 日在北京成立，首批机构成员中包含了京、津、沪、渝四地的 66 家产权交易机构。其成立目的就是要通过统一各地产权交易机构的交易规则，在更大范围内实现国有资产的最优配置。

（三）统一规范的交易平台建设逐步推进

长期以来，我国的产权交易所数量众多。通过建立统一的交易规则和统一规范的交易平台，达到减少交易成本、提高市场效率的效果，是产权市场发展的内在需求。各产权交易所也都看到了统一信息发布和交易平台的大利之处。近一段时间来，产权市场一直都处于融合的过程中。

建设统一的产权交易市场分三个层次：①在各省、市和自治区建立统一的产权市场；②构建区域产权市场；③建立全国统一的产权交易市场。产权市场整合的三个层次均已展开。2005 年，湖北省国资委开启了省市产权市场统一整合的"湖北模式"——统一监管机构、统一交易规则、统一信息发布、统一审核鉴证、统一收费标准等"五统一"模式，八年来的实践证明了它的导向性和持久生命力。这些共同市场拥有统一的信息网络服务平台和统一的信息披露标准等，为资产的高效流动提供了途径。

在区域市场融合方面，2008年3月，京、津、沪、渝四个央企交易机构在上海正式签署合作协议，在共同建设统一的交易体制方面达成共识。在2009年6月国务院国资委《企业国有产权交易操作规则》推出后，京、津、沪三机构发布了《企业国有产权交易操作细则》，其中包括9个操作细则和3个实施办法，承诺接受国资委和社会各界的监督。2010年1月22日，京、津、沪、渝四家央企产权交易所的统一交易系统在北京通过验收。这一系列过程是四机构将法变量的赋权变成了具体实施细则的过程，同时为产权市场统一交易体系的形成提供了标准。

2012年5月24日，企业国有产权交易项目信息统一发布系统由国务院国资委开通，集中全国各交易所的国有产权交易信息在此平台统一发布，提供了更大范围、更高层面、更加权威的信息发布平台，为发现投资机会提供了一个新的媒介。另一方面，中共中央办公厅、国务院办公厅于2011年6月发布的《关于深化政务公开加强政务服务的意见》（中办发〔2011〕22号）中包含了完善公共资源配置、公共资产交易、公共产品生产领域（"三公资产"）的市场运作机制，实现"三公资产"交易的公开、公平、公正，同时实现保值增值，使"三公资产"的交易开始趋于规范。

四 产权交易所业务创新及市场建设上新台阶

过去两年间各类交易所业务创新不断。一部分存在时间久、省市支持有力的交易所因需要纷纷新设控股性分平台，不但业务类别出现新点，而且一部分原来根生于能源基础原材料、大宗类商品或港口的转运和储运类市场，基于中介类做市成市在一定物理节点的积聚，出现第三方市场特征，也和产权交易市场联姻，推出新的产品，使交易所类市场建设边界获得突破。

（一）大型交易所集团创新业务、细分市场不断出现

北京交易所在集团化方面不断发展，近一两年来在金马甲平台创新获得突

破后，还在金融资产交易方面取得佳绩，在石油石化交易、黄金贵金属交易方面大幅跟进。2011 年，北交所在企业国有产权交易方面坚持"精耕细作"工作思路，发挥会员机构、北交所驻沪办的作用，提升服务质量，有效整合资源。央企业务市场占有率继续保持行业领先地位，全年央企挂牌项目数市场占有率 46.40%，挂牌金额市场占有率 55.34%，企业国有产权项目竞价率达到17.13%，竞价项目平均增值率达到 52.97%，全部国资项目增值率达到42.23%。央企实物资产处置呈现集中化特点，企业实物资产进场意愿明显，中外运、中石油、中航集团等央企的实物资产处置工作已经全面启动；北京市属行政事业单位资产处置基本覆盖市全部行政区域，财政系统罚没物资实现进场。各类实物资产交易项目宗数增长 44.26%，成交金额增长 15.91%。

北京交易所在通过国际合作超前推出创新产品方面做得扎实有效。"熊猫标准"是由北京环境交易所、法国 BlueNext 交易所、中国林权交易所和美国温洛克国际农业开发中心联合开发的中国第一个自愿减排标准。2011 年 3 月29 日，中化集团方兴地产（中国）有限公司通过北京环境交易所成功购买16800 吨"熊猫标准"的自愿碳减排量。此次交易双方均为中国企业，减排量的核算采用本土标准，这在发展中国家尚属首次，体现了中国企业先进的低碳战略与高度的社会责任感，并在碳交易领域迈出了具有里程碑意义的一步。2012 年 5 月，由法国开发计划署资助、大自然保护协会（TNC）牵头，与中国 21 世纪议程管理中心、云南 CDM 项目中心等单位联合开发的"退化土地竹子造林方法学"获得"熊猫标准"的正式批准，这是世界上第一个有关竹子造林的碳汇方法学。

举办高质量的项目推介会是北交所的特长。推介系统拓展了认证投资人的深度认同，增加了对非公业务的吸引力。2011 年非国资转让项目增长142.86%，成交金额增长 207.03%。其中，北交所开展的华龙证券增资扩股融资项目顺利通过证监会的审批，成为产权市场助推企业融资的又一典型案例。金融资产交易、石化交易和黄金成交额分别超过 1700 亿、640 亿、690 亿元，成为 2011 年业务总量提升的主要动力。之前交易份额较少的非公产权交易额继续保持快速增长势头，同期增长了 207%。另外在 2010 年下半年，北交所发起运营的首家国内金融资产交易所，正在筹建的中国文化产权交易所……基本形成"一拖十"的集团式结构。

上海联合产权交易所 2011 年全年运行业务多样化并稳定增长，以个性化服务和同类业务整合为主线，为不同属性企业服务。一是在金融资产处置方面，上交所运用多种差异化竞价方式，提升金融企业溢价率和成交量。二是上交所联合长江流域产权交易所与中国产权交易网平台，细分市场，计划在今后两年与 24 家产权交易机构展开合作。三是异地业务交易活跃，同比增长 38%，涉及全国 28 个省市和境外 13 个国家。2011 年，上海产权市场充分发挥国企改革发展的主渠道功能，成为企业国有产权市场化配置和国资证券化率提升的中心市场平台，通过个性化服务，以同类业务整合为主线，为不同中央企业、中央和地方企业之间、国有企业和民营企业牵线搭桥。2011 年，在上海产权市场进行的资产整合和重组并购涉及 95 家央企集团，其中属于纵向并购达 35.29%，横向收购达 41.18%，被收购的标的主要来自于国企、民企和外资，市场呈现出国资向优势行业和企业集中的态势。如中国东方航空公司下属西北航空中心有限公司 100% 股权及相关债权项目在上海产权市场公开挂牌转让，挂牌价 9404 万元。全方位的信息发布和市场推介使得该项目吸引了包括新疆、甘肃、陕西、山东、江苏等省市的 5 家单位参与竞买，经过两个半小时 197 轮次的激烈竞逐，最终由山东青岛一家民营企业以 13464 万元竞得，成交价比挂牌价增值 43.17%。

精细化服务与两个市场联动（产权市场与证券市场）、两种资源联动（非上市公司与上市公司）是上海联交所企业产权资源的特色。上海国资通过产权交易注入国资控股的上市公司的项目涉及金额达 313.61 亿元，同比增长 37.93%。如上海家化（集团）有限公司整体改制项目，上海产权市场依托市场网络优势与投资人信息库资源，充分发掘项目投资价值，通过"公开、公平、公正"的市场运行和一丝不苟的专业服务，实现了项目的顺利完成。企业国有产权的公开挂牌交易，带动了外资、民资等非国有产权进场交易，特别是非公企业高度关注产权市场，主动参与产权市场，无论是通过市场出让和受让，都出现较大增长，民资收购金额达 111.53 亿元。上海交易所敢为人先的创新精神还体现在与解放日报报业集团合作成立文化产权交易所上。这一尝试解决了宣传口径国有资产和文化关联资产长期无法与市场对接的难题，在很短的时间内成为上海市的重点支持项目。在稍后一段时间，经上海市委市政府推荐，上海文化产权交易所成为中宣部确定的中央文化企业及关联资产的处置和交易平台。

天津产权交易所在深度细分市场方面进行了创造性的探索。一是创新监督机制，开展做市商和其他价格收敛商的培训和监管工作，对入场企业进行业务细则划分、整理清查，形成共享性数据群。二是针对中小型科技企业，制定了企业挂牌的准入创新性制度，优化信息披露流程，适度取消低效率准入审批条件，为天津成为国家产权交易高地继续发力。天津金融资产交易所（简称金融交易所）看准了租赁资产交易机遇，经过充分调研与扎实建设，于2011年6月建立起一个专业公开的融资租赁资产全国性交易平台，并且与海航资本、民生租赁等大型租赁公司签订了战略合作协议，全国近百家租赁公司都成为了该所会员，共同促成租赁资产交易的快速流转与价值发现，以达到拓宽融资渠道的目的。目前在金融交易所挂牌的租赁项目已达1032个，涉及金额1235亿元，并已促成多单租赁资产交易。

结合天津金融交易所两年多的实践经验和目前广大投资客户情况，在租赁产品设计上分步走，设计出不同阶段最合适的产品，是当前提高租赁资产流动性最具操作性的方式。具体而言，可以分三个等级：第一级是租赁资产的直接转让，目前这一步已经得到监管部门的支持，没有法律障碍，关键在于合同文本的标准化。天津金融资产交易所已经在这方面做了一年多的工作，独立开发了可以满足租赁资产和产品交易的系统，各项准备已经基本成型。第二级是在租赁资产的基础上，在目前的政策框架下，设计流动性更强、适合一部分投资者需要的债权类产品。第三级是设计出以租赁资产证券化产品为代表的标准化产品，通过证券化产品的结构性设计和公开发行，将收益和风险同时转让出去，实现收益分享，风险分散。

重交所面对北交所、上交所和天交所等强大竞争对手，以认真负责的敬业精神和优质服务赢得了部分央企的信任。近年来，与中国电子科技集团、中交集团等10家大型国企建立了合作关系，与中国建设银行、中国交通银行等金融央企开展了合作。加强了与兄弟省市产交所在央企项目上的合作，累计与四川、贵州、广州等省市22家没有央企资产交易资质的产权交易机构建立了合作关系，全年与外地产权交易机构合作项目 16 宗，金额近 3 亿元。加大了与会员机构的合作力度，与北京和航投资顾问有限公司签订战略合作协议。全年完成央企交易项目同比增长 37.03%，交易额同比增长 125%。

重交所诉讼资产交易项目创历史最好成绩，交易额同比增长 79.69%；成交率 83.1%；增值率 19.09%，同比增长 7.34%。在最高人民法院的大力支持和指导下，牵头联合广州、贵州、云南、山东等兄弟省市产交所，依托重交所"诉讼资产网"及其交易平台开展互联网竞价交易业务，构建全国统一的诉讼资产交易共同市场。2012 年 2 月 8 日，最高人民法院在重庆召开全国法院深化司法拍卖工作会议，启动"人民法院诉讼资产网"；8 月 31 日，"诉讼资产网"正式并入"人民法院诉讼资产网"。

在重庆市国资委《关于妥善处理重庆联交所与区县公共资源交易中心关系的请示》上的市长批示以及市政府《关于区县公共资源交易平台与重庆联合产权交易所协作问题的会议纪要》精神指导下，重交所先后与涪陵、黔江、永川、石柱、巫溪、云阳等 6 个区县政府签订了战略合作协议，与奉节、开县、潼南等十多个区县达成合作意向，开展两个平台间的深度合作，创造了与区县公共资源交易平台合作的涪陵、石柱和永川三种模式。与市工商联签订了战略合作协议，成立专门的交易部门，启动民营资产进场交易，全年交易民营资产项目 28 宗，实现交易额 4.77 亿元。与重庆 4 家知名二手房经营企业共同组建了二手房交易网络"联房网"，挂牌房屋 1.5 万套 94.21 亿元，已成交 94 套 5400 万元。正与北尊信息公司及专业团队合资合作组建联合易动房产公司，主要从事全市二手房交易，条件成熟时推向全国。与涪陵区政府合资组建了中西部首家林权交易所——涪陵林权交易所，以林权交易起步，探索农村"三权"交易。与杭州、宁夏、贵州、昆明产交所建立战略合作关系，合作机构已扩展到 22 家。新引进会员单位 4 家，会员单位总数增加到 122 家。创新会员机构合作模式，与北京合航签订合作协议，全力开拓金融央企市场。全年与会员和外地产权交易所合作央企项目挂牌金额 8.3 亿元，成交额 8.08 亿元，同比增长 30.69%。与重庆海关签署战略合作协议，重庆海关罚没财物正式进入重交所公开挂牌交易，并在全国率先引入互联网竞价交易模式。首宗采用互联网竞价的海关罚没车辆成交金额 124.4 万元，平均溢价 10% 左右。

广州交易所集团在创新交易品种、完善集团化运营平台方面有大区性交易平台特色。2011 年 10 月，广州林业产权交易中心挂牌成立。2011 年 11 月，国内第一家专注于各类物流交易和综合配套服务的区域性专业机构——广州物流交易所挂牌成立。该交易所借助现代电子技术手段，改变传统的交易模式，将有形的物流市场和无形市场相对接，致力于打造第三方物流交易公共服务平台，为物流企业提供物流信息交易、物流设备交易、物流项目招投标、物流业产权转让、企业并购、融资咨询等专业服务，加快企业物流信息对接，提高物流效率，降低物流成本，解决融资难题，并通过市场化手段有效地减少物流市场欺行霸市、信用缺失等问题，促进广州物流向高端服务业发展。

广交所发挥专业优势，助推资产重组、金融驱动与市场平台的有效结合。广州产权交易所不断强化"存量转让与增量吸纳并举"的产权交易模式。例如，通过公开的市场平台，为广州纺织工贸企业集团有限公司主导筹建的广州 T.I.T 国际纺织城科贸园和产业园项目引入合生（广州）实业有限公司 38.476 亿元的注资。又如，在市领导的带领下，积极参与广州银行的资产重组工作，为其引入战略投资者提供相关咨询、策划服务，促成广州银行通过产权交易市场第三方平台，引入了高素质的境外战略投资者，确保了国有资产保值增值，维护国有资产权益。广州私募股权交易所参与研发国内首个集原酒先期发售和后续交易于一体的创新交易模式。2011 年 7 月，广交所集团举行的国窖 1573 大坛定制原酒广州认购推介会开创了高端商品新的交易模式，丰富了投资者可选择的消费收藏品种。广州农村产权交易所研发了以公开市场方式为农产品交易合同征集受让方的新型交易品种。2011 年 8 月，广州农村产权交易所受托为佛山市高明区杨梅丽堂蔬菜专业合作社自有技术种植的"丽堂菜心"向社会征集收购方，引导农民遵循经济规律实施生产和自发对农产品生产基地进行升级改造。广州文化产权交易所在促进广州传统文化与国内外先进文化模式对接等方面做了大量行之有效的探索和尝试。2011 年 5 月，广州文化产权交易所参加了第七届文博会，成为入驻演艺馆的唯一一家交易所，并得到政府部门、文化企业的热烈关注与支持，现场委托予以牵荐衔接的文化活动项目涉及金额约 217 万元。此外，兴业、民生两家银行提出优先对广州文化产权交易所推荐的文化企业、项目开辟融资绿色通道的意向，两家银行计划为此安排专项贷款额度合计 40 亿元。广州环境资源交易所积极致力提高企业和公众的绿色、环保意识，推广自愿减排、碳中和理念，成功协助兴业银行购买碳减排信用额，用于抵消兴业银行大厦在建造和营运期间所产生的 542 吨碳排放。

（二）交易所业务边界不断切近中国资本市场发展实际

案例之一是白酒市场的金马甲创造。白酒是中国特有的消费品，在西方白酒中酒精含量最高的是伏特加酒，仅有 42 度。在非鸡尾酒饮用者——中国消费者经验中，绝大多数西方白酒喝起来是水酒分离的，毫无味道可言。这种因消费者人群的味觉经验差异形成的地方特种产品，具有不可替代性，加上传统的工艺形式和独特的地理位置，形成了因收入水平提高而价值提升的稳定空间。这种既有稀缺属性又有升值前景的产品，如果加上保真和价值升值的特征，就可能在消费者、投资人、商品供应商、发售机构、资金结算银行、物流公司等之间形成市场。金马甲高端商品交易过程主要分为认购阶段和后续交易阶段。

在认购阶段，投资人在金马甲注册认购账户，签订认购合同并缴纳一定数额的订金，然后由发售方组织认购；后续交易阶段，投资人在资金结算银行开设资金账户，与银行签订第三方托管合同，并在金马甲开立交易账户，将资金账户的账款划拨至交易账户进行交易。2011 年 7 月，金马甲携手"浓香鼻祖"——泸州老窖股份有限公司和发售方——深圳市私享一号酒业有限公司共同推出"国窖 1573 大坛定制原酒网络交易"。这是国内高端白酒首次启动网络交易项目。本项目限量交易的国窖 1573 大坛定制原酒共计 8 万坛，每坛2.5 升，发售价格为 6900 元/坛，全数用于金马甲原酒交易，不会通过其他任何市场渠道或方式投放。认购完成后，认购投资人可委托发售方在金马甲"国窖 1573 原酒网络交易专厅"进行后续交易，也可以选择提取提货卡或提货，交易期限为 3 年。选择领取提货卡的投资人可以选择转赠，委托再交易，或者提取原酒。只要投资人不选择提取原酒，原酒在交易过程中始终储藏在泸州老窖所属的藏酒洞——"纯阳洞"中，为标的的保真、仓储提供了根本上的保证。金马甲的创造为土特可储产品——比如茶和特种蚕丝，为价值因消费偏好在总收入中比例提高而增加较快的艺术品和耐用消费品提供创新的参照。这是拓展权益类交易的一个中国案例。

案例之二是广州客车牌照总量市场调控平台的建设。2012 年 7 月，为缓解广州交通拥堵现状，广州产权交易所率先在全国发起"无偿摇号 + 有偿竞价"的客车增量指标配置模式。广交所成立专项工作小组，在时间紧、保密要求高的情况下，针对交易环节、交易时间、资金监管等核心问题进行反复研究、推敲，设计了国内独一无二的网上竞价模式：竞买人凭有效编码及报名时填写的手机号码进行资格激活，自行登录竞价系统进行报价；竞价时间是每期增量指标竞价公告规定的竞价日当天 9：00 至 15：00，不间断地连续竞价 6 个小时；在此规定的时间内，竞买人可以报价 1 次，修正报价 2 次，以最后一次有效报价为准。竞价时间截止后，竞价系统自动将竞买人的有效报价按照"价格优先、时间优先"的成交原则确定买受人。

为能及时解答市民关于增量指标竞价活动的咨询，广交所组建了广州市中小客车增量指标竞价热线客服中心，配备了 12 名专业客服人员，并在广州交通服务热线 96900 下设竞价客服专线 10 个坐席答疑。竞价热线客服中心自 2012 年 8 月开通运作，至今共接入中小客车增量指标竞价业务咨询超过 10 万宗，为广大市民提供了优质专业的标准化咨询服务，有效指导市民通过互联网参与竞价活动。该中心已被广州市交通信息指挥中心授予"2012 年度信息化服务管理标兵单位"荣誉称号。其实，大体上在同一时间，我国不同地方的交易所都有近似或类似的创造，比如公共资源平台建设和特种市场建设，都具有基于中国权益市场而新设交易产品和平台的创造。

（三）地方交易所出现新成长模式

长期以来，在我国江浙一带活跃着一批服务中小型企业融资的权益交易平台。以浙江省产权交易所为例，目前仍属于买方市场，交易量增长迅速，且投资者多为机构投资者。2011 年，交易所应对上海交易所带来的挑战，不断加强与上交所的合作，并快速融入长江产权交易市场。浙江是我国中小企业最多的区域，我们的调研发现，依托产权交易市场的制度积累，一大批起源于出口导向经济的大宗商品和中间品市场，也在借用产权交易市场的许多形式。比如浙江嘉兴的茧丝绸市场，200多家江浙两地包括需求茧丝绸原料的我国其他地方的企业采购中介，平时从事厂商和厂商之间的双边交易，但在一定时间积聚了足够的市场供需后，二、三百家的市场撮合中介、市场导入中介和各种服务，包括法律和关联中介集合在一起，形成短时间数个小时的第三方市场业务。这种基于大宗商品市场和某个行业中间品市场业务兴起的批发和做市活动，形成的短时间的第三方市场活动，在动力学机制上非常像早年最终商品市场上逢吉利日赶集——一种特定的第三方市场原型的过程。幸运的是，当地的产权交易市场事实上已经介入这类市场形式。最让人心动的是阿里巴巴模式，当年阿里巴巴的创始人在北京由于竞争而无法立足，走向杭州上下八府的中下企业的汪洋大海中的时候，"支付宝"创新成为场外双边交易向场外第三方交易市场迈进的最重要创新形式。我们期待有一天，场外大宗商品市场和产权市场的合二为一。

最近，国务院批准深圳前海和珠海横琴建设金融改革综合实验区。我们期待，大宗商品市场、货币市场、证券类市场和产权市场能够打通各自的市场边界，成为国际上联通上述市场的首成之地。

五　第三方市场边界拓展及会员单位建设童话

产权交易在与中国资本市场的结合方面走向了内生制度方向，值得庆幸。但是，根据近年的调研案例和观察思考，我们发现绝大多数交易所虽然处在资本品市场的前沿，在一线实践中有很多交易方式和产品创造，但在整体意义上了解第三方市场内在构成和动力学机制的团队非常少见，本部分就第三方市场在哲学方法论意义上做一些澄清，以期为我国交易所制度升级提供一些思考的透光。

（一）产权市场是什么Ⅰ：第三方市场会员童话

在中国大陆实践中，产权首先不是科斯意义上的法制度变量，而是交易中的资和产。但产权市场理想的标准构造是什么，则家家有自己的"经典"。在可观察意义上，了解产权市场是什么，一个具有喻示性意义的市场是北京机场。北京机场每天起飞降落1700～1800架飞机，十多万人走下来，空出了座位，十多万人再走上去。抽象一下，北京机场是个买卖"空座位"的大市场。如果把上述空座位想象成一大宗商品市场中的对应仓储单元，或者产权市场中的对应股权单元，则问题骤然变得具有思辨的意味。

北京机场并不直接买卖飞机中的空座位，而是将自己建筑主体中的大厅分割成一个个柜台单元，南航租一块，国航租一块，意大利航空公司、美国联合航空公司等百多家航空公司各租一块。买卖空座位似乎是航空公司的事。奇怪的是，航空公司的主营业务并不直接买卖空座位，北京大学西南门的国旅社、发改委下边的代办处、各类酒店和商业代办机构是买卖空座位的主力军。

原来，商业代办中介是航空公司的延伸实体，他们是把场外的业务导入到场内来；航空公司则是验票、组织场内活动和登机的主体。原来，航空公司是北京飞机场这家大卖场人头（交头）活跃的主承担实体——做市商（market dealer），商业代办中介是将场外双边市场业务导入第三方市场的成市商（market maker）。

问题到这还没有停止。一个顾客从自己的住处到机场去，单位公车、公交车、出租车、地铁和轻轨都是这个顾客的服务中介。到了机场，大厅内的信息披露屏幕、保险公司窗口、换票柜台、安检部门、问讯圆桌、打包服务、提供行李车以及饮料食品等单元，都是让场内活跃交头顺畅规整的中介商——均衡收敛商（equilibrium intermediary），或者叫价格收敛商（pricing convergence intermediary）。

完全可以想象，拥有150家以上的做市商、1500家左右的成市商、15000家左右的价格收敛商，在大数行为的最低要求上，可以行为单元的分布密集程度达到统计规律——均衡状态实现的充要条件。当一个市场的价格走向收敛时，别的实点交易才能获得参照，从而获得定价的话语权。这就是产权市场的交易商要件和第三方市场形成的统计数量要件。缺了他们，你就是把自己在名称上叫做世界交易所，也是挂羊头卖狗肉的不合格市场。

（二）产权市场是什么 II：非标市场产品设计童话

既然北京机场是买卖空座位的，为什么北京机场不卖空座位的空置标号——仓单呢？不但机场不卖，而且机场的航空公司也不卖。航空公司为其成市商提供的交易单据是抽象掉了具体座位标号等物理特征的价值票据——仓位等级（头等、商务或经济等）。当你到了机场把机票换成登机牌的时候，才拿上了座位号。原来，飞机的价值票据是飞机仓单票据的一级衍生产品。产品合格吗？过安检门的时候，有检验流程认证。当登机牌上被盖上了认证章之后，登机牌变成了认证单据和交割单据的合二为一物，一个物流要件内置了中市场工具——认证票据和交割票据。出了安全门，当推上场内的行李小车到登机口登机时，地面空服人员将登机牌撕成了两半。这个时候，留在顾客手上的一半变成了准运发货单，另一半变成了机场地面空服单位和会计公司清算的对账单。同机票是仓单的一级衍生品一样，对账单是仓单另外一维市场意义上的一级衍生品。显然，如果准运单有时间变量在内，如果制度设计留存准运单据可以在市场中介之间流转的话，它和期货交易所里的标准期货合约有多大的产品空间距离呢？

第三方市场的产品原来是这样形成和设计的。衍生品不是坐在办公室里设计的，北京大学课堂上教的衍生品课程，仅仅是工程意义上的衍生品设计，创新性的衍生产品设计，没有对应的一维市场存在或动员，只是模仿。至于要不要连续，应不应该拆细，排除了政治经济学意义上的利益集团考虑的话，谁能说不让市场里的中介来决定而让管理层来决定呢。衍生票据（交易的话就是衍生品）本来就是人家机场内的成市商和做市商发明的，凭什么一个外在的力量要掺和进来扭曲市场的本来形态呢？

（三）产权市场是什么 III：金融机构监管神话

上述第三方市场中的价格收敛商，有很大一部分是非传统主流意义上的非银行类金融机构。把他们当银行类金融机构的附属来理解，任何创新意义上的业务都被理解为对传统主流意义上金融机构市场边界的蚕食。事实上，第三方市场中的做市商行为和成市商行为与市场内价格信息透明关系是第一阶的——

这是他们之间竞争关系的必然。他们的行为和高能货币市场关系是第二阶的——单据的高流通性首先是票据在中介商之间的流动，而不是货币的流动。同理，认为产权市场的做市商中介和成市商中介只要拆细和连续，就会扰乱货币市场，这只是一种权力的傲慢而不是智慧的表现。当不许产权市场上的交易中介拆细和连续，压抑的是产权交易市场资本品意义上的流动和变形，损失的是资本投资的报酬率，获得的只是货币市场二阶意义上的问题。这种成本和收益倒挂的规制理念，只有不懂行的规制者才能做得到。用20世纪的脑袋来理解21世纪的第三方市场价格收敛机制只能是信用动员授权的强横而不是规制。把上述行为用作监管实践的红线，实在是对创新中国梦的制度工具的侮辱。

当代具有未来意义的非银行类金融机构大体上能看得到的有评估、授信、增级、卖方回购、第三方担保、多方协议、托管置换、交易做市、进入退出、法律会计关联的中介的综合。在监管的意义上，他们大体上已形成类异于主流金融机构的第二金融体系。只有这些中介存于第三方市场中，第三方市场才具有价格收敛能力所需要的速度和动量。任何将第三方市场想象成交易所，而交易所只能跟在西方的模子和历史脚步后面爬行思维，都是对基于中国实践资本市场成长的削足适履。

六　结语：产权市场"十二五"后续年度与国民经济共成长

中国产权市场因应于国有企业的改制而生，也在与发达经济体资本市场导入中国后占据主流的地位相竞争，存活下来已经是个奇迹（拿今天中医和西医相较的地位比确实不容易）。中国大地上的东西，自1840年鸦片战争始，到五四胜利时止，从知识分子到各个阶层，除了在行为上的东西不自觉而改变少——吐痰和大声说话为两例——之外，绝大多数领域我们都拜倒在了西方的面前，资本市场也不例外，产权市场的发展也受到西方资本市场的巨大影响。在资本市场上学习了西方20多年，该是反思自己，将经验和心得体会总结一下向世界贡献点什么的时候了。

产权市场经过 1/4 世纪的伟大实践，积累了丰富的行业经验，国有产权的升值和保值上了一个高高的台阶。同时，产权市场与民间资本市场相结合，与长链产业类大宗商品市场相结合，已经具备了在资本市场意义上与长链产业相应的长链市场相结合的基本条件。我们希望，我国产权市场能够在上述结合的意义上与国民经济相对接，为中国经济的产品市场和资本市场的共成长贡献一份力量。

B.2

产权市场：踏上新征途

熊 焰*

自国务院国资委、财政部《企业国有产权转让管理暂行办法》（即 3 号令）2003 年 12 月正式颁布以来，至今已经历整整十个年头。这十年是产权市场大繁荣的十年，也是国有企业大发展、中国经济大发展的十年。

十年前，中国的国有企业发展还举步维艰，面临着经营困难、职工下岗、资产流失等诸多问题；如今，世界五百强中有 95 家中国企业，其中国务院国资委监管的中央企业就占据了 44 席，中国经济总量也攀升到了世界第二的位置，GDP 超过 50 万亿元。

十年来，中国的产权市场为国有企业发展保驾护航并一道共同成长，也走到了一个阶段性、里程碑的高峰：从一个默默无闻的小市场，发展成为在国民经济中扮演重要地位、牵头带动整个要素市场发展的大市场。

我是十年前进入产权市场行业的。十年来，我所在的北京产权交易所（以下简称"北交所"）也从一个地方性的市场交易机构，发展成为引领中国产权市场前行方向的全国性交易所集团。如果说，中国的国有企业能发展到今天的地位，有着产权市场不可缺少的贡献的话，那么中国的产权市场发展到今天，也有着北交所不可缺少的贡献。

回首十年，北交所与各兄弟产权交易机构一道，为中国产权市场的发展与成长贡献了力量，获得了市场各方与各级政府的认可；展望未来，我们还必须清醒地认识到，产权市场前行的道路并不平坦——世界在变，市场在变，中国的产权市场也需要改变。产权交易机构必须调整自己，顺应变化，才能跟上时代步伐。中国产权市场，需要踏上新的征途。

---

* 熊焰，北京产权交易所董事长，北京金融资产交易所董事长，中国企业国有产权交易机构协会会长。

一 产权市场再回首

中国产权市场作为中国改革开放的历史性产物，起步期要追溯到 20 世纪 80 年代中晚期，真正起跑期则要到 2003 年国资委和财政部"3 号令"出台之后。这一中国所特有的市场平台，从成立之初就被当作政府支持国有企业脱困，优化国有资源配置的工具。中国国民财富的产生、流动和分配的规律与发达市场经济国家完全不同，制度基础的不同导致了市场发展的路径也完全不一样。正是因为这种不一样，我国产权市场在国际上全无可参照的范例，只能在艰苦的摸索和博弈之中顽强生长。

自 20 世纪 90 年代国有企业开始战略性调整、企业产权开始流动以来，对于国有资产流失的质疑一直伴随着国企改革的步伐。在企业改制过程中，大量国有资产以低价贱卖给内部控制人或者利益相关方，一批政府官员和企业家因为涉嫌贱卖国资而落马，"国退民进""国资流失"一度成为那个时代最引人瞩目的关键词。在这样的情况下，必须要寻找一条符合中国实际、保证国有资产顺畅流动但又不流失的路径。经验证明，资产的流动重组是市场行为，市场行为就要启动市场机制，要杜绝改革中的国有资产流失现象，就要采取公开化和市场化的改革方式。公开化就是要使国有企业的产权改革在公众知情、公众参与和公众监督的情况下进行，防止暗箱操作；市场化就是要使国有企业的产权改革通过市场交易的方式、按市场交易价格进行。

为此，国务院国资委和财政部的"3 号令"出台了，国有产权交易有了制度保障和操作规范，产权市场由此走上历史舞台，并一发不可收。其实整个产权市场的制度架构非常简洁，完全可以用两个主题词概括："公开"与"竞争"。"公开"可以最大限度地发现投资人，可以割断特定的利益输送通道，可以保障人民群众的参与权与知情权，可以保护相关当事人。"竞争"可以让所有的意向受让人在同等条件下公平地竞得标的企业，可以通过市场来发现价格，于是国有产权转让过程中发生腐败行为和国有资产流失的可能性就被降到了最低。

北交所是这一制度的积极践行者，也可以说是集大成者，在完成了包括河南双汇实业、烟台张裕葡萄酒等在内的诸多广受关注的国有股权转让之后，北交所逐渐成为市场中名气很大、也很受中国各级政府机构关注的标志性产权交易平台。而这仅仅是北交所在中国产权市场舞台上亮相的开始。此后，北交所继续引领产权市场前行，创造了诸多国内领先的新业务：较早推动政府部门以明文规定要求市属行政事业单位国有资产处置进场交易；较早探索金融不良资产在产权交易平台公开交易；第一个通过公开的市场拍卖机制处置奥运资产，开创了奥运史上的先河等等。而奥运会开幕式演出道具"缶"的拍卖，也创造出中国产权市场史上的多个纪录——竞买人数最众、竞价轮次最多、溢价率最高。

从 2003 年开始，北交所就探索金融资产处置业务，建设独具特色的"中国金融资产超市"，通过市场化手段为华融、长城、信达和东方等四大资产管理公司的金融不良资产公开处置服务，并不断推动金融国有资产的进场交易，最终为财政部 2009 年制定《金融企业国有资产转让管理办法》（财政部令第 54 号）奠定了基础。该令规定，金融企业国有资产转让必须进入省级以上产权市场交易机构公开进行。

从 2009 年开始，北交所又提出了"两全三化"的发展战略。"两全"是指"国资全覆盖、品种全展开"，"三化"是指"市场化导向、信息化手段、国际化特色"。过去十年，在保证传统的企业国有产权交易优势地位的基础上，北交所致力于从深度和广度上延伸交易品种谱系，推动并组织了行政事业单位资产、国有金融资产以及涉诉资产等公有或类公有资产进入产权市场规范交易，探索实现"国资全覆盖"的目标。同时，北交所积极创新交易品种、拓展服务领域，逐步嵌入要素市场领域，形成了集技术交易、林权交易、矿业权交易、环境权益交易、石油交易、存量房交易等各类要素交易于一体的综合性产权交易机构，并根据专业领域设置专门的交易平台，以集团为依托，助推各类要素子平台的快速发展，打造出"一托十二"（指一个集团，投资设立十二家专业交易机构）的业务架构，推进了"业务品种全展开"的战略。

队伍建设方面，北交所从一个十年前仅有三、四十人的团队，发展到现在拥有 700 多人的市场队伍，年交易额从成立之初的百亿级别，发展成如今达万亿级别的中国产权市场第一军团。与全国的兄弟产权机构一起，用十年的光景重塑了产权市场在中国要素市场中的地位。并不断通过锐意创新、跨越发展，为产权市场开辟了一片新的天地。

可以说，北交所的发展成长轨迹也深刻地反映了产权市场在国民经济体系中的地位变迁，产权市场从一个不受关注的小角色，逐步成长为聚光灯下的重要角色，为国有经济的发展壮大提供保护与支持。今天国有企业在市场上取得的靓丽成绩，与产权市场在其背后所发挥的国有产权顺畅流转保值增值的积极作用特别是资源优化配置功能是分不开的。

二　面临的新形势

产权市场的外部环境正面临深刻的变化。中国的产权市场崛起于国企经营相对羸弱的年代，国退民进的大背景下，保护国有产权在流转过程中不被低价出让是一个重要而棘手的目标任务。如今的国有企业已非昔比，以央企为代表的国有企业逐步发展成熟，在市场中的地位也逐渐稳固，这使得产权市场为国有企业产权流转保值增值的任务不再像以往那样紧迫与突出，产权市场客观上也要寻找新的市场关注点与业务增长点。更为重要的是，中国的市场改革进入深水区，包括利率市场化、人民币国际化以及中国（上海）自贸区建设等在内的各项改革措施对产权市场发展将产生深远影响。此外，互联网发展带来的机遇与挑战，也让产权市场未来发展面临巨大的不确定性，整个市场或将遭遇与其他传统平台机构一样的来自互联网市场平台的"跨界"竞争挑战——要么改变，要么被湮灭，可能将成为所有产权机构未来不得不面对的结果。

（一）中国市场改革进入深水区

深化市场改革是新一届中央领导集体履职以来提出的最重要课题。习近平总书记在 2013 年 7 月 23 日召开的征求对全面深化改革的意见和建议座谈会上，明确指出，"我国改革已进入攻坚期和深水区，需要解决的问题十分繁重"，"必须以更大的政治勇气和智慧，不失时机深化重要领域改革"。

实际上，我国当前也正处在继 20 世纪 70 年代末开始的第一轮对外开放、

1992 年邓小平南方谈话启动的第二轮发展改革、2001 年加入 WTO 后开启的第三轮开放改革之后的第四轮改革开放机遇期。[①] 新一轮改革的一个重要特点，就是要通过"开放"和"放开"来倒逼改革——用"开放"来打通国际市场与国内市场的阻隔（如设立上海自贸区）；以"放开"来为捆绑着绳索的各类企业和机构松绑（如放开贷款利率下限），从而进一步加大市场对资源的配置力度，推动经济结构调整和转型升级。习近平总书记就在前述座谈会上提到，要"进一步形成全国统一的市场体系，形成公平竞争的发展环境。要把更好发挥市场在资源配置中的基础性作用作为下一步深化改革的重要取向，加快形成统一开放、竞争有序的市场体系，着力清除市场壁垒，提高资源配置效率"。

从目前情况来看，此轮改革开放已在金融体制改革、投融资体制改革、行政审批制度改革、财税体制改革等多方面展开。尤其是金融领域的改革，备受社会各界关注，从 2012 年伊始的证监会"郭氏新政"、保监会"项氏新政"，到 2013 年国务院办公厅出台《关于金融支持经济结构调整和转型升级的指导意见》、中国人民银行宣布将贷款下限全面放开、国务院批准设立中国（上海）自由贸易试验区等多项标志性改革措施的出炉，预示着中国的金融改革已渐次提升到一个前所未有的高度。

产权市场作为当前我国多层次资本市场的组成部分，在此轮新的改革大潮中必将受到深刻影响，市场改革的深化和这些改革政策措施的出台，一方面将对推动产权市场发挥配置资源基础性作用、激发产权市场更好更快发展形成新的动力支持；另一方面，新的政策也必定改变市场现行生存环境，从而倒逼产权市场的深化改革。改革对所有市场机构都是柄"双刃剑"：适应，就能站上潮头成为英雄；反之，则将被潮流淘汰。

（二）公共资源领域政策影响

2011 年 6 月，中办、国办发布《关于深化政务公开加强政务服务的意见》（中办发〔2011〕22 号），提出"建立统一规范的公共资源交易平台"，同年 9

---

① 管清友：《三中全会与第四轮改革机遇期》，中国证券网，2013 - 8 - 28。

月和 2012 年 6 月，中央治理工程建设领域突出问题工作领导小组办公室（以下简称"中治办"）两次就推进建设统一规范的公共资源交易市场问题发布征求意见稿，拟将企业国有产权交易纳入公共资源交易平台的业务范畴。当时给产权市场带来巨大的压力，一些产权交易机构被并入公共资源交易市场。针对当时的情况，笔者曾撰文提出，产权交易机构的从业人员要正确看待中办、国办文件，产权市场应该成为公共资源交易的重要平台。①

2013 年 3 月，国办发布《关于实施〈国务院机构改革和职能转变方案〉任务分工的通知》，要求国家发改委会同财政部、国土资源部等 8 个部委就整合建立统一规范的公共资源交易平台提出方案。② 这和 2011 年由中治办牵头就推进建设公共资源交易市场征求意见时的形势发生很大变化。国家发改委在推进公共资源交易市场建设时，采取了科学、务实的态度，重点是集合相关部委进行了摸底调研，并没有急于出台方案。2013 年 4 月，国办在发布的《关于贯彻落实国务院第一次廉政工作会议的精神任务分工的通知》（国办函〔2013〕63 号）中，分别对公共资源交易平台、经营性土地"招拍挂"出让平台、国有产权交易平台、招投标平台、政府采购平台的建设提出原则性要求。③ 结合十八大召开以来国务院执政思路，可以看到，在"管办分离"原则下提高公共资源的处置效率，政府是认同的；但在公共资源交易市场的建设方面，政府相关部门则采取了科学、务实和谨慎的态度，对于已经形成相对成熟运作套路的国有产权交易，则采取了更为重视的态度。产权交易机构应该及时抓住良机，提升产权市场的服务功能和影响力，为公共资源的市场化处置起到积极的示范作用。

---

① 《产权市场应成为公共资源交易的重要平台》，《产权导刊》2011 年第 11 期。

② 《关于实施〈国务院机构改革和职能转变方案〉任务分工的通知》（国办发〔2013〕22 号）第七项提出：整合建立统一规范的公共资源交易平台，有关部门在职责范围内加强监督管理。发展改革委会同财政部、国土资源部、环境保护部、住房和城乡建设部、交通运输部、水利部、国家税务总局等有关部门负责。2014 年 6 月底前提出方案，由中央编办对方案统筹协调，提出意见。

③ 该文关于国有产权交易平台的建设，提出"改革和完善国有产权交易制度，推进国有产权交易市场化改革，实行统一信息披露、监测等，加强制度建设，严格进行督促检查（分工部委是：财政部、国资委、发改委）。"

（三）互联网模式平台的影响

互联网电商、互联网金融等新兴模式平台的兴起，让所有的传统市场平台都感受到了巨大冲击力，其对中国乃至全世界的影响都是空前的。它预示着一个新时代的到来，预示着现有一切市场格局都可能会被打破，市场参与者会重新洗牌，重新分羹，同时也会倒逼传统市场机构的转型与提升。不改变、不适应，昨天的市场龙头随时可能变成今天的化石恐龙。曾经风光无限的相机鼻祖柯达公司已被埋入历史，曾经作为行业领头羊的芯片制造商摩托罗拉无奈地被谷歌兼并，中国三大移动运营商的市场也正经受着腾讯这样"后生"的侵蚀，四大国有银行也正经受像阿里巴巴这样的金融跨界者的威胁，更不用说国美这样的连锁超市被中国首家规模超过百亿的网络零售企业京东商城打得股价贴到了地板，中国的传统书店被当当网这样的新书商击得溃不成军。

而现代互联网新平台一旦介入产权市场领域，毫无疑问也将对整个产权市场体系造成颠覆性的冲击。传统产权机构的交易模式、客户资源、市场声誉等条件优势，在现代互联网平台看来都不存在太大的超越难度，而这些平台的内在优势——大数据、海量客户、成熟的支付结算体系等，却又是传统产权机构的短板所在。互联网电商的代表阿里巴巴、淘宝网现在已经开始推出免费的资产拍卖平台；新晋互联网金融的万得市场、东方财富网，也开始利用其金融大数据终端，为各类市场机构提供免费的网上交易信息。相信不久的将来，产权市场就必定会感受到这些新平台的威胁。

在这样一个连银行都害怕成为恐龙的互联网时代，所有的传统产权交易机构都必须抱着如履薄冰的心态，积极参与变革，实现自身的转型升级。只有如此，方能面对来自互联网新平台的挑战。当然，互联网模式对部分产权机构而言是挑战，而对于整个产权市场发展而言无疑又具有巨大促进作用。这些新元素的加入和新模式的引进，会对肩负着要素流动和资源有效配置重任的产权市场开创新的局面起到积极的推动作用。

（四）上海自贸区未来辐射的影响

2013年8月，国务院已原则通过了《中国（上海）自由贸易试验区总体方案》，今后要在上海外高桥保税区等 4 个海关特殊监管区域内，建设中国（上海）自由贸易试验区。这意味着上海自贸区今后将完全与国际市场接轨，成为像香港一样的经济"自由港"特区，在经济上实现区内区外的"一国两制"。这一举措对中国市场化改革的影响无论怎么形容都不过分，被外界喻为中国的第二次"入世"。

上海自贸区将出台一系列政策措施，其中金融领域出台的措施中就涵盖了包括利率市场化、人民币国际化、资本项目开放等在内的诸多对金融市场发展具有划时代意义的改革措施，尽管这些政策仅在自贸区内生效，但其受众无疑将是全国范围，其改革的精神与主旨更将对包括中国产权市场在内的整个中国市场发展产生深远的影响。

人民币实现自由兑换将极大提升国内市场对于外资的吸引力，大量的国外资金将会涌入中国市场。现阶段产权市场中的股权转让、融资需求等，仍主要面向国内的机构投资者，而实际上产权交易所中挂牌了大量优质企业股权或项目，对外国的投资机构也会产生吸引力。今后产权交易所可以逐步引入外资机构会员，使其成为场外投资群体中重要的组成部分之一。

此外，未来对产权市场可能产生的影响还包括可以引入灵活的交易体制、激活市场交易量等等。可以说，上海自贸区是改革和提高开放型经济水平的"试验田"，它将逐渐形成可复制、可推广的经验，条件成熟后，相信会有更多的自贸区域出现，届时各地方产权交易所将享受到相应的改革红利，迎来高速发展的良机。

三　未来发展方向

市场化改革是我国产权市场未来发展的总方向。具体来说，应引导其朝以下四个方面努力。

（一）继续坚持为国有企业的改制重组提供服务

中国是一个以公有制经济为主体的市场经济国家，这一特点使得国有企业改革将在很长一段时间内都是我国经济改革的重中之重。习近平总书记在

2013 年 7 月份召开的征求对全面深化改革的意见和建议座谈会上重点提到，"要坚持和完善基本经济制度，增强公有制经济，特别是国有经济发展活力，鼓励、支持和引导公有制经济发展"。而对于产权市场在国有企业改革中的作用，无论是国有企业还是国有企业的监管机构，都充满了期待。2012 年 5 月，在国务院国资委发布的《关于国有企业改制重组中积极引入民间投资的指导意见》（国资发产权〔2012〕80 号）中提出："从事国有产权转让的产权交易机构，应当积极发挥市场配置资源功能，有序聚集和组合民间资本，参与受让企业国有产权。"同时明确要求中央企业"要利用好股票市场、债券市场和产权市场，着力增强资本运作能力，为企业改革发展提供支撑"。因此，未来产权市场应重点思考如何在做好企业国有产权阳光流转的同时，提升平台组合民间资本能力，以及为国有企业的并购重组提供全套的策划能力。这将是关系到市场能否在新一轮改革中切实发挥重大作用的关键问题，是产权市场需要努力的方向。国企产权业务是产权市场的根基和公信力的来源，根深才能叶茂，本固才能常青。

（二）推动要素市场进一步发展

要素价格的市场化也是本轮深化改革的重点领域。中国经济改革走过 30 多年，无论是投资品还是消费品的市场化都已经基本完成，目前中国 90% 的商品定价已由市场来决定。可以说，在商品领域，中国的市场机制已经成为绝对的支配性力量，当前中国市场化进程中真正滞后的是要素市场化。长期以来，与企业运行密切相关的各类要素资源多掌握在政府手中，或采用官方定价，或实行双轨制，如货币（利率）、土地、煤、电、油以及其他资源类大宗商品并不能完全由市场定价，市场在这些资源的配置中无法起到基础性作用，致使不同所有制的企业从一诞生起就不在同一起跑线上。非市场化的配置方式导致的资源配置效率低下、无序、浪费和腐败等问题，已经不能适应新的生产力发展要求。

近年来，借鉴企业国有产权成功流转经验，在各级政府的支持下，产权交易机构在推动其他生产要素有序流转方面做了大量的工作。目前，一些大的产权交易机构大多采取集团化发展方式，设立专业交易平台，交易品类涵盖技术、林权、矿权、石油石化、环境权益以及金融资产等。经过过去几年的探索，这些专业平台的发展并不均衡，有些平台甚至仍十分艰难。但令人欣慰的是，这些交易平台的发展基础不断坚实，投资人资源、项目资源逐步集聚，市场环境渐渐成熟。相信在要素市场化改革加速的东风吹拂下，这些专业平台必将取得更大的成就，并为要素市场化改革贡献力量。

（三）开拓非标、私募市场业务蓝海

资本市场大致可以划分为两大类：从事标准化产品交易的公开市场，以及从事非标类产品交易的私募市场。相对于那些以标准化产品交易为特征的公开市场而言，从事非标类产品交易的私募市场具有更广阔的市场发展空间。以北交所为代表的产权市场实践探索表明，能否坚持非标、私募、中立第四方和金融化的发展方向，是关乎产权市场生存发展的"四维"所在。

公开市场按交易标的大致可分为三大类：股票市场、期货市场和债券市场。其中与企业融资相关的主要是股票市场与债券市场。股票市场是从事标准化股权交易的公开市场，能够在这一市场上交易的企业不过 2500 家，只占中国上千万企业总量的万分之一。债券市场是从事标准化债权交易的公开市场，能在这一公开市场上发债的企业，客观上要比能做股票发行的企业数量更少——因为股票市场还有创业板、新三板，而中国的债券市场则只有"主板"，只能解决那些优质的、高评级的大型企业发债融资问题。

这两类市场之外的广阔领域，就是产权市场发展的蓝海所在。一方面，对于那些数以千万计的无法在股票市场中上市的中小企业而言，产权市场为它们提供了一个潜在的市场融资与股权交易平台；另一方面，对于那些无法在债券市场上发债融资的企业而言，产权市场可以为它们提供一个与各类金融机构对接的平台。除此之外，中国的非标、私募市场还包含有更为广阔的市场业务领域，比如推动数以万亿计的未流动金融资产的交易转让。

中国作为世界第二大经济体，各类金融资产存量已突破 150 万亿元，其中仅银行贷款就占到 70 万亿元以上。而这些资产中的绝大部分都是不流动的，市场效率极其低下，严重制约了实体经济的健康发展——这也是近期出现的中国广义货币 M2 高达百万亿元，而银行间市场却发生"钱荒"的一个重要原因

所在，为此，国务院才提出了"盘活存量、用好增量""不刺激、调结构、促改革"的市场方针。借此，产权市场可以充分发挥自身资源优势，融入这一市场中，为解决巨额金融资产流动和各类市场企业融资难问题发挥作用，从而推动中国资本市场建设的完善。北交所已通过投资组建北京金融资产交易所在这一领域加以尝试，在全国起到了示范作用。

（四）利用互联网金融建设网上市场平台

鉴于互联网金融对于产业内机构商业模式和产品交易的巨大颠覆力和渗透力，结合产权市场地域分散、标的物标准化程度低、价格发现不足等特点，大致可以判断产权市场也将经历类似于金融领域的互联网化之路，从低层次服务向中层次替代竞争，逐渐向高层次融合演化发展。

产权市场今后要充分利用互联网技术，实现交易方式的创新、交易群体的扩大和交易标的价格发现功能的提升。目前淘宝网已经在做在线拍卖，2013年6月，浙江高院和淘宝网联合推出的"网络司法拍卖平台"上线，今后浙江省各级法院涉诉资产交易都将通过淘宝网进行司法拍卖。这预示着不管我们乐意不乐意，产权市场业务领域已经开始被新兴互联网平台所"侵入"，互联网产权交易已开始冲击传统产权市场平台交易。而应对之法，就是产权交易机构也要仿其道而行之，从线下交易向线上交易发展，实现自身的创新与跨越。目前北京金融资产交易所全力打造的"中国金融资产超市"，就是这样一个网上金融市场交易平台。

传统产权交易应当利用互联网技术和模式的创新催生新的产权交易市场和领域，未来将可能出现类似于互联网金融模式的"互联网产权模式"——产权交易通过大数据积累和云服务创新，使信息不对称性大幅降低，发现投资者、发现价格的功能有质的突破，如同阿里信贷基于支付宝的大数据积累形成的信用贷款新模式一样，产权市场也将催生新的业务模式。

市场顶层设计篇

The Top-down Design of Market

B.3
产权市场发展的条件与动力

邓志雄*

　　产权市场是随着我国经济体制改革对产权流转的需求日益增强而发展起来的。它诞生于20世纪80年代后期，90年代曾几经风雨。进入21世纪后，以2003年底《企业国有产权转让管理暂行办法》（国资委、财政部令第3号，以下简称3号令）颁布实施为契机，产权市场顺应信息化时代经济运行方式的变化，成为企业国有产权转让的阳光化平台，迎来了发展的新飞跃。回顾近十年来的历程，我们高兴地看到，产权市场发生了显著而深刻的变化。这种变化主要表现在两个层面：一是产权市场自身建设取得了长足进步。在交易制度和规则的完善、信息化网络技术的应用、业务范围的拓展以及交易监管的强化等方面都有显著提升。二是产权市场的社会影响日益扩大。由于在促进企业国有产权的阳光化、规范化流转方面发挥了积极重要的作用，产权市场获得了社会各界的普遍认可，带动了其他各类公共资源进入产权市场公开流转，民间私人

---

* 邓志雄，教授级高级工程师，现任国务院国资委产权管理局局长。

产权也越来越多地进入产权市场交易。

在看到成绩的同时，我们也应该清醒地意识到，当前产权市场仍面临许多新的挑战。产权市场既要坚持规范、创新双轮驱动，不断加快发展，又要加强自我审视自我约束，严格预防系统性风险的发生。为此，需要我们更加准确而深刻地认识产权市场发展的条件和动力，正确把握市场的边界和定位。

一 企业国有产权的市场化流转是产权交易市场发展的充分条件

任何新生事物的出现、成长，都有其内在规律性，需要有适合这一事物生长的环境和土壤。产权市场也不例外，它发生在一定的历史阶段，产生于特定的历史背景下。

1978 年，我国开始了对计划经济体制的改革。改革的中心目标是搞活搞好国有企业，建设社会主义市场经济。在经济转轨时期，社会主义国家普遍面临的巨大难题之一，就是各种要素资源特别是企业国有产权如何市场化配置的问题。资本只有在运动中才能增值。依靠行政手段根本无法满足企业产权等要素资源科学配置的需求，还会因权力的过分集中产生严重的腐败问题，操作不当可能带来严重的社会后果。企业国有产权"该不该卖""该由谁卖""该卖给谁""该以什么方式卖""该以什么价格卖"，成为困扰国有企业改革深入展开的世界性难题。

西方和东欧一些国家采用"一卖了之"的企业国有产权私有化道路，将具有完整价值的企业国有产权碎片化，在表面公平的形式下，贬损和破坏了全国人民的应有权益，造成了社会生产力的巨大破坏，并导致严重的社会两极分化。我国在 20 世纪 80 年代后期开始探索用产权市场实现国有产权流转，但由于没有统一的国有资产监管机构和规范的企业国有产权流转制度，到 21 世纪初，市场化阳光的流转机制仍未有效建立起来。而此时，经过"三年脱困①"和"抓大放小"的改革，我国的大中型国有企业的改革进入产权重组的深水区，绕开产

---

① 即党的"十五大"提出的，从 1998 年开始到 2000 年三年内，使国有及国有控股大中型亏损企业扭亏为盈，实现基本脱困目标。

权问题走的国企改革已经进行不下去，地方政府官员推动和操作的主要针对中小企业的产权改革则带来了严重的国有资产流失和官员贪腐的社会怀疑和责问，形成新的社会风险。因此，必须探索一条既符合我国企业改革发展的实际需要，又能有效保证国有资产有序流动且不流失的新路径。

2002 年，党的十六大决定成立国务院国有资产监督管理委员会作为专司企业国有资产管理的特设机构，中纪委明确要求企业国有产权必须进入产权市场阳光交易。2003 年，国务院国资委成立伊始，就联合财政部起草发布了 3 号令，并按照"管办分离、联合监管"思路，国家和省两级国资委从各地的 200 多户产权交易所中选择确认了 66 户作为可以从事企业国有产权转让业务的交易机构。随后，国资委牵头，与监察部、财政部、发改委、国家工商总局、证监会建立了六部委联合监管机制，对各地执行进场交易制度情况和所选产权交易机构规范运作情况开展检查评审。经过几年的发展和完善，国资委逐步建立了一整套企业国有产权进场交易的制度体系，按照"应进必进、能进则进、进则规范、操作透明"的原则要求，统一了全国企业国有产权交易的操作规则，组织开发并推广了统一的企业国有产权交易系统，并对 30 个省区市的国有产权交易全过程实现了实时动态信息监测。2008 年 10 月，《企业国有资产法》（以下简称《国资法》）正式做出法律规定，"国有资产转让应当在依法设立的产权交易场所公开进行。"2011 年 1 月，中国企业国有产权交易机构协会成立，标志着中国产权市场逐步走向成熟并不断加强行业自律。2012 年 5 月，企业国有产权交易机构协会开始通过自己的网站统一向全球发布中国企业国有产权交易信息。企业国有产权进入市场公开规范流转，破解了企业国有产权转让中的五大难题，实现了企业国有产权的市场化配置，对深化国有企业改革，增进国有产权与私有产权的和谐共存、相互流转、平等竞争和共同发展，巩固和坚持"两个毫不动摇"[①] 的社会主义市场经济体制，有效地从源头上治理国有产权流转中的各种腐败现象，起到了积极作用。国有产权进场阳光交易制度开创了"卖方公开规范地卖、买方公平合法地买、相关批准方公正高效地批"的崭新局面，得到了社会各界的一致肯定，受到了世界反腐败组

---

① 即"毫不动摇地巩固和发展公有制经济，毫不动摇地鼓励支持和引导非公有制经济发展"。

织和联合国的高度赞扬。

在这一过程中，中国的产权市场取得了突破性发展，初步构架起一个有中国特色的新型资本市场体系，成为企业国有产权有序流转的重要平台，并有力地带动了民间投资的发展。据国务院国资委企业国有产权交易监测系统数据显示，2007 年至 2012 年 9 月，全国共进场交易企业国有产权 10768 宗，成交金额达 4122 亿元，交易额较评估值增值 715 亿元，增值率达 21%。在企业国有产权进入产权市场流转成效的示范影响下，金融产权、林业产权、文化产权、涉诉产权、房地产权、矿业权、排污权、广告权和行政事业资产等也纷纷进入产权市场流转，土地使用权出让、政府采购和建设工程项目招投标等公共资源配置事项开始探索集中统一进场的市场化道路，联合国也正式选择我国上海联合产权交易所作为其南南合作中的财产技术和碳排放权交易平台。

实践证明，要坚持社会主义市场经济体制，就要坚持"两个毫不动摇"方针，使国有产权和民间资本能够和谐共存、等价交换；就要在国有企业中建立现代产权制度，健全企业国有产权的市场化交易制度；就要建立企业国有产权流转的市场体系，同时建设好股票市场和产权市场，使上市和非上市的企业国有产权都能在阳光交易中得到严格保护，与私人产权一道顺畅流转。企业国有产权的市场化流转带动和推进了产权市场又好又快地发展，因此企业国有产权的市场化流转需求是产权市场发展的充分条件。

二　信息化是产权市场发展的必要条件

在大规模应用能量驱动机器生产标准化物资产品的工业化高潮过去后，人类进入信息化新时代。信息具有和物质、能量完全不一样的特征，它取之不尽，用之不竭，主要依赖人脑开发利用，且越用越多、越用越好，并不断优化人类对于能量和物质的应用能力。在信息化时代，信息成为社会的主要财富，人脑成为社会发展的主要动力。发展动力的改变，导致社会经济运行方式、发展模式都与工业化时代大不相同。工业化时代生产决定消费，厂商是经济活动的核心，其最基本的特点是生产的规模化、标准化，主要商业模式是 BtoC（Bussiness To Customer），竞争取胜过程通常是"大鱼吃小鱼"。信息化时代，消费决定生产，用户成为经济活动的核心，企业运作的主要特征不再是标准化大生产，而是差异化快生产，主要商业模式是 C to B（Customer To Bussiness），竞争取胜的过程通常是"快鱼吃慢鱼"。生产主体也由以大型专业制造企业为主逐步转变成了少数网络状巨型企业与无数小微企业并存发展的状态。企业借用信息化网络渠道，直接与广大消费者进行互动，形成信息化时代崭新的生产方式和市场面貌。

信息化技术以极低的成本和迅捷的速度，在全球范围内大大提高了信息交换的能力。与之对应，企业资本的形成及流转方式也可以采取全新的方式来实现。由于信息技术极大地拓展了市场边界，优化了市场交易功能，大大提高了市场发现交易主体、发现交易价格的"两个发现"能力，使定位于为非上市企业的非标准化产权提供交易服务的产权市场得以有效运行，成为一种直接高效配置资源、公开透明分散风险的新型资本市场，大量非标准化的物权、股权、债权、知识产权的形成和流转通过产权市场快速实现。

近 20 年来我国的市场实践证明，信息化、网络化的技术手段使产权市场无须将交易标的拆细标准化就能直接高效地组织起低流动性的资本交易。换言之，没有信息化技术的应用，就没有产权市场的发展。信息化是产权市场发展的必要条件。

认识这一点，是我们深刻理解产权市场的服务功能高于传统招投标市场和传统拍卖市场的关键。在传统的招投标或拍卖交易中，由于在"两个发现"的机制设计上始终存在活动组织方人为因素的影响和市场竞争者之间的相互干扰，市场竞争常常不能充分进行，市场的价值发现功能很容易发生扭曲。在信息化时代，产权市场自觉利用信息技术广泛披露信息以充分发现买主，通过网络隔离各意向买主使之充分竞争以有效发现价格，从而成为为各类非上市企业特别是小微企业提供资本形成、重组和退出服务的新型资本市场。2008 年，《国资法》对产权市场的交易方式做出肯定，明确要求在国有产权交易的进场交易中，"转让方应当如实披露有关信息，征集受让方；征集产生的受让方为两个以上的，转让应当采用公开竞价的交易方式"。这就为产权市场采用创新性的信息化交易方式提供了广阔的法律空间。事实上，2009 年之后，各地的产权交易机构就已较少采用传统的招投标和拍卖方式，而代之以电子竞价和网络竞价来组织交易。

除了在交易中发挥低成本、高效率的"两个发现"功能外，信息化还是产权交易机构建设和行业发展的必要条件。提升产权交易市场的规范化、制度化、程序化水平，离不开产权交易机构的信息化建设；实现全行业统一信息披露、统一交易程序、统一交易操作、统一动态监测、统一风险防控，更离不开统一的信息化交易系统的运用。

产权市场的业务创新也离不开信息化。产权市场利用信息网络技术，创建了可以让所有交易主体直接互动的平台机制。交易信息经由这个市场平台向所有交易主体同步传递。所有的市场主体都可以到这个市场上自主交易，中间过程可以有会员机构提供专业的中介服务，但不允许有任何力量限制买卖双方的对接和意向交易主体之间的竞争。产权交易市场的平台交易机制超越股票发行过程的中介交易机制，使市场竞争更容易出现，"两个发现"功能发挥得更加充分。

三 非上市企业的投融资需求是产权市场进一步发展的新动力

理论上讲，一个功能完备的资本市场应能为各类企业的资本形成、资本运营和资本流转提供全面服务。资本市场不仅要为上市公司的标准化交易提供服务，也要为各类非上市企业的非标准化交易提供服务。

在信息技术落后的时代，产权市场因信息传播不便利、"两个发现"成本太高而不能有效运作。这使非上市企业一直被排挤在资本市场之外，资本形成能力低下，发展力度不足，导致上市和非上市企业的资本来源和发展能力极不平衡。进入信息化时代后，产权市场在服务产权流转方面取得了巨大进展，现在到了积极探索并推进为非上市企业的资本形成与重组服务的新阶段。对于市场广大、人力资源丰富、已处于工业化后期、快速步入信息化时代的中国来说，建立起功能强大的、为非上市企业直接融资服务的市场平台，具有极其重大的战略意义。

笔者认为，按照所服务企业的类型，信息化时代之健全的资本市场应由三个板块来组成：短头、过渡段、长尾。"短头"代表股票市场，"长尾"代表产权市场，处在二者之间的"过渡段"代表股权市场。股票市场为上市公众公司服务，产权市场为非上市非公众企业服务，股权市场为非上市公众公司（股东在200人以上的非上市股份公司）服务。

股票市场是与工业化时代相伴随的资本市场。工业时代的社会化大生产，要求股票市场既能聚集千家万户的小资金成为企业的大资本，又要能让小股东随时变现退出。因此，股票市场的结构被设计为两级，一级市场负责资本形成，二级市场负责股权流转。作为虚拟交易标的的股票被设计为标准化产品，实行拆细的连续交易。发行股票的信用，国外主要由交易所和承销商负责，国内则还要由政府部门参与保证。全球股票市场300多年运作的实践证明，这些机制使股市交易始终只能从事少量产品的反复交易，能够上市的企业不过占市场主体总数的万分之一二，大量非上市企业不能从股票市场获得资本市场服务。从国内外股票市场运作结果来看，可谓喜忧参半，主要有三：一是快速推进了工业化进程，二是导致了广泛的社会投机，三是造成了严重的社会两极分化。统计显示，纽约股票交易所近年来的年换手率大于1，我国股票市场的年换手率超过7，表明股票市场投资者持有某只股票的时间平均不超过一年，全球股市都充满投机性。因此，股票市场必须有严格的市场监管，必须设置较高的进入门槛。广大非上市企业的资本市场服务需求，不能指望由股票市场来提供和满足。

信息化时代到来，脑力取代机器成为最重要的社会生产力，机构取代家庭成为最主要的资本供给方。互联网、物联网、大数据、云计算日益广泛的运用，大大提高了企业透明度，使非上市企业特别是小微企业获得人才和资本的可能性大大增加，迎来了前所未有的发展机遇。但是，散乱的信息并不能自动高效地促进企业与投资者的互动，促进非上市企业中的人本与资本的有效结合，迫切需要产权市场作为服务平台来提供专业的产权流转与融资服务。

产权市场交易的非标准化特征，非常适合于履行为非上市企业服务的使命。产权市场进行的是众多产品的单次交易，交易是非标准化、非连续化的，交易频度很低，投机泡沫不大。参与产权市场的大多数投资人是出于长期持有实业股权用于经营成长的目的，而不是进行短期投机博取交易价差。交易标的的价值更多取决于实业投资者的专业判断而非第三方评价或推荐，解除"短板约束"或实施资源优化配置后的升值空间成为企业产权的交易价值基础。借助于信息网络，交易信息可以低成本地充分交互和广泛披露。产权市场中的交易门槛很低，因而可以容纳海量的市场主体，成为海纳百川的长尾市场，有利于为非上市企业提供个性化的投融资服务。

过去，"利用产权市场为非上市企业融资"与"在股票市场之外非法集资"这两者间的法律界限非常模糊，导致产权市场不能大胆探索开展为非上市企业的直接融资服务。2011年11月，国务院颁布《关于清理整顿各类交易场所切实防范金融风险的决定》（简称38号文）和2012年7月国务院办公厅颁布《关于清理整顿各类交易场所的实施意见》（简称37号文），明确划分了产权交易市场与股票市场的边界。此后，证监会正式发布《关于规范证券公司参与区域性股权交易市场的指导意见》（简称20号公告），肯定了区域性股权交易市场是资本市场的重要组成部分，对于促进企业特别是中小微企业股权交易和融资，鼓励科技创新和激活民间资本，加强对实体经济的支持，具有不可替代的作用。区域性市场完成清理整顿后，具备条件的证券公司可以参与区域性市场相关业务。38号文和37号文的宗旨是要防范各类交易场所的区域性系统性风险。20号公告所称股权交易市场所交易的是非上市非公众股份公司的标准化股权，其流动性和可投机性远弱于上市公司股票，交易市场的系统性风险也较小，因此证监会同意证券公司参与这一市场。十分明显，产权市场交易的是非上市企业的非标准化产权，其流动性和可投机性更低，交易市场的系统性风险也更低。因此可以肯定，只要产权市场的交易机构得到省级政府批准并在国务院清理整顿各类交易场所部级联席会议办公室备案，其市场中的交易标的不被等分拆细成标准化份额、参与交易方不在5个工作日内进行买进卖出或卖出买进的连续交易、交易标的持有人始终不超过200人，那么，产权市场就可以大力开展非上市企业的产权流转和融资服务。

历史是在曲折中演进的。与20世纪90年代的两次对产权市场全国性整顿的结果完全不同，经过近十年来规范发展的企业国有产权交易市场和交易机构，经受住了这次市场清理整顿的洗礼，得到了包括证监会在内的社会各界的广泛认可与肯定。38号文、37号文划清了产权市场为企业融资与非法集资的界限，解放了人们的思想，澄清了市场的迷雾，是中国人花了 20 多年时间才达成的一个重要共识。这必将极大地促进我国产权市场与数以千万计的非上市企业的互动和发展。今后，合格的产权交易机构在遵规守法、严格防范系统性风险的前提下，可以放手为非上市企业开展融资服务，可以大力组合民间资本参与国有企业改制重组。产权市场可以在产权登记和股权托管的基础上为非上市企业开展质押融资，也可以在将科技成果转化为企业股权的基础上为其进行定向的增资扩股和后续的孵化注资，还可以为非上市企业的并购重组项目定向募集一定比例的配套资本，等等。近年来，吉林、天津、湖北、山东、上海、北京等地的产权交易市场已经在这些方面有了初步的成功探索。笔者认为，今后十年，中国产权市场必将在为非上市企业融资服务方面取得重大突破，使产权市场的融资功能与流转功能并行发展、相得益彰，成长为功能更加完善的新型资本市场。非上市企业的融资需求将成为产权市场发展完善的新动力，产权交易市场将在为解决非上市企业融资难等重大问题上做出新的历史性贡献。

B.4
产权市场的发展与制度创新

孔泾源*

我国产权市场是在社会主义市场经济体制确立并不断完善、国有企业改革加快推进和国有经济结构优化调整的背景下产生并发展起来的。经过无序走向有序、无形市场走向有形市场、清理整顿和调整恢复、建立多层次产权市场等几个阶段近 30 年的发展，我国产权市场的内涵和功能发生了深刻变化。作为企业融资和风险资本退出、技术革新和产业升级、寻找合作对象和信息交流、发现市场和人力资本价值的平台，产权市场已经成为我国统一开放、竞争有序的现代市场体系的一个重要组成部分。

一　目前我国产权市场发展情况

按照党的十六届三中全会提出的建立"归属清晰、权责明确、保护严格、流转顺畅"的现代产权制度要求，我国逐步探索形成了比较完善的产权市场体系，成交项目数和成交资金额度快速增长。以 2011 年为例，我国纳入企业国有产权交易监测系统范围的 31 个省区市产权交易机构共完成企业国有产权转让 1849 宗，交易金额 821 亿元。

（一）建立起多层次产权市场

目前，我国已形成覆盖全国的三个层次的产权市场体系：一是经国务院国资委批准的中央企业国有产权交易试点机构，包括京、津、沪、渝产权交易机

---

* 孔泾源，教授，经济学博士，享受政府特殊津贴专家，现任国家发展和改革委员会经济体制综合改革司司长。

构；二是省级产权交易机构，包括省级国资委批准的、以从事本地区业务为主的产权交易机构；三是省级产权交易机构在地市的分支机构。多层次产权市场的建立为国有资产存量提供了进退通道，使之合理流动，实现国有资产保值增值，并通过国有企业资本有偿转让、兼并、收购、改制、重组等工作，将国有资产集中到涉及国家安全和国计民生的重要领域和关键环节中去，推动国有资产实现结构优化；同时，为民营资本和外资参与国有资产重组提供产权路径，推进国有企业建立现代企业制度。多层次产权市场的建立提高了产权交易的透明度，防止产权交易中国有资产流失，为深化国有企业改革、优化资源配置、推动我国经济社会发展做出了重要贡献。

（二）建立并完善产权交易的有效监督机制

产权交易的公开、公平、公正，除市场交易的技术性制度安排外，高效的监督检查机制是其必备条件。多年来，我国在产权交易监督检查机制建设方面做了许多工作。一是建立了有关部门共同参与的监督检查机制。国资委、发展改革委、监察部、财政部、国家工商总局、证监会共同印发了《关于做好企业国有产权转让监督检查工作的通知》（国资发产权〔2005〕294 号），并建立了对京、津、沪、渝四家中央企业国有产权交易试点机构定期评审检查的工作机制。二是利用信息化手段实现对企业国有产权交易的动态监测。通过企业国有产权交易信息监测系统建设和全国统一的产权交易系统软件开发，实现了有关省区市企业主管部门、产权交易机构信息联网，利用信息化手段规范交易流程，强化对企业国有产权转让情况实时、动态监测，由事后监管向事中、事前监管转变。

（三）研究出台有关法律法规

2003 年，《企业国有产权转让管理暂行办法》（国资委、财政部令第 3 号）发布，明确提出企业国有产权进场交易的有关制度。在此基础上，分别由国家和地方层面出台了一系列规范国有产权转让的配套法规和章程，使产权转让的各环节具体工作有规可依、有章可循。2009 年，《企业国有资产法》开始施行，把产权市场的交易品种规定为权益性资产，明确要求企业国有产权转让应在产权交易场所公开进行，从国家法律层面确定了进场交易制度。同年，出台了《企业国有产权交易操作规则》（国资发产权〔2009〕120号），统一了国内国有产权交易规则。

（四）加强行业协会的管理引导

2011年初，中国企业国有产权交易机构协会正式成立。其目的是顺应市场经济发展的需要，通过成立自律性的行业组织，搭建产权交易机构与政府、社会之间的沟通平台，促进产权交易机构之间协调合作，扩大产权市场影响力，加强交易机构自身行为自律，维护正常的产权市场秩序。

二 我国产权市场发展面临的体制机制问题

在肯定我国产权市场发展取得巨大成绩的同时，也必须清醒地认识到，这一资本市场在我国的发展仅二三十年时间，行业自身运作尚不成熟，一些体制机制矛盾尚未理顺。

（一）产权市场建设缺乏全国总体规划

我国的产权交易机构大多属于地方自发筹建，分别隶属于不同的组织和服务系统，由于受传统体制条块分割和部门分头管理的影响，各地产权交易机构被按照地方或行业割裂开来。具体表现为：产权市场建设缺乏全国总体布局观念，行政力量画地为牢，各自为政，没有形成优化布局的全国统一大市场。许多地区内交易机构重复设置，规模普遍较小，一般只限于本地区内部的企业间产权转让，辐射范围狭窄，导致资源跨地区、跨行业、跨所有制的流动和配置作用无法充分发挥。

（二）部分产权交易机构发展定位不清晰

一些产权交易机构缺乏明确的业务目标和持续发展的核心竞争力，在各地各级产权市场盲目扩张的背景下，产权市场职能缺乏明确定位，相同的扩张理念导致业务发展高度同质化，由此产生的业务竞争压力使各产权交易机构为了集中资源进一步无序扩张，导致了产权交易机构间一轮又一轮的恶性竞争。

（三）运营业务过分依赖国有产权交易

目前，我国产权交易机构的主要业务集中在国有企业改制和产权重组的行政服务功能上，运营业务重心也主要围绕国有产权交易展开。经过多年的国有企业改制重组工作，这类业务已呈现明显的萎缩趋势，部分地方产权交易所的国有企业产权交易额降速很快，如果不及时根据市场变化对运营机制作出相应调整，产权交易机构的长远发展势必受到严重影响。

（四）产权交易中协议转让方式占比过大

目前，我国产权市场允许的交易方式包括招投标、公开拍卖、竞价转让和协议转让等，但在实际成交的产权交易中，绝大多数国有产权转让是由交易双方一对一谈判，通过协商确定交易内容、交易价格，从而完成产权交易的。甚至很多交易转让只是"走程序""走过场"，转让方和受让方在进场前就事先约好，设定"非它莫属"的受让条件，最后才到产权市场交易，以达到符合政策规定的目的。虽然协议转让的方式具有操作上简单易行、比拍卖转让和招投标运作成本低等优点，但这种交易方式公开性不强，透明度不高，价格发现作用不明显，容易引起暗箱操作，不利于最大限度实现国有资产的权益价值。

（五）地方产权市场中指令性交易问题仍然存在

一些地方政府出于对自身经济发展等考虑，在产权市场的交易过程中，仍然存在不正当的行政干预和指令性交易等问题，客观上导致了脱离市场规律，产权市场价格机制弹性不足，资源配置效率低，难以真正形成有效的产权竞买行为。

（六）产权市场建设缺乏配套体制保障

一方面，有关金融支持体系尚未建立。产权市场与银行、保险等金融机构间缺乏有效合作基础，产权交易的金融服务需求缺乏有力支持。例如，对于许多规模较小的产权交易业务而言，商业银行缺少为其融资服务的动力，政策性金融资金又投入不足，从而导致项目最终因融资服务问题流产。另一方面，有关社会保障制度尚不健全。企业产权交易行为是对企业内部要素的优化重组，交易后往往面临大量企业职工分流和再次安置，但目前我国国有企业产权交易还不能通过社会保障制度解决职工安置问题，而是采取由买方企业将卖方企业职工安置问题"包"下来的办法，造成很多遗留问题和矛盾，影响到整个产权市场的长远发展。

三 推进我国产权市场体制创新的总体思路

在我国产权市场体制创新工作中，健全产权交易规则和监管制度，推动产权有序流转，依法保护各类产权公平参与市场竞争，保障所有市场主体的平等法律地位和发展权利，要重点处理好以下几个关系。

（一）把产权市场体制创新和深入推进国有经济战略性调整结合起来

产权市场建立的初衷是服务国有企业改制工作，在新阶段新环境下，要把产权市场体制创新与深入推进国有经济战略性调整、健全国有资本有进有退和合理流动机制、优化国有资本战略布局结合起来，为新一轮经济发展提供服务和支持。

（二）把产权市场体制创新和完善扶持中小型企业发展结合起来

积极支持产权市场为各类实体经济发展，尤其是为中小型企业发展提供融资服务的功能建设，将产权市场功能由主要为国有企业改革改制服务，延伸到为各类权益资本交易提供平台，将产权交易市场打造成为中小企业直接融资的重要渠道，将其建设成为我国多层次资本市场的有机组成部分、大量中小型优质项目的汇聚场所。

（三）把产权市场体制创新和引导民间资本参与国有企业改制、改组结合起来

把产权市场体制创新同鼓励民间资本进入铁路、市政、金融、能源、电

信、教育、医疗等领域结合起来，为鼓励、引导民间资本进行重组联合和参与国有企业改革构建资本运作平台。此外，在事业单位改革工作中，可以考虑以产权市场为依托，将行政事业单位产权转让纳入产权市场业务范围，一方面为产权市场的发展开拓业务机会，另一方面为相关改革筹措资金。

（四）把产权市场体制创新和促进多层次资本市场健康发展结合起来

要把产权市场体制创新和党的十六届三中全会《关于完善社会主义市场经济体制若干问题的决定》中明确的"扩大直接融资，建立多层次的资本市场体系，完善资本市场结构，丰富资本市场产品，规范和发展主板市场，推进风险投资和创业板市场建设"的改革取向结合起来，加快推动产权市场转变为为广大非上市企业投融资服务的重要渠道。

四　推动我国产权市场体制创新的若干思考

从长远看，作为我国要素市场组成部分的产权市场，尽管经过多年的发展，但仍然处于初创阶段，还需要在组织形式、业务种类、服务体系、法规监管等诸多方面进行体制创新。

（一）稳妥开展产权市场的组织形式创新

一是坚持市场化方向，按照"政企分开、政资分开"要求，让国有产权在市场中形成、运营和流转，通过市场锤炼交易主体、发现交易价格，利用市场来调整结构、优化布局。二是适应事业单位分类改革的要求，将目前还有相当数量、属于事业单位性质的产权交易机构转企改制，建立起充分反映广大市场参与者利益的有效的激励约束机制。三是各级政府在推动产权市场建设时，减少对企业行为的直接干涉，尽可能避免按照行政、行业隶属关系分别建立市场的非市场经济行为，避免人为分割市场、重复建设。四是从统一的交易规则、信息平台、协调监管、利益共享机制等方面入手，建立起各区域交易市场、机构之间重大问题磋商和自律机制，加强产权交易行业的风险防范能力。

（二）加快产权交易业务种类的市场创新

一是除开展国有产权交易业务外，积极拓展并完善产权交易机构开展企事业单位资产、水权、林权、知识产权、排放权等交易业务。二是探索将国有企业产权进场交易的经验做法推广到公共资源交易、涉诉资产交易等领域。三是通过产权市场引进各类投资者，在服务企业产权交易的基础上，加快发展不良资产处置、外资并购重组等增值业务。四是不断深化产权市场改革创新，符合条件的可以转型升级，探索为企业增资扩股等资本运作服务，推动场外交易市场发展和私募股权交易等新兴交易平台建设。目前，我国已经有部分地方产权市场在上述方面开始探索，2008年9月，《国务院关于武汉城市圈资源节约型和环境友好型社会建设综合配套改革试验总体方案的批复》中，明确要求"推动武汉光谷联合产权交易所成为覆盖多种经济成分、多功能、多层次的综合性产权交易机构"。在此基础上，2011年4月《湖北省人民政府关于进一步加快资本市场发展的若干意见》进一步指出："加快推进产权市场发展，力争到'十二五'期末，形成以武汉光谷联合产权交易所为载体，以交易股权、知识产权和排污权为主，各类资产处置为辅的多层次、多功能、多板块、多元化的区域性产权市场交易中心。"

（三）完善产权市场相关的服务体系

服务体系是完善产权市场密不可分的重要组成部分，一方面，要加快配套完善诸如资产评估、财务审计、金融结算、法律支持、信息咨询等业务，支持引导有关企业参与产权交易服务工作，充分发挥多方参与协调、公证、监督的作用，完善产权交易价格形成机制；另一方面，要积极利用网络招标、公示、电子竞价等信息化手段，增加各交易环节透明度，提高交易竞价效率。

（四）完善产权市场的法律法规建设

目前，各地根据地区特点和发展需要，出台了一些有关产权交易的法规或暂行管理办法，明确了地方产权市场的设立条件、业务范围、运营原则等，但面临跨区域交易时，由于缺乏统一性和权威性，容易出现监管和交易的纠纷。

因此，应在已出台的《企业国有产权交易操作规则》（国资发产权〔2009〕120 号）基础上，加快出台产权交易方面的全国性法律，从交易原则、市场体系建设与管理、交易规则与程序、市场主体行为、中介机构、资产评估、信息披露管理、经纪人管理等方面规范全国产权市场发展。

（五）继续完善产权市场监管体系

一是坚持对产权交易机构的联合评审制度，完善国资委、发展改革委、监察部、财政部、国家工商总局、证监会六部门联合检查机制，探索建立企业产权管理工作综合检查评价机制，继续为产权管理工作提供科学导向和行权规范。二是继续把建立制度完善、系统完备、执行有力、监管有效的产权市场管理工作体系作为提升监管水平的重要内容，梳理并完善已出台的监管制度，进一步细化相关监管规定，提高其可操作性。三是高度重视产权管理机构和队伍建设，继续推进产权管理信息化建设。

参考文献

常修泽等：《产权交易理论与运作》，经济日报出版社，1996。

李荣融：《在企业国有产权管理暨产权交易机构工作会议上的讲话》，http：//finance. sina. com. cn/g/20060327/1551616649. html，2006 年 3 月。

文宗瑜：《中国产权市场的发展现状及其改革》，《财政研究》2006 年第 10 期。

王坤岩：《不进则退：产权市场需要体制改革》，《产权导刊》2008 年第 3 期。

李保民、黄吉海：《产权市场发展路径研究》，《产权导刊》2011 年第 9 期。

徐春江：《构建现代产权市场体系　推进区域资本市场发展》，《产权导刊》2011 年第 9 期。

孙婧：《产权交易：创新有多远?》，《商周刊》2011 年第 22 期。

B . 5
中国经济新起点，产权市场新发展

张承惠*

中国现在站在一个新的起点上。之所以这样说，不仅是因为中国经过几十年的发展已成为世界第二大经济体，比改革前富裕了许多，更重要的原因是经济增长的动力出现了变化，发展的内外部环境出现了变化。

首先从外需角度看，受国际金融危机和债务危机影响，美国经济的复苏将比较温和，欧洲经济则还将在底部徘徊几年，新兴经济体尽管仍然是世界的火车头，却难以维持过去的高增长。因此在相当长的时期内，中国经济发展的外需都很难恢复高增长。

其次从内需角度看，受种种因素限制，国内消费短期内将保持平稳而不会表现强劲。决定消费的因素，除了收入水平、社保程度以外，还有一个供给拉动需求的问题，从理论上讲只要提供多样化的供给，是可以提升消费需求的。但我们现在的供给结构非常僵硬，造成这种僵硬有两个方面的原因：一个原因是垄断，在非自由竞争领域或寡头竞争的情况下，企业缺少创新的动力；第二个原因是中国的企业不善于或者说经营环境导致其不能做弹性的调整。多样化的、弹性的供给结构需要调整制造业的全部流程，例如原来大批量的产品要变成小批量、多品种来满足消费者的多层次、多样化需求，就需要我们的企业去调整设计模式，调整进货方式，调整生产工艺、生产设备，调整市场营销模式。至少目前，大多数企业做不到，企业的外部环境也不支持。

内需的另一个轮子是投资，但投资扩张遇到部分行业产能严重过剩的制约，加上资源、环境、劳动力等因素的限制，高强度投资缺乏可持续性。如果我们继续坚持走靠投资拉动经济快速增长的老路，不仅会使过去几十年积累的

---

* 张承惠，经济学博士，国务院发展研究中心金融研究所所长。

经济发展方式问题更加严重，也会进一步深化社会矛盾。现在农村基础设施问题并未解决，如下水道、生活垃圾处理设施基本都没有，这需要大量的资金，因而农村城镇化过程中投资的空间还是较大的。但这些项目大多没有回报，如何吸引民间资本进入？政府财力能否支撑？这些都是问题。总的来看，今后经济增长的动力将不像过去几十年那样强劲，经济增速将下降，高速增长所掩盖的矛盾和问题可能暴露，潜在风险加大。

此外，我国所面临的国际环境也发生了重大变化。改革开放之初，一些大国是不把中国放在眼里的，现在则把中国作为竞争对手，对我国国际义务方面的要求也在不断提高，相关国家利益的纷争有增多之势。

综上笔者认为，中国经济社会走到了一个关键的节点上，也可以说是新的出发点上，需要我们通过改革加快推进经济发展方式转变，通过创新寻找新的发展动力，通过发展服务业促进经济转型，通过制度调整有效防范风险。

未来5~10年，中国有三大问题必须解决：一是土地制度问题。解决土地流转问题不仅仅是要解决地方政府的投资资金来源问题，更重要的是解决货币超量发行的问题。1998年的福利房市场化，吸纳了一大批货币，使得我们在21世纪的头10年里，进入了一个高增长、低通胀的黄金时期。今后我们用什么来吸收应对此次国际金融危机而超发的货币？只有土地。二是降低国有资本在金融机构和国有企业中的比重，改变国有资本的运作方式。这样做的目的是维护市场秩序，让市场竞争主体平等化，进而提高市场效率，更有效地配置资源，提高企业的国际竞争力。三是政府治理的透明化。现在的行政体制基本上已经走到提高效率的尽头了，当下政府很多部门都有两个最要不得的毛病：一个是层层对上负责，只对上级负责，不对下面特别是对群众负责；另一个是普遍以回避责任、回避风险为最高宗旨，不去动脑筋怎么行使好职责，而是尽可能使部门利益最大化、责任最小化。这个问题单靠中央政府约束地方政府、上级政府约束下级政府是不行的，必须靠透明化、靠民众监督来解决。

可以肯定的是，我们将迎来一个变革的时代。那么，这种变革对产权市场的意义何在？还是那句老话：机遇与风险同在。

产权市场的机遇主要表现在以下三个方面。

第一，农村土地流转的实质是土地资本化。随着大量农村土地以及土地上的附着权益（如林权、宅基地使用权等）由不可交易的固化状态转为可交易的流动状态，必将带来巨量的交易需求。由于土地的非标准性，这类资本交易很难进入证券交易所，这就会给产权市场造就巨大的市场空间。

第二，随着国有资本的结构性调整和政府治理透明化的推进，国有资产将更多地进入流转市场。在这个领域，产权市场已经积累了大量经验，因而更具竞争优势。

第三，在金融改革深化和金融市场的发展过程中，发展各类金融衍生品交易将是必然的方向。国际经验表明，衍生品交易主要是在场外市场进行的。产权市场的交易标的都是资本或资本的载体，应成为场外市场体系中的重要组成部分。这一点已得到监管部门的明确认可。因此在未来的金融创新浪潮中，必有产权市场的一席之地。

产权市场的挑战来自外部和内部两个方面。从外部看，随着今后金融改革开放的深入推进，市场领域的划分可能趋于模糊，业务交叉会增加，新的金融业态会诞生。在这种情况下，未来不同的市场之间的竞争将集中在市场效率和服务能力方面。各产权交易机构能否抓住机遇，应对来自正规金融市场和金融机构的竞争，取决于其能否快速适应市场的变化，为投融资双方提供更好的服务。从内部看，现有产权交易机构得以生存和发展，相当程度上是地方政府保护和政策支持的结果。随着金融领域市场化程度的进一步提高，很多产权交易机构无论是公司治理、人才素质和结构，还是市场开拓和风险管理能力，都需要调整和改进，不排除部分机构被关闭和兼并的可能。

总之，在中国经济发展的新时期，产权市场的参与者们应以新的战略思维和更积极的行动应对来自多方面的机遇和挑战，为产权市场打造一个更为广阔的发展空间。

B.6
协会要引领产权行业规范创新合作自律[*]

蔡敏勇[**]

回顾 30 多年改革开放历程，产权市场是在中国特色社会主义市场经济体制条件下，伴随着我国生活资源商品化、生产资料商品化、生产要素商品化进程逐步形成，在资源资产化、资产资本化、资本产权化、产权金融化过程中不断发展壮大的我国新型资本市场。多年来，特别是国务院国资委和财政部 3 号令颁布以来，在党中央、国务院的正确领导下，在国务院国资委的关心指导下，在监察部、财政部、发改委、工商总局、证监会等国家有关部委的大力支持下，我们产权界的同仁紧密合作，勇于挑战，积极推动制度创新、产品创新、服务创新和交易创新，企业国有产权进场交易制度不断完善，市场运行能级不断提升，我国产权市场取得了令人瞩目的成绩，迎来了欣欣向荣的发展局面。

"十二五"是我国产权市场从粗放型发展到质量型发展、规模型发展到规范型发展、外延型发展到功能型发展转型的关键时期，面临着新的机遇和挑战。各地产权交易机构要以中国企业国有产权交易机构协会（以下简称"协会"）的成立为契机，牢牢把握国资国企深化改革、产业结构布局优化、区域经济多极化发展、经济发展方式转型进程中的重大历史机遇，严格按照"推动流转、防止流失、优化配置、提升价值"的总体要求，紧紧围绕"规范、创新、合作、自律"的发展主线，加快推进产权市场"制度化、程序化、信息化、规范化、市场化、国际化"建设，更好地服务于国资国企改革重组，服务于金融资产优化重组，服务于各类企业并购重组，服务于企业产权有序流

---

[*] 本文系 2011 年 7 月 17 日中国企业国有产权交易机构协会时任会长蔡敏勇在"中国产权市场创新论坛"上的讲话，标题为编者所加。
[**] 蔡敏勇，上海联合产权交易所党委书记、总裁，南南全球技术产权交易所理事长，中国企业国有产权交易机构协会第一届会长。

转，服务于中小企业融资，服务于科技成果产业化，服务于各类生产要素高效配置，服务于经济转型发展。

在这里围绕"规范创新"这个主题，积极探讨"十二五"时期我国产权市场这个新型资本市场的未来发展方向，不仅十分必要，而且意义重大。

一　立足规范，进一步提升产权市场科学发展的生命力

产权市场是各种利益群体博弈的角斗场，规范化是做好产权交易机构工作的生命线。我们要克服浮躁、急躁、粗糙习气，发挥协会"业务标准研究委员会"的作用，认认真真、扎扎实实抓好规范建设。一是尽快制订全国范围的交易规则。要实现规则统一、程序透明、操作规范、竞争有序的产权市场建设目标，我们的路还很远，任务还很重。我们要以信息化带动产权市场制度化、程序化、规范化建设，抓紧制定产权交易业务标准和制度体系，做到产权交易制度化，制度执行程序化，程序操作信息化、系统运作规范化。二是抓紧出台全国统一的统计制度。统计制度不健全、统计方法不统一直接影响市场的规范建设。最近，协会拟委托国家统计局统计科学研究所研制产权市场的统计制度，力争 2012 年初报请国家统计局批准实施。三是对产权交易机构经营范围进行调研。根据国务院国资委产权局的要求，要重点摸清一些交易机构将非上市股权公司股权拆细后连续或变相连续交易的问题，从而有效防范市场风险，有力维护市场秩序和形象。四是处理好竞争与规范的关系。产权市场必然有竞争，适当的竞争能促进市场发展，心中无底、乱铺摊子的竞争是没有规范、没有质量的竞争。竞争要因地制宜，聚焦目标，重点突破。应当提倡在一定的市场规则前提下健康、有序、规范竞争，在提高市场服务水平上竞争，在市场制度建设上竞争，在维护市场"三公"形象上竞争，在廉洁从业作风上竞争。

二　着力创新，进一步提升产权市场科学发展的原动力

创新是产权市场发展的不竭动力。协会"市场创新委员会"要尽快启动行业"十二五"发展规划的研制。通过科学、规范创新，实现产权市场从坐

商到行商的转变，从卖方市场到卖方和买方并重市场的转变，从单纯的流转型市场到并购型、融资型和交易型市场的转变。一是坚持多元化创新。产权市场是非标准化市场，要强化品种创新，以股权交易带动物权、债权、知识产权交易，以央企国企产权交易带动非公经济产权交易，以存量资产交易带动增量资产交易；大力推动行政事业单位、涉讼资产等公共资产进场交易；创新科技金融产品，畅通 VC/PE 类投资进退通道，加大对中小企业融资服务的力度。二是坚持信息化创新。在各地交易机构发布交易信息基础上，积极推进协会交易信息再发布系统建设，免费提供给会员单位使用。要将国内外意向投资受让人的信息直接反馈到信息发布机构，努力提高交易项目的信息集中度、撮合成功率和挂牌竞价率。三是坚持市场化创新。产权是重要且稀缺的经济资源，产权交易服务要提前介入，前场、中场和后场服务都要精耕细作，加快推进大众化、简单化、程序化服务向个性化、多样化、专业化市场服务的转变，不断提高以挂牌率、成交率、竞价率、增值率为标志的市场化运行水平，满足各类投资者的需求。四是坚持平台化创新。做强做优交易平台，提高服务效率和质量。通过拓展、衍生、延伸、优化产权交易上下游服务链，为企业提供改革改制、增资扩股、项目融资、咨询策划等全方位服务；通过整合资产评估、法律服务、审计风控、融资租赁等各类现代市场资源发挥交易咨询商、服务集成商的作用。

三 深化合作，进一步提升产权市场科学发展的凝聚力

平等相处、互利互惠、互相尊重、以诚相待是各地交易机构合作的重要前提。不管交易机构大小，地位一律平等。实践表明，画地为牢、各自为战、资源分割、恶性竞争，不利于产权市场发展。而沟通越充分、合作越紧密的时期，恰恰是产权市场发展最好最快的时期。协会"纠纷调处委员会"和"国际交流与合作培训委员会"要加快建立行业的合作和协调机制。一是形成行业合作共赢的发展机制。要摒弃"诸侯"式的地域发展概念，树立"天下"的全局发展理念，坚持"共赢"的合作发展信念，从更高层次、更广领域、更大范围开展跨区域、跨行业、跨所有制合作，积极开展交易机构间、交易机

构与各类企业间、交易机构与资本市场间的多元合作。特别在信息化建设方面，有条件的机构应无偿支持、帮助兄弟机构。二是强化发挥行业媒体的合作功能。要充分发挥《产权导刊》、产权年鉴、报纸、协会网站的作用，帮助优化各产权交易机构平面媒体，推进新型媒体建设，建立全国产权交易机构网络系统，实现信息互通、优势互补、资源共享。三是开展国际并购业务的合作交流。按照国务院国资委 2011 年第 26 号、27 号令的精神，协会要加强国际合作，加快探索中央企业境外资产交易处置的工作模式，配合国务院国资委制订相关操作规则和办法，为开展央企境外资产处置业务做好前期准备。

四 强化自律，进一步提升产权市场科学发展的公信力

诚实守信、严格自律，是产权交易机构生存发展的重要保证，反腐倡廉仍是产权市场健康发展的头等要务。市场对行业诚信建设的要求越来越高，协会"政策研究与自律委员会"要重视对国家政策、市场运行和行业自律的研究，努力提升市场的公信力。一是制定产权市场的行规行约。要尽快建立行业人员依法诚信执业标准，制定完善行业人员廉洁从业制度和机制，力争在 2012 年初实施。要建立健全行业规范执业检查监督机制，对履责情况和规范交易情况进行督促检查，有力促进各产权交易机构内控监督机制和风险动态防控机制建设。二是加强行业人才队伍建设。努力打造一支熟悉业务、坚持原则、诚实敬业、锐意进取的产权交易机构从业队伍，为行业的可持续发展提供人才支撑。三是建立产权交易绩效评价体系和诚信体系。要抓紧制定以交易方参与程度、增值服务能力、资源配置效果、廉洁从业考核为主要指标的评价体系，进一步提高服务效率和质量。同时，协会要加强党组织建设，加强行业诚信体系建设，不断完善协会会员的准入与退出机制，做好会员管理和发展工作，提升交易各方对产权交易机构的信任度。

只要我们坚定信念、团结合作、开拓创新，全国产权交易机构就一定会实现又好又快发展，中国产权市场就一定会开创科学发展的新局面！

B.7
我国场外交易市场建设与
中小企业融资刍议

高峦*

在经济转轨的背景下，我国场外交易市场的建设在荆棘丛生的环境下前行，政府有时对场外交易市场的发展大力鼓励，有时不理不睬，有时又任意砍伐，使其在总结经验和教训中不断成长。时至今日，我国场外交易市场已经过近30年的发展历程，在为中小企业融资方面发挥了一定的作用。但是，与企业的融资需求相比仍有较大差距。因此，如何依托场外交易市场解决中小企业融资难这一课题引起了国家和专家学者的高度关注。国家在"十二五"发展规划中提出，要加快发展场外交易市场。2012年3月，证监会主席郭树清指出，要以柜台交易为基础，加快建立统一监管的场外交易市场，为非上市股份公司提供阳光化、规范化的股份转让平台；全国政协委员贺强曾多次在两会上递交关于"大力发展证券场外交易市场，有效解决中小企业融资难"的提案。更重要的是，在场外交易市场的众多功能中，融资功能是其核心职能。基于此，本文就如何建设我国场外交易市场，更好地为中小企业融资服务进行深入探析。

一 发展场外交易市场为中小企业融资的现实紧迫性

（一）中小企业的地位重要

2009年底，全国工商登记的中小企业数量已达1023万家，占全国企业总数的99.6%；从业人员达1.74亿人，占全部城镇就业人口的80%以上；中小

---

* 高峦，天津产权交易中心主任、党组书记。

企业对 GDP 的贡献率超过 60%，对国家税收的贡献率超过 50%，并提供了近70%的进出口贸易额，吸纳了 50% 以上的国有企业下岗人员，70% 以上新增就业人员和 70% 以上农村转移劳动力；中小企业拥有中国 66% 的专利发明和74% 的技术创新，并且 82% 的新产品开发是由中小企业完成的（见图 1）。由此可见，中小企业在促进国民经济发展中起着举足轻重的作用。

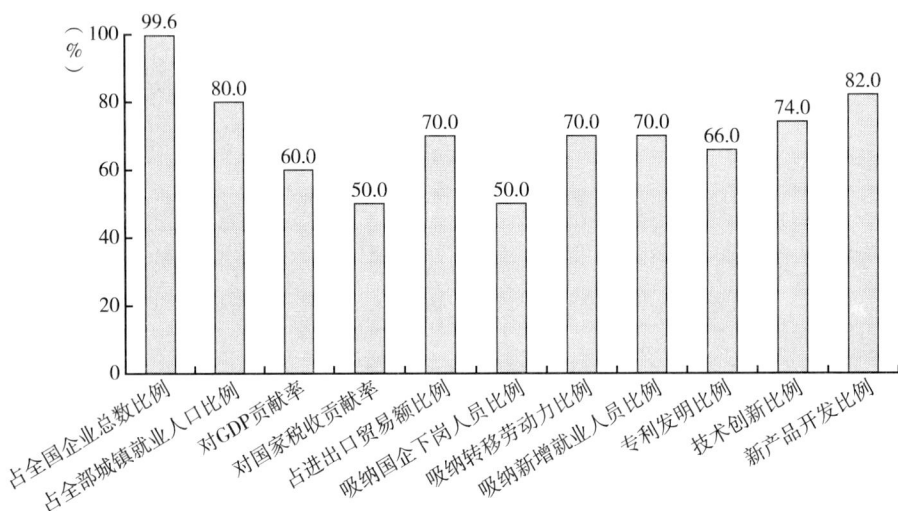

图 1　2009 年我国中小企业各项指标在国民经济中的地位

资料来源：作者根据中国中小企业信息网（http://www.sme.gov.cn/index.html，2011 - 3 - 24）相关数据编制。

（二）中小企业的融资渠道窄

长期以来，由于中小型企业治理结构不完善，财务管理不规范，缺少抵押担保资产，信用观念淡薄，信用等级偏低，抗风险能力弱及金融机构开展小额信贷业务成本高等原因，导致中小型企业融资渠道窄，特别是处于初创期的中小企业融资极其困难。从获得的贷款来看，银行存在对中小企业"惜贷"现象，中小企业贷款额度仅占全国金融机构贷款总额的 10%，80% 以上中小企业的发展资金需求得不到有效满足。从债券融资来看，能够发行公司债券的企业都是资质好的大型企业，没有一家民营中小企业；银行对发行中小企业集合债也是持谨慎支持的态度。2010 年，中国银行间市场交易协会批准发行的 48 只企业债券中，47 只是国有企业，仅有 1 只是上市的民营企业。从主板市场上市融资来看，由于上市门槛高，容量有限，中小企业很难通过上市融资。全国工商登记企业 1030 多万家，而中国证券市场的主板上市公司仅有 1600 多家，约占全国工商登记企业的 0.16%。从民间借贷融资来看，年利率高达 20% 以上，温州民间借贷年利率高达 180%，融资成本过高，导致三成中小企业停产。一旦大量企业无法偿还借款，必然导致民间借贷资金链断裂，不断积聚风险。2011 年 7 月 27 日，北京大学国家发展研究院通过对浙江省宁波、台州、绍兴等 7 个城市的 94 家小企业、5 家专业市场和 12 家银行进行调查，同时通过网络问卷的形式对 2313 家小企业进行调研而形成的《小企业经营与融资困境调研报告》同样显示，小企业生存环境并不乐观，50% 以上的小企业是通过民间借贷或向亲友借贷完成融资，能从银行贷款的小企业只有 15%（见图 2）。

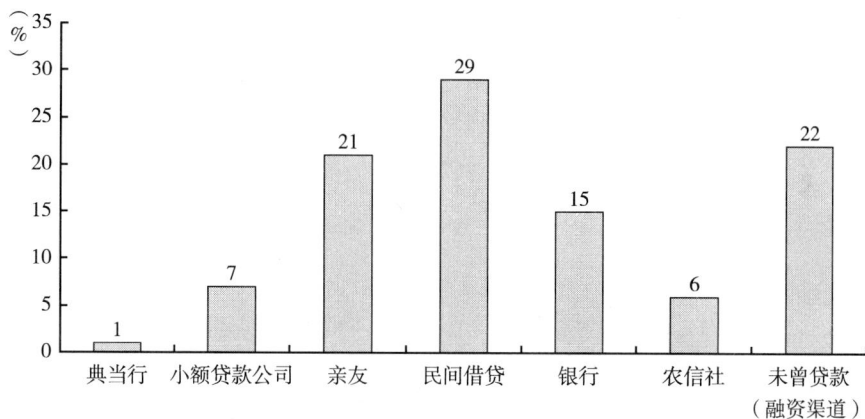

图 2　受访小企业融资渠道分布

资料来源：北京大学国家发展研究院，《小企业经营与融资困境调研报告》，2011 年 7 月。

（三）场外交易市场的基础性作用尚未得到体现

我国"金字塔"式多层次资本市场体系包括主板市场、中小板市场、创业板市场和场外交易市场，通常把主板市场和中小板市场称为广义的主板市场，即"塔尖"；创业板，又称为二板市场，即"塔中"；场外交易市场，又称为三板市场，即"塔基"。成熟的资本市场，其体系结构应是"正三角形"，而我国多层次资本市场的"金字塔"却是"倒三角形"（见图3）。截至 2011 年 9 月底，主板市场的上市公司数量 2300 多家①，创业板上市企业的数量为 264 家，而天津股权交易所和新三板挂牌企业未达 200 家。目前，资本市场结构存在很大的缺陷，创业板未能成为资本市场中坚力量，场外交易市场的基础性作用没有得到发挥。必须加快建设场外交易市场的步伐，使场外交易市场在资本市场的基础性地位得到充分体现，更好地为中小企业融资服务。

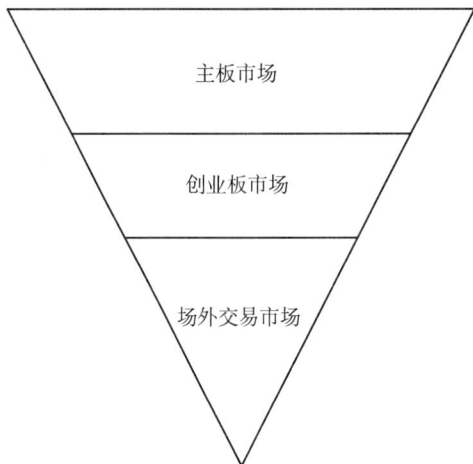

图3　我国"倒金字塔"形资本市场体系架构

二　场外交易市场为中小企业融资的优势分析

根据中小企业融资需求"急、少、频"的特点和场外交易市场自身的内在特征，与场内市场上市、银行贷款和民间借贷等融资方式进行综合比较，场外交易市场在破解中小企业融资难方面具有以下优势。

---

① 2300 多家中包括中小板市场的 600 多家上市公司。

（一）上市挂牌门槛低

主板和创业板上市门槛高，中小企业很难通过场内交易所的途径实现融资。与主板上市和创业板上市相比，场外交易市场的上市挂牌门槛较低。表1对比了天津股权交易所与创业板和主板市场对挂牌/上市企业的主要指标要求。从表1中我们可以明显看出，创业板和主板市场对企业的资产总额、股本总额、盈利能力和主营业务等诸多方面的要求都比天津股权交易所高，绝大多数中小企业不能满足场内交易所的上市要求；而潜在容量更大、挂牌门槛较低的场外交易市场显然更符合中小企业的实际发展情况，更能满足中小企业的融资需求。

表1 场内市场与场外市场对上市企业的资格要求比较

主要指标	主板	创业板	天津股权交易所（区域市场）
资产总额	最近一期末无形资产占净资产的比例不高于20%	最近一期净资产不少于2000万元，且不存在未弥补亏损	最近一期末净资产不少于500万元
股本总额	发行后股本总额不少于3000万元	发行后股本总额不少于3000万元	股本总额不少于人民币500万元
经营年限	持续经营时间在3年以上	持续经营时间在3年以上	依法设立且持续经营1年以上的股份有限公司
盈利能力	最近三个会计年度净利润均为正数且累计超过3000万元	最近两年连续盈利，最近两年净利润累计不少于1000万元且持续增长，或最近一年盈利，且净利润不少于500万元。	最近两个会计年度净利润累计不少于人民币500万元
主营业务	最近3年内没有发生重大变化	最近2年内没有发生重大变化	主业突出

（二）有利于公司规范发展

目前，我国中小企业公司治理不规范是其主要特点之一，也是中小企业难以获得银行贷款的主要原因，主要表现在财务管理不规范和公司治理结构不完善。很多中小企业没有完善的公司治理结构，甚至没有台账，税务部门需要对其进行核定征收税款。根据天津股权交易所的挂牌要求，通过挂牌前辅导和财务报告审计等方面的工作，规范了企业的财务，完善了股东大会、董事会、监事会和高级管理层等公司治理结构。所以，在场外交易市场挂牌融资、激励管理层的同时，能更好地保护所有者权益和债权人的利益，也有利于企业利用其他渠道进行融资。比如在天津股权交易所挂牌的企业可以通过股权质押获得银行贷款，为企业在创业板和主板上市打下良好的基础。

（三）融资具有"小额、多次、快速、低成本"的特点

天津股权交易所根据中小企业、科技创新型企业融资需求"急、少、频"实际情况，创新性推出了以商业信用为基础，以"小额、多次、快速、低成本"为特点的融资模式，受到了广大中小企业和各地政府的青睐。"小额"即融资规模一般在 1000 万 ~ 3000 万元，小额融资可以降低投资者风险，提高资金使用效率，也有利于对企业资金募集以及使用的监管；"多次"即一年多次发行，随时需要，随时融资，每次融资 1000 万 ~ 2000 万元，用完再融；"快速"即融资所需时间一般为 2 ~ 3 个月，有些只需 1 个多月就能完成挂牌融资；"低成本"即中小企业的融资成本仅是主板市场的 1/3 ~ 1/5，低成本融资可以为中小企业减负，为中小企业发展提供更为宽松的融资环境（见表 2）。

表 2　场外交易市场融资的特点

特　点	特点描述
小　额	融资规模一般为 1000 万 ~ 3000 万元
多　次	一年可多次发行
快　速	融资所需时间一般为 2 ~ 3 个月，短则 1 个月
低成本	融资成本是公开市场融资成本的 1/3 ~ 1/5

资料来源：作者根据天津股权交易所网站，http：//www. tjsoc. com/web/about. aspx，2011 - 9 - 28，相关资料编制。

三　当前场外交易市场为中小企业融资面临的主要问题

至今，我国场外交易市场建设已经过近 30 年的历程，在解决中小企业融资方面发挥了重要作用。但是，目前场外交易市场的发展仍不能满足多层次、

多元化的市场主体的投融资需求，其面临的问题严重制约了场外交易市场为中小企业融资服务功能的发挥，主要表现在以下几个方面。

（一）场外交易市场整体政策规划不清晰

目前，我国场外交易市场缺乏中央政府明确清晰的战略性制度安排和政策指引。虽然 2008 年 3 月，国务院在《天津滨海新区综合配套改革试验总体方案的批复》中提出，天津要以金融体制改革为重点，办好全国金融改革创新基地，加快健全资本市场体系和金融服务功能，为在天津滨海新区设立全国性非上市公众公司股权交易市场创造条件，但是政策仍然不够明晰，而且缺乏后续的政策支持。市场组织之间的自主创新与发展形成的无序竞争，在客观上降低了中国场外交易市场建设整体进程的效率。另外，各地竞相发展场外交易市场，为争取全国性场外交易市场地位博弈，必然导致市场组织创新行为与现有证券市场制度边界之间的冲突，而且使场外交易市场的创新实践面临极大的政策风险。

（二）全国统一有序的场外交易市场尚未建立

场外交易市场在我国的发展是曲折的。虽然它有顽强的生命力，近 5 年也取得了较好的发展，但是全国统一有序的市场结构尚未形成。目前，我国场外交易市场主要包括三大板块：各地产权交易市场[①]、新三板和各地的股权交易所（见图 4）。三大板块之间独立发展，都具有各自的市场结构，缺乏统一性和有序性。另外，还存在很多这三个板块未包括的从事场外交易的机构，如天津滨海国际股权交易所和 2011 年 3 月 19 日新成立运营的天津滨海柜台交易市场股份公司。目前，各市场为争夺全国性市场地位和客户资源，必然导致无序的竞争，更重要的是竞争中的创新更易导致风险。

（三）流动性不足

场外交易市场流动性差是影响其服务中小企业融资的重要因素。流动性差

[①] 产权市场在我国资本市场中具有重要的作用，长期发挥了场外市场的功能。但是，目前关于场外市场建设的讨论中却很少涉及产权市场。

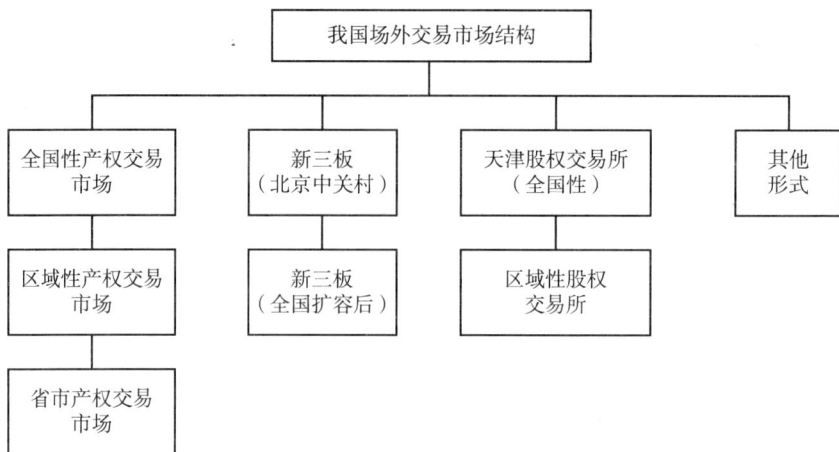

图4 我国目前场外交易市场架构

资料来源：作者根据《中国场外资本市场发展报告2010~2011》和天津产权交易中心网站（http://www.tprtc.com/）等相关资料编制。

必然会降低场外交易市场对投资者的吸引力，挂牌企业的价值也难以通过市场交换体现，还必然会降低资源配置效率，增加企业的融资成本。流动性差的原因主要有三方面：一是由场外市场自身的特点决定的。场外交易市场门槛低，挂牌企业资质较差，证券的风险较大，所以，场外市场挂牌企业的股票难以流通转让。二是受我国政策法规所限。法律规定非公众公司股东人数限制在200人以下，一旦股份公司股东超出200人即被认定为公众公司，其股份应在场内交易所上市交易，非公众公司在进行股份交易时不得突破股东人数200人的红线。所以，每笔交易金额较大，一般自然人难以参与交易，严重影响了市场的交易活跃程度，降低了场外市场对投资者的吸引力。三是目前场外市场规模小，挂牌公司数量少，市场影响力弱，导致市场不活跃，流动性较差。

四　依托场外交易市场服务中小企业融资的几点思考

（一）明晰国家层面的政策规划

全国统一有序的场外交易市场建设离不开政府宏观政策的有效引导，需要走政府政策规划与市场组织创新相结合的道路，需要政府和市场的共同努力，而且二者的角色定位和职能分工必须予以清晰界定。政府在鼓励市场组织充分创新的同时，要充分发挥引导作用，着重相关法律法规的完善和顶层制度的设计，明确规划，统筹安排，尽快形成明晰的场外交易市场建设的宏观政策框架，以政策制度形式明确全国性场外交易市场和区域性场外交易市场的定位及其区域布局，以政策手段明确场外交易市场体系的构成，引导场外交易市场发展模式的选择，将其纳入国家资本市场正式制度安排之中。只有这样，才能减少地方利益冲突，降低部门之间的博弈成本，加快全国统一有序的场外交易市场的建设步伐，更好地为中小企业融资服务。

（二）加快统一性多层次场外交易市场体系的构建步伐

场外交易市场从市场结构上来看应该由全国性和大区域性市场组成。首先，加快构建全国性场外交易市场的步伐。全国性市场是场外交易市场的总部，可建于天津股权交易所或北京中关村。这是场外交易市场建设最关键的一步。目前条件已经成熟，政府政策推动的时机亦已成熟，所以政府应尽快明确全国性场外交易市场。

其次，构建大区域市场和省市级场外交易市场。以促进区域经济平衡发展、推动产业结构优化升级为目的，考虑各省市的金融经济发展现状，构建大区域市场和省市级场外交易市场。大区域市场可以坐落在北京、天津、重庆、上海、深圳、沈阳和武汉等地（见图5），逐步实现统一市场准入、统一交易规则、统一业务模式、统一交易系统和统一信息披露的目标，形成集中与分散相统一，全国性与区域性相协调，有形市场与网络系统相结合的市场体系。

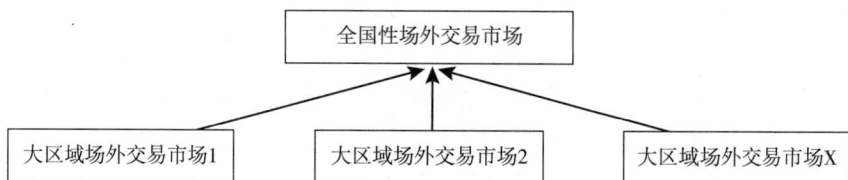

图5　我国多层次场外交易市场架构

（三）建立顺畅的转板机制

从国际经验来看，全国统一有序的场外市场建设完成后，要根据市场的发育程度和规模，及时对全国性和各区域性场外交易市场进行内部市场细分，实现内部分层，把场外交易市场划分为高端市场、中端市场和低端市场三个层次。坚持以"能进则进、该退则退、入市规范、退市严格"为原则，建立场外交易市场内部高、中、低市场之间转板机制，以及场外交易市场与创业板、主板市场进行顺畅转板的机制。在主板市场挂牌的上市公司，因在经营中达不到主板的上市条件，可以退市，转入创业板市场或场外交易市场。在场外交易市场发展好、符合相关条件的可以顺畅转板至创业板或主板市场，做到使企业上市/挂牌市场"能高能低、能上能下、能进能退、转板顺畅"（见图6）。此外还应当考虑，资本市场发展到一定阶段，凡是企业上市，首先要在场外市场挂牌，符合条件的转板至场内市场，真正实现为各发展阶段的企业融资服务的目标。这样，不仅可以解决目前上市公司退市难的问题，保证主板市场上市公司的质量，也可以避免因为上市公司退市而投资者血本无归的现象，增加多层次资本市场的弹性，增强资本市场运行的稳定性。

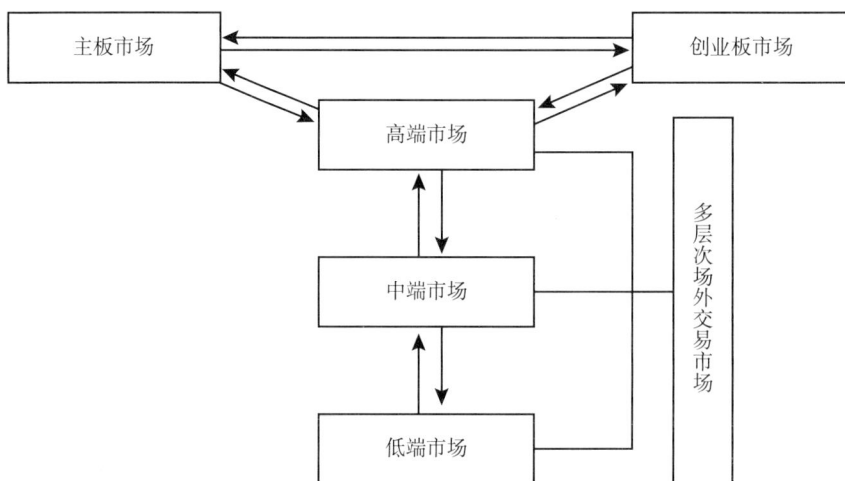

图6　我国多层次资本市场的转板机制

（四）建立政府统一监管与行业自律相结合的综合监管模式

严格、高效、完善的市场监管制度是场外交易市场健康发展的重要保障，必须建立政府统一监管与行业自律相结合、责任明确、运行高效、保护严格的综合监管模式。首先，政府要发挥统一监管的作用，由证监会成立专门的监管部门，将场外交易市场纳入统一的监管范围，制定监管规则以及对造假、欺诈、持续保荐期间违规行为的处罚措施，重点在宏观方面对场外交易主体进行监督指导，如监管场外交易市场的交易主体是否履行职责，监管重大事项是否按制度进行等等，以保护投资人利益，有效防范系统风险。同时，提供必要的服务，创造良好的市场环境。其次，要充分发挥自律监管的作用。积极引导场外交易所、挂牌公司、做市商、保荐机构等进行多层次全方位的自律监管，有效防范场外交易市场为中小企业融资过程中面临的经营风险和道德风险。

市场发展篇

Market Development

B.8

强化评审监管机制　促进行业健康发展
——京津沪渝产权交易机构第四次综合评审情况综述

何亚斌　申晓光　伍小保*

我国产权交易市场经过 20 多年的规范运作，在经济改革和发展中发挥了越来越大的积极作用，已经成为我国资本市场的重要组成部分。国家非常关注产权交易市场发展。2005 年 11 月，国务院国资委、财政部、国家发改委、监察部、国家工商总局、中国证监会联合发布《关于做好企业国有产权转让监督检查工作的通知》（国资发产权〔2005〕294 号），由此，在产权交易市场的监管上，形成一部门牵头、多部门参与的有效联合评审监管机制。2012 年 6月，由国务院国资委牵头，上述六部委、一家央企和中国企业国有产权交易机构协会组成的评审组，即"6＋2"模式，对具有从事央企国有产权交易资质，被誉为中国产权交易行业"第一方阵"的上海联合产权交易所、天津产权交

* 何亚斌，中国企业国有产权交易机构协会副秘书长；申晓光，中国企业国有产权交易机构协会综合部副主任；伍小保，中国企业国有产权交易机构协会综合部职员。

易中心、北京产权交易所和重庆联合产权交易所（以下简称"四机构"）进行了监督检查和综合评审。从 2005 年起，这样的综合评审工作每两年进行一次，2012 年是第四次，协会参与是第一次。总的印象是检查评审工作年年上台阶，次次有亮点。

本次评审的主要任务是，检查评审四机构 2010～2011 年贯彻执行《企业国有产权转让管理暂行办法》（国资委、财政部令第 3 号）及配套文件，规范开展企业国有产权交易、开展业务创新以及按照《国务院关于清理整顿各类交易场所切实防范金融风险的决定》（国发〔2011〕38 号）开展清理整顿等工作情况，及时发现试点机构业务运作中存在的问题，推动业务整改，防范业务风险，规范诚信运营。通过检查评审，可看到这种以主管部门牵头、多部门参与的联合监管机制的优越性和有效性，看到四机构多年来逐步形成的完善业务制度、创新业务品种和交易方式，以及提升综合管理能力，加强交易业务监管，建设信用体系等工作的进步，看到中国产权交易行业"第一方阵"坚实的发展基础，真正为全国产权交易行业建设树立了典范。

一　坚持规范，制度建设更加完善

上海联合产权交易所、天津产权交易中心、北京产权交易所和重庆联合产权交易所始终高度重视规范化建设，把规范化作为立业之本。

他们坚持致力于规范有序、平等透明的交易平台建设，严格依照国家的法律法规，不断健全规章制度，对产权交易按照 2003 年 3 号令要求，坚守"不拆细、非标准化、非连续"的原则，切实维护了产权交易市场秩序，保护了投资者的合法权益。

在制度建设方面体现"三性"。一是系统性。四机构都能模范地执行国家的法律法规，建立起完整的相关制度，涵盖了企业国有产权交易的各个环节，实现了与国家法律法规的全面衔接。北京产权交易所围绕企业国有产权交易、实物资产交易、非国有产权交易三大板块，建立起层次分明、结构完整、逻辑严谨的业务制度体系，先后制定了《产权交易操作规则》、《产权转让动态报价实施办法》、《产权交易收费办法》、《实物资产交易规则》、《非国有产权交易规则》等，最终形成了1个规划、3个办法、9个细则和数十个系统配套文件。上海联合产权交易所针对股权转让、非公有产权等业务先后制定了《股权转让项目中股东优先购买权行使操作办法》《企业国有产权拍卖业务操作实施意见》《权重报价操作程序》《增资业务规则》《非公有产权交易操作细则》等多项规章制度。天津产权交易中心在制度设计和制定中体现充分性和合理性，在业务开展中发挥了"能进则进、应进必进、进则规范、操作透明"的作用。二是实效性。四机构都能紧密结合各自产权交易业务的实际需要，求实求效，建立既符合国家政策法规又符合本机构业务特点的制度体系框架。重庆联合产权交易所在建立的29项管理制度基础上，重点建立起项目例会、业务分立、法律监管、定期报告、统一监管"五大"内控制度体系。三是适时性。对制度的适时修订跟进是发挥制度效用的基本保证。四机构始终高度关注国家现行政策法规的演进完善，注重国家现行政策法规与内部管理制度的衔接，适时而变，与时俱进，修订或制定相应的制度，为业务开展提供了制度保障。

二 追求创新，业务领域不断拓宽

国务院国资委郭建新副秘书长2011年2月在协会一届三次理事会（青岛会议）上曾提出：产权交易和产权交易市场的进场交易制度，本身就是创新。如果没有勇于探索和勇于创新精神，这个事业就没有前途。四机构将创新作为兴业之道，坚持"创新以防范风险为前提，创新以规范发展为保障"的理念，积极开展产权交易业务品种创新和交易方式创新，在多个领域取得突破。

一是坚持探索。不越产权交易业务红线，坚持主营业务，在政策允许的范围内，积极研究探索新的业务，开辟新的业务品种。上海联合产权交易所以产权交易报价网为平台，推动产权市场业务合作和交易模式创新；积极运用产权交易方式为中小企业投融资服务，突出产品创新和金融集成，结合中小企业不同发展阶段特点和需求，整合政策和金融资源，稳步推进适合中小企业融资需求的多层次资本市场建设；建立多层次投资人信息库，为最大限度寻找产权交易有效投资者提供支持；在文化产权交易方面的探索创新成就，使之入选中国首批两家中央文化产权交易试点单位；借助联合国唯一指定机构——南南全球技术产权交易所 34 个国家的 36 个海外工作站的优势，积极架设全球化机构合作渠道。

　　二是坚持创新。四机构在做好原有业务的同时，都不断拓展新的交易领域。北京产权交易所充分发挥"集团化运营"优势，提出并率先实践"全要素综合服务"理念，为市场主体提供全方位、全流程的服务；率先出台国有企业实物资产进场交易制度；创新开展"经典收藏品受托转让"；与传统金融机构合作，共同推进创新金融产品的发行、交易、登记和托管等业务；服务于非初创期的中小企业，创新研发了动态报价系统和"企业价值信息披露系统"。由于创新的成就，目前业务已涵盖企业国有产权、实物资产、非国有产权、技术产权、林业产权、金融资产、环境权益、矿业权和大宗矿产品、石油石化产品等，交易规模实现突破性增长。上海联合产权交易所将企业国有产权进场交易的成功做法和成熟经验创新运用到知识产权、环境能源产权、文化产权、农村产权、矿权等专业市场领域，多个专业市场平台业务归口监管机制同步建立，运行规范有序，稳中有进，均按照批准机构批准以及经工商核准登记的经营范围从事交易活动，成功探索出一条新兴权益性资本市场建设的新路子，市场多元化、多层次、多板块的市场体系日趋完善，其中广告经营权、商铺特许经营权、便民服务语音信息经营权等新品种交易日趋活跃。天津产权交易中心创新售后返租融资模式，成功运作空客 A320 飞机天津总装线厂项目；与银行合作开展并购贷款业务，搭建银行与并购企业对接的市场平台；创新开展一场多市、一市多品的新格局；探索设立海外办事处。重庆联合产权交易所在诉讼资产交易创新方面取得突破，促成最高人民法院将诉讼资产处置业务推广到全国，并推动建立了全国统一的诉讼资产信息发布交易平台——"人民法院诉讼资产网"；与区县公共资源交易中心深度合作，先后与 20 多个区县政府签订了战略合作协议或达成合作意向，创新业务达 20 余种，涉及经营性土地、商品房、在建工程、融资业务、河道采砂权、混凝土经营权、集体资产、文化产品、林权流转、苗圃承包经营权等领域。四机构在开展产权交易业务中已经形成一种创新的文化氛围，为产权交易机构带来了不竭活力，推动了整个产权交易行业的业务发展。

三　提升管理，基础工作扎实推进

提升管理水平是产权交易机构自身发展的内在要求。通过评审检查可看出，四机构都能以增强素质、促进协同、提高效能、树立形象为目标，通过抓内部管理促进了机构队伍作风的明显转变，提升了机构的公众形象。

一是抓班子建设，提升了领导团队的执行力。四机构建立起强有力的领导团队，讲政治，讲原则，讲发展，分工明确，责任落实，在员工中树立起很高的威信，在业务拓展上推进有力，为依法合规经营提供了组织保证。

二是抓队伍建设，促进了员工队伍业务素质提高。四机构深刻认识到高素质的员工队伍是产权事业可持续发展的有力保证，他们高度重视队伍建设，强化管理骨干及员工的业务培训和素质培训，加强人才吸揽，重视员工的职业发展规划，努力做到感情留人、事业留人、合理待遇留人，聚集了一批具有金融、产权专业知识的高素质人才队伍，为机构发展奠定了人才基础。北京产权交易所坚持党管干部、任人唯贤、择优聘用的选人用人制度，员工中有博士 4 人、硕士 53 人、学士 74 人。天津产权交易中心 102 名在职员工中有研究生学历和本科学历的占到 95%。重庆联合产权交易所建立了分层分级的培养培训体系，打造出一支学习型团队，员工中博士 2 人、硕士 23 人、学士 105 人。

三是抓内部管理。四机构把搞好管理作为产权交易机构持续发展的从业之路，分别建立有完善先进的计算机办公网络系统，科学、客观、公平的评价考核机制，比较完备的产权交易业务档案管理系统。北京产权交易所已经建立起"前场、中场、后场"科学分工、相互支持制衡的管理架构，形成了完整的信息化管理体系，实现了业务管理制度和管理机制的流程、云计算和系统化，借助现代化的管理手段促进管理效能的提高。上海联合产权交易所在事前、事中、事后诸方面采取控制措施，强化了内控机制，并与监管机构——上海市产权交易管理办公室形成联动整改机制，将历次评审整改与市产管办的日常监管相结合，监管层、运行层双管齐下落实整改，建立健全内外联动、环环相扣的全流程监管体系；在业务档案管理工作中，2010 年就制定出台了《上海市产权交易档案管理办法》，该办法成为全国首个关于产权交易档案管理的专门制度；建立了专门的组织机构，形成了一套严密的档案收集、整理、编号、鉴定、保管、统计、利用、编研的工作机制，为规范开展产权交易业务提供了基本保证。重庆联合产权交易所建立了《档案管理制度》，2010 年引入了电子档案管理系统，建立档案数据库，并与重庆市档案局建立长期合作机制，请重庆市档案局对该所档案管理工作进行指导培训。

四是抓会员管理。四机构交易业务都实行会员代理制，在依靠和充分发挥会员单位拓展业务积极性的过程中，不断完善会员管理，提高会员服务质量，防范会员违法违规行为的发生。上海联合产权交易所目前共有各类会员 480家，在加强对会员机构的管理、培训、考核中，建立起优胜劣汰的市场淘汰机制；修改和补充制订了 5 项维护会员权利和加强会员分类管理的相关制度；坚持强化执业教育培训，帮助会员提升执业能力；依托信息化手段，强化会员业务的监督管理，注重引导会员自律，推动会员规范从业。两年来，他们把好会员入会关和年检关，共停止 16 家会员的经纪代理资格。北京产权交易所建立了较为完备的会员管理体系，积极发挥会员工作协调小组作用，大力推进会员俱乐部建设，提升会员执业能力。天津产权交易中心建立了《会员管理暂行办法》，对违规者坚决取消会员资格并及时予以清退，追究相关赔偿责任。重庆联合产权交易所将现有会员分为经纪、拍卖、评估、律师四类，规范会员的场内执业行为，对会员在业务操作过程中的任何违规行为，采取扣除会员保证金、暂停会员资格、开除会籍等惩处措施。机构会员制度的建立和有效管理为产权交易业务拓展提供了支持。

四　强化监管，交易风险得到防范

四机构在强化内部自律的同时，将主动接受外部监管作为防范业务风险的有效手段，定期接受国家六部委的综合评审，同时还积极主动配合地方对口六委局的监管，使外部监管呈现"三化"状态。

一是日常化。在监管工作中，四机构积极与政府有关职能部门紧密配合，形成了日常监管机制。上海执行"三位一体"（出资监督 - 市场监督 - 交易平台监督）的监管构架，上海市国资委与市产管办从加强交易平台运行监管入手，通过每月检查制度，对上海联合产权交易所和从事产权交易中介业务的产权经纪机构的业务活动进行全程监管，建立了日常化、制度化及专项抽查的产权交易市场检查机制。

二是信息化。四机构在接受外部监管中，充分利用信息化手段，建立信息化监管的互联互通网络。北京产权交易所在国务院机关事务管理局和中央直属机关事务管理局的指导下，搭建"中央和国家机关行政事业单位资产处置平台"，实现了对中央和国家机关行政资产处置的统一查询、统一统计、统一监测、统一管理；每年主动接受由北京市国资委牵头，会同北京市纪委、市财政局、市工商局、市科委、市金融工作局等部门组成的"北京产权交易市场监督协调机构"对业务开展情况进行的监督检查。上海联合产权交易所建立了信息高速公路，连接四大主应用系统（OA 内部协同办公系统、产权交易信息系统、门户网站系统、产权交易报价系统），实现了以信息化保障规范化，构建了覆盖产权交易全过程的网络化交易和监管系统，产权交易"云服务"平台已初见成效。

三是全程化。全程化和连续性是对监管工作的基本要求，四机构都做到了这一点。天津产权交易中心在交易大楼设立了天津市政府产管办办公区域，天津市国资委产权处部分干部在天津产权交易中心合署办公，建立了企业国有资产交易网上监管系统，对天津产权交易中心国有产权交易进行实时监测、督查；天津市国资委、监察局对天津产权交易中心的项目拍卖、招投标、电子竞价进行现场监督，公证处现场公证；对重大招投标项目，天津市国资委派员参加全程评审，相关职能部门联合监管，并设专门席位进行场内监管。重庆联合产权交易所通过管委会、重庆市国资委、独立董事、中共重庆市委巡视工作办公室及社会各界对各类交易业务进行全程监管，并积极促成由重庆市纪委、市监察局牵头，联合工商、国土、房管、国资委等部门成立工作组，对区县国有产权转让不定期专项检查，有效查处"场外交易"违规行为。上海联合产权交易所"两化一专"动态监管机制，把抽查式监督检查作为主要手段，两年来共抽查各类企业产权交易项目达 554 宗，形成反馈报告 6 个，抽查宗数占交易项目宗数的 15%。

强有力的监管工作，保证了四机构产权交易各项业务的合规合法，最大限度防范了可能发生的交易业务风险。

五　打造诚信，信用体系基本形成

四机构的持续发展再一次证明了诚信体系建设的重要性。多年来，他们始终坚持抓信用体系建设不松手，贯彻落实了国务院国资委黄丹华副主任在中国企业国有产权交易项目信息统一发布系统开通仪式上的讲话精神和国务院国资委产权局邓志雄局长在中国产权市场创新论坛（沈阳）上有关打造场前诚信的讲话精神，依靠政府规范来产生诚信，引导机构会员深入把握诚信，最终形成一种诚信的市场氛围，建立健全行业人员廉洁从业制度机制和依法诚信执业标准，以"公开、公平、公正和诚实信用"为标准，制定行规行约，加强诚信建设，不断提升产权交易市场诚信水平。

综合评审显示，四机构在工作诚信体系建设中，从完善制度建设、加强队伍建设、防范道德风险等多角度，积极打造机构诚信。上海联合产权交易所通过不断细化强化优化部门职能，使每个部门在整个交易流程中所对应承担的职责清晰、分工合理，在交易、协调、保障、监督等各个环节，形成了既能相互支持又能相互制约，合理组合、运转顺畅的工作体系，赢得了客户的信任。北京产权交易所建立了一套涉及诚信方面的管理制度，建立了员工信誉考核制度，强化了机构、部门、员工的行为规范，最大限度地防范了各种风险。天津产权交易中心以加强队伍建设为重点，加强财务风险管理，积极防范市场风险。重庆联合产权交易所以建立道德风险防范、法律风险防范、财务风险防范三道防火墙的内控机制为抓手，进一步明确工作人员对竞买人信息的保密义务和追究处罚办法，强化员工的道德风险防范意识；通过完善业务流程制衡机制，完善和强化各司其职、相互监督的工作机制，降低业务经办中的道德风险和决策失误。

通过对四家中央企业国有产权交易试点机构的综合评审，我们欣喜地看到全国产权交易市场的健康运行态势。通过他们的发展，能坚定全国产权交易机构建设新兴资本市场的信念，激励迎接挑战、不断创新的勇气。同时，我们也要正视在某些方面的不足，比如在极个别项目的交易中还存在某些不够规范的行为，在精细化管理特别是在对会员的精细化管理方面还存在提升的空间，为企业融资职能的履行还显不足，在交易业务档案的管理上普遍存在较大的差距等。因此，产权交易机构要善于从综合评审工作中发现问题，总结经验，改进工作，实现交易机构的平台机制和中介机制的有机结合，真正为产权交易市场建设带来质的飞跃。

B.9
从清理整顿看非证券期货类交易所的
功能定位和发展机遇

李正希*

2011年11月，国务院发布《关于清理整顿各类交易场所切实防范金融风险的决定》（国发38号文），重点对非证券、非期货类的各种交易场所开展了一年多的清理整顿工作。从目前清理整顿验收情况来看，在国家层面，"交易所"已不仅仅是证券期货类交易场所的专属名称，大批原由地方政府审批的新兴权益类、商品类交易所得以保留。因此，交易所的经济职能、交易所的分类和这些新兴交易所的功能定位与发展值得深入研究。

一 交易所的基本经济职能和功能定位

1896年，拉法格在《交易所的经济职能》一文中指出："交易所的职能就在于使一切资本的利润率和利息率趋于平均水平。"诺贝尔经济学奖获得者萨缪尔森在其《经济学》一书中称："交易所是市场经济的轴心。"按照《现代汉语词典》的解释，交易所是"进行证券或商品大宗交易的市场，所买卖的可以是现货，也可以是期货。通常有证券交易所和商品交易所两种"。一般来说，交易所是进行某种信息及物品等交易的信息平台，而现代意义上的商品交易所不是指现货交易的场所而是指期货交易的场所，证券、期货类交易所均是依据国家有关法律法规、经国家主管机关批准设立的、分别为证券和标准化期货合约集中交易市场的组织者。以证券交易所为例，国务院批准发布的《证券交易所管理办法》所涉交易所的职能包括提供交易场所和设施、制定业务

---

* 李正希，经济学博士，广州交易所集团董事长、党委书记。

规则、接受申请和安排上市、对会员和上市公司进行监管、设立登记结算机构、管理和公布市场信息等。

但是，随着现代信息技术的发展和社会分工的不断细化，像中国目前大量出现的各种非证券、非期货类交易所，如各种产权（非上市公司股权、物权、债权、知识产权）、大宗商品现货交易所，已不能简单按多层次资本市场、场内场外市场进行归纳和划分。笔者认为，撇开各种交易所交易品种、市场参与者、交易方式和监管体制的差异性，凡是交易所均应作为第三方公共交易服务平台，具备促进商品流动性和提高企业融资能力、提高交易效率、降低交易成本、提供价格和供求资讯等基本经济职能；在基本功能方面，提供卖方进场公开卖、买方场内公平买、监管和中介服务机构场内场外公正办事的制度保障体系。正如拉法格所言，交易所改变了工商业主保密经营的传统习惯，"而在交易所参加交易的信用机构、产业公司都尽可能地公布他们的统计资料，就像一个有道德的人，他们希望生活在玻璃房子里。"

二　国内交易所的分类

从金融属性和市场开放性强弱分析，笔者认为，此次清理整顿前国内以"交易所""交易中心"命名的众多交易机构大体上可以分为三类。

（一）金融属性和市场开放性较强的交易所

如证券、期货交易所。以此类交易所为核心所形成的市场可称作公众市场，交易标的充分拆细、标准化，交易主体的市场地位平等，买卖双方同时"出牌"且无需见面，买卖双向竞价，系统自动撮合成交，过户和结算时间极短，均为连续交易。

（二）金融属性和市场开放性一般的交易所或交易中心

如各类产权、大宗商品现货交易所。此类交易所形成的市场可谓分众市场或专业市场，交易标的难以充分拆细和标准化，交易主体的市场地位不平等，通常是"卖东西的交易场所"，卖方处于"甲方"的主导地位，卖方"出牌"

后买方响应，且买方响应前需看货看样，尽职调查，当出现竞争态势时，买方单向竞价，价高者得，过户、交割和结算周期长，难以连续交易。此类交易所包括行政色彩较浓、社会化程度不高的房地产交易所，其具有条块分割的市场特点。

（三）几乎没有金融属性和市场相对封闭的交易所或交易中心

如政府采购、工程招投标等交易所。此类交易所形成的市场可谓小众市场，交易标的具有完整性，交易主体的市场地位也不平等，通常是"买东西买服务的交易所"，买方处于"甲方"的主导地位，买方"出牌"后卖方响应，且买方"出牌"前需设置意向卖方的资格和条件，当出现竞争态势时，意向卖方单向竞价，价低者得，过户、交割和结算周期长，场内一次买卖不连续交易。

值得一提的是，近一两年来，不少地方政府根据中央《关于推进统一规范的公共资源交易市场建设的意见》的精神，按行政区域陆续建立了一批"公共资源交易中心"。这种交易中心兼具上述第二类、第三类交易所的一些功能和特征，既是"卖东西的交易场所"、又是"买东西买服务的交易场所"。笔者认为，这种"公共资源交易中心"是否具备交易所作为社会化、市场化、专业化的第三方公共资源服务平台的性质和基本功能，有待时间和实践的检验。不过，一个国家或地区长期并行双轨制，市场的公平与效率未必能够充分发挥。同时，现行政府采购、工程招投标领域由于普遍没有搭建第三方电子交易平台，招标采购采用评标机制，人为干扰因素较大，诟病不断。

三 新兴交易所的发展机遇

如果将前述第二类、第三类交易所（不包括交易中心，下同）统称为"新兴交易所"，笔者认为，这些新兴交易所将迎来新一轮的发展机遇。

正本清源。所谓交易所、保留下来的新兴交易所的基本功能和定位已经相当清晰。解读此次清理整顿各类交易场所的相关政策，我们不难发现，交易所不等同于交易中心，交易所不是拍卖行等中介服务机构，也不是一般意义上的电子商务平台，它是具有较强社会性和公开性、政府特许和严格监管、提供集中交易的第三方公共交易服务平台。

党的十八大以后，政府职能进一步调整。十八届二中全会强调，行政体制改革"要深入推进政企分开、政资分开、政事分开、政社分开"，要"充分发挥市场在资源配置中的基础性作用"。在公共资源交易市场建设方面，一些地方并没有把市场化程度较高的国有产权交易、药品采购交易纳入公共资源交易中心。广东省在《关于推进公共资源交易体制改革的指导意见》中提出：对已借助市场化交易平台进行交易的项目，原则上不再纳入公共资源进场交易范围。由此可见，交易所这种开放的大市场相对于条块分割的小众市场更具竞争和机制优势。

中国传统商业模式中价格不公开透明的议价机制，越来越受到现代商业模式的挑战。尤其是在流通环节上经销商众多、中间成本过高、依托现代电子信息技术的电商和交易所的交易方式现已在众多商品现货交易中彰显实力。如果说电商已对大型百货公司造成巨大冲击，那么，传统批发市场现金、现场、现货交易的铺位经济业态，也许就是新兴交易所承接铺位经济向席位经济、传统贸易商向现代交易商转型的时代良机。

B.10
建设产权市场对中国资本市场的重大意义

任 斌*

一 建设产权市场丰富了我国的资本市场体系

我国产权市场以它服务企业国有产权和其他各种非标准化权益性资源交易融资的形式，扩大了市场直接融资的规模和比重。实践证明，"产权市场的交易方法在资源配置中能够实现创新交易的功能，是证券市场和其他要素市场都不能替代的"。①产权市场是我国资本市场不可或缺的产权非标准化交易市场。

毋庸置疑，这一极具中国特色的产权交易非标准化市场，为各种非标准化权益性交易资源融资建立公允的市场化制度提供了基础，弥补了我国资本市场中产权标准化交易的证券市场的短板。建设产权非标准化市场使我国资本市场形成了多元化、多形态、多层次的市场体系，凸显了我国资本市场理论和实践的创新。

针对产权市场能够为各种非标准化资本权益交易资源提供公允交易保障和和协调市场秩序等功能，制度经济学认为，不同制度的国家建设资本市场，应该结合文化、地域、企业发展等差异以及经济管理制度的实际"建设多元化、多形态、多层次的资本市场体系"，② 才能充分发挥市场的功能作用。基于这个市场原则，国家在发展标准化证券市场的同时又建设非标准化产权市场，体

---

* 任斌，工程硕士，注册资产管理师，重庆联合产权交易所总裁。
① 王学斯：《区域性开放型产权市场理论研究与实践》，《产权导刊》2012年第4期。
② 杨晓舫、朱冰：《建设多形态资本市场体系促进经济社会建设》，《中国科技投资》2007年第10期。

现了"要在加快转变经济发展方式，完善社会主义市场经济体制方面取得重大进展，从制度上更好发挥市场在资源配置中的基础性作用"的科学发展观。①

通常人们对资本市场的认识是指产权标准化交易的证券市场。而我国沪深证券市场是伴随经济体制改革的进程逐步发展起来的。由于沪深市场创建初期所处法制环境与市场建设尚有很大差距，加上"在建立初期改革不配套和制度设计上的局限"，②仍存在深层次问题和结构性矛盾。一些经济社会专家、学者针对沪深市场无法突破的问题，指出"由于资本市场的深层次问题和结构性矛盾还没有得到很好的解决，存在着结构倒置、层次不清、市场分割与竞争并存、市场的支持能力薄弱等问题"，揭示了我国证券市场的深层次问题。③

由于资本市场主要服务于市场各种资源优化配置，资本市场建设应与国民经济发展相匹配。但是，由于我国经济总量巨大，证券市场可流通量根本不能满足市场各种资源通过产权标准化交易实现融资，致使一段时间里我国市场监管失控，大量的企业产权转让、并购、重组、资产处置以及直接融资在场外进行，公允市价无法发现、供需双方信息极不对称、交易效率低、市场操纵现象屡现，而且风险成本很高。20多年来我国建设证券市场的实践证明，单一建设标准化市场不能适应国民经济发展需要，甚至有悖于"大力发展资本市场是一项重要的战略任务，对我国实现本世纪头20年国民经济翻两番的战略目标具有重要的意义"的国家战略。④

实践证明，在中国由于国情文化、市场环境差异化影响，为了保护交易各方合法权益，维护市场秩序健康发展，资本权益交易应该建设非标准化权益的交易市场。为了达成共识，建设产权市场接受了14年的检验和考验。2002年中纪委提出反腐败斗争，建立4项权益性资源交易市场化制度为此提供了佐证。党的十六大提出的建设产权市场战略理论，国务院国资委、财政部发布的

---

① 党的十七大政治报告。
② 国发〔2004〕3号文件《国务院关于推进资本市场改革和稳定发展的若干意见》。
③ 民进中央2006年提交全国政协《关于多层次资本市场的建议》提案，《上海国资》2006年第3期。
④ 国发〔2004〕3号文件《国务院关于推进资本市场改革和稳定发展的若干意见》。

企业国有产权交易法规等，进一步为产权市场建设进入国家制度性层面提供了佐证。但在达成共识的这14年里，国家和人民付出了巨大的直接成本和时间成本。

由于产权市场在城市经济建设中对各种非标准化权益融资的不可替代作用，2008年有专家提出了"我国建设资本市场应该建设以股票市场为主，产权市场、技术产权市场为辅的'一主两翼'多元化、多形态、多层次的资本市场体系"。[①] 还有更多的产权市场建设者、研究者针对发展的产权市场从理论到实践形成了区域性、开放型产权市场共识，佐证了我国著名经济学家成思危先生2005年关于产权市场对非标准化资本权益交易具有证券市场、其他要素市场不可替代的作用，提出的"产权市场是我国新型的资本市场"理论观点。[②]

20多年来，大量非标准权益性资源通过产权市场实现了交易最大化，扩大了资本市场直接融资的规模和比重，体现了非标准化市场的重要意义，"形成了具有中国特色的多元化、多形态、多层次资本市场体系，与货币市场共同形成了我国完整的金融市场"。[③] 而这一市场体系和金融市场与中国的国情、文化、市场环境、经济管理制度相吻合。

二 建设产权市场，构建多元化、多形态、多层次的资本市场体系

目前我国资本权益交易市场在交易品种、市场服务对象、市场结构等方面，已经形成了具有鲜明特色的多元化、多形态、多层次市场体系。这个市场体系较好地发挥了为不同需求者提供融资服务的市场功能，建立了相对协调的市场秩序，推进了社会诚信体系发展。

所谓"多元化"资本市场，是指按照国家现行的市场监管法律、法规，将同属于国家层面建设的制度性资本权益特殊商品交易市场细分为虚拟的标准

① 杨晓舫：《中国产权经济概论》，中国财经出版社，2008。
② 成思危：《论我国产权市场建设中的几个关键问题》，《证券日报创业周刊》2005年5月21日。
③ 杨晓舫：《中国产权经济概论》，中国财经出版社，2008。

化商品市场、实物形态的非标准化商品市场、技术产权商品市场、期货市场、典当市场、担保市场和金融衍生品市场。

所谓"多形态"资本市场，是指按照国家现行的市场监管法律、法规，将同属于国家层面建设的制度性资本权益特殊商品交易市场，以商品形态、交易方式、市场服务对象为依据，将我国资本权益交易市场划分为标准化交易市场、非标准化交易市场、技术产权交易市场等三大功能性市场和其他权益性非标准化资源交易的专门市场。

所谓"多层次"资本市场，是指以国家对市场监管的现行法律、法规为依据，将我国资本权益性特殊商品交易市场划分为产权标准化的全国沪深主板、中小板、创业板市场，中关村股份代办系统和天津、重庆、浙江等地方场外市场，产权非标准化的京、津、沪、渝4家央企市场及各省份的区域性、开放型产权市场和其他非标准化的权益性交易专门市场，京、沪、渝、粤、豫5家中小企业产权市场，省属行政区划内的技术产权市场，以此共同形成的我国多层次资本市场体系。

为了探索国有企业建立现代企业制度，从计划经济体制逐步转变为社会主义市场经济体制，我国最先创建了产权非标准化交易市场，接着又学习西方国家经验建立了产权标准化交易市场、技术产权市场和各种形态的权益性交易专门市场，表明了国情文化与西方的差异。但我国既有的各种形态权益性特殊商品交易市场之间如何实现链接，形成统一监管的多元化、多形态、多层次市场，产生更大的市场效应，以更好地发挥市场配置资源的功能，突破体制和技术层面的制约是关键，也是一大难题。

经过24年产权市场建设、22年证券市场建设、16年技术产权市场建设的不断实践，已经构成多元化、多形态、多层次的资本市场体系，在理论和实践上证明了我国资本市场与西方国家及我国港、澳、台地区的资本市场有着显著的功能差异。事实上，我国产权市场一开始就被赋予了担负改革开放初期为全国近300万户国有企业改制、近4万亿经营性国有资产的保值增值责任，承担着科技体制改革、知识产权市场化转让、使科技是第一生产力得以实现的重任，继而承担了探索为870万户中小企业融资服务的市场责任。

建设多元化、多形态、多层次的资本市场体系有利于完善社会主义市场经济体制，有利于国民经济结构调整和战略性改组，加快非国有经济发展，有利于提高直接融资比例，完善金融市场结构，提高金融市场效率，维护金融安全。关于经济建设需要资本市场发挥的这三项主要功能，经过经济界、理论界的研究、争论，市场建设者和地方政府的积极探索、实践，已经上升为党对经济工作的指导意见，并在2002年以来党的十六大和十六届三中全会提出的"规范发展资本市场和产权市场""建立多层次资本市场"战略理论和国务院发布的《国家"十一五（2006～2010）"期间科技发展规划纲要》《国家中长期科学和技术发展规划纲要（2006～2020）》等文件中有所表述，更在中纪委、国务院国资委、财政部、发改委、科技部、工信部、国家工商总局等发布的若干法规、规范性政策文件中得到了体现。

2004年《国务院关于推进资本市场改革开放和稳步发展的若干意见》总结了1992年《国务院关于进一步加强证券市场宏观管理的通知》以来的实施经验，提出了积极推进资本市场改革开放和稳定发展的"九条措施"，指出了"我国资本市场是伴随着经济体制改革的进程逐步发展起来的，由于建立初期改革配套和制度设计上的局限，资本市场还存在一些深层次问题和结构性矛盾，制约了市场功能的发挥"。提出了"要在统筹考虑资本市场的合理布局和功能定位的基础上，逐步建立不同类型企业融资的多层次资本市场体系"的创新目标。

我国地域辽阔，企业众多，又是经济快速增长但区域经济发展不平衡的发展中国家，很难想象一两个集中的标准化交易的证券市场能够"解决870万户不同类型、又处于不同发展阶段、对资源配置有不同要求、具有不同风险承受能力的企业对资本市场功能的全部需要"。[①] 因此，建立健全多元化、多形态、多层次的资本市场体系，显得尤为重要。2008年美国"两房"公司引发的全球金融风暴，拖累我国证券市场严重滑坡，大量实体经济进入产权市场融资，产权市场保持了连续增长的势头[②]，再一次凸显了我国的多元化、多形态、多层次资本市场的重要性。

---

① 国发〔1992〕68号《国务院关于进一步加强证券市场宏观管理的通知》。
② 王学斯：《区域性开放型产权市场理论研究与实践》，《产权导刊》2012年第4期。

三 产权市场建设中的突出问题

如果以法律作为依据对资本市场同一属性的特殊商品交易市场性质进行定位，毫无疑问，产权市场就是产权非标准化交易市场。因为产权非标准化交易与产权标准化交易，同是将产权这一特殊商品具有的投资权、收益权、分配权、处分权权益进行交易，追求利益最大化。我国的国情决定了中国发展资本市场必然会走一条与其他国家不同的路径，而建设产权标准化交易、产权非标准化交易市场正是体现了我国建设资本市场这个特别的路径。

通过研究西方发达国家的资本市场我们不难发现，资本市场并不是完全统一的市场模式。如：德国、英国、加拿大、日本为代表的发达国家资本市场体系除市场主板以外，二、三层次的市场板块都各有特色，制度设计的差异体现了"各取所需、为我所用"的理念和国情原则。就是在资本市场最发达的美国，除主板、区域性市场以外，还有主要为中小企业服务的"未经注册的交易所"、为不同规模的中小企业融资服务的"粉单"市场和分布在美国各州的门市性的场外市场。各种市场主要通过统一的监管制度和市场链接的升降机制，形成了美国完整的多元化、多形态、多层次资本市场体系。剖析西方发达国家不同的资本市场模式，为我们立法建立多元化、多形态、多层次的市场体系提供了依据。

我国产权非标准化的交易市场，经过了24年的不断完善，从无到有，从小到大，从地方一般性交易制度安排走向了国家层面的法制化轨道，它的发展与市场的需求密不可分。这一组成我国多元化、多形态、多层次资本市场体系的重要市场，无论是改革开放的中期对国有资本的战略退出，还是对经济社会各种非经营性的资产退出、重组，以及对城市公共资源的优化配置，按照政府授权对未上市公司的股权进行托管及其衍生服务（股权质押、分红派息、抵押担保、股权转让等方面的实际执行），以及对政府特许经营权的转让等方面的创新，都已经从探索到逐步成熟再到不断完善。事实上在我国区域经济发展过程中"产权市场大量复制产权交易方法，创新了为24大类的非标准化权益性交易事项的优化配置提供了服务"，①为地方政府整合资源发挥了巨大作用。它已经成为国家以既有的产权市场为基础，规范各种非标准化权益性事项交易的制度性要素市场，成为地方经济建设不可或缺的区域性、开放型资源非标准化优化配置的要素市场。

但是，"如果用严格的法制要求考量产权市场，人们看到，目前建设产权市场主要还依附于国务院国资委、财政部联合发布的《企业国有产权转让暂行规定》这部法规"。②从实施角度看，该法规使用范围有限。当产权市场为其他非标准化权益性资源交易提供服务时就无法充分获得它的支持，这就导致了产权市场需要更加具有法律权威的支持。必须承认这部法规设计者不可能逾越所处的时代背景，因此，今天建设产权市场和产权市场超越这部法规为市场提供的功能性服务，都急需获得法律保障。

由于建设产权市场法律缺失，导致了全国产权市场存在监管分散、机构建设不统一、收费标准不统一、统计口径不统一、发展中的产权市场难以实现全国统一建设等问题。广大产权市场从业者只能秉承高度责任感，在国家有关部委、地方政府有限支持下，通过复制企业国有产权交易的方法，为经济社会各种非标准化的权益性交易事项提供融资服务，有限地推动产权市场建设。产权市场在 24 年的建设中为经济社会发展的巨大贡献已经证明，中国发展市场经济需要立法支持产权市场建设。这已经成为市场经济制度建设的重要课题。

我国的经济结构以及社会形态决定了我国资本市场体系建设要走一条特别的路径。特殊的国情决定了国有资产将长期存在，这就决定了产权市场在未来相当长的一段时间里将继续承担为国有资产公开处置提供规范性市场化服务的职能。问题在于产权市场的服务创新不以人的意志为转移，目前产权市场的服务对象已经不断延伸，包括为非标准化的其他各种资本权益性资源的交易和融资服务。同时国有产权和其他各类产权的市场化交易过程，就是通过市场化方式解决市场准入，实现跨地区跨所有制科学合理配置资源的过程。因此，支持

---

① 王学斯：《区域性开放型产权市场理论研究与实践》，《产权导刊》2012 年第 4 期。
② 王学斯：《区域性开放型产权市场理论研究与实践》，《产权导刊》2012 年第 4 期。

产权市场为各种非标准化权益性资源优化配置提供服务，确保产权市场对各种非标准化权益性事项的融资服务得到法律支持，体现权益性资源的市场最大价值。

四　展望立法建设产权市场

我国产权市场建设经过了 24 年的检验，实践证明，其市场模式跳出了国际资本市场体系的一般模式，发展了国际资本市场的建设理论和市场体系。完善社会主义市场经济体制，推进我国社会诚信体系建设，支持产权市场在法律的保障中进一步发挥对各种非标准化资本权益优化配置的市场地位，需要建立《产权交易法》（或《非标准资本权益交易市场法》）来统一全国的产权市场建设，进而实现各种资本权益非标准化交易的统一监管。

市场经济体制是在相关的法律、法规约束下形成的统一制度并由各种要素市场共同组成。目前大量的权益性事项非标准化交易能够在产权市场得到公开、公平、公正的交易保障，充分说明了将企业国有产权交易和经济社会各种权益性非标准化交易的事项纳入统一的市场进行，接受统一的市场监管具有重大意义。从要素市场的属性给予产权市场法律定位，既可以节约各种非标准化市场建设的直接成本和时间成本，又有利于协调分散的部门法规对市场建设的不利，降低分散交易监管潜在的风险。因此，通过立法统一建设我国产权市场，构建符合中国国情和市场经济建设要求的产权市场环境，是对发展和完善市场制度建设的重要创新。

一是从法律创新角度看。我国既有的《物权法》没有界定财产所有权人如何利用自己的财产权益参加社会经济活动的行为，没有界定公民如何利用有形资产参与投资、收购、持有他方股权，如何参加交易、退出等。[①] 所以，在过去较长一段时间里大量发生"两非"公司股权地下交易案件。经过长期打击以后，市场仍然不断发生不良公司随意变换地址、联系方式等，利用合法的自然人股权投资意愿非法集资，让不少老百姓上当受骗。如果立法建设产权市

---

① 杨晓舫：《产权市场建设亟需立法》，《产权导刊》2008 年第 3、4、5 期。

场，将会对完善《物权法》产生重大意义。

二是从市场角度看。目前更多的国有其他权益性衍生交易事项，如物权的承包经营权、物权的租赁经营权、广告经营交易权、河道采砂权等，以及享受了国家减税让利政策性扶持、项目建设资金匹配的中小企业、混合经济组织的权益性交易行为、财产处置等的法律监管缺失，导致国家权益流失的巨大黑洞。交易腐败等完全可以通过这部法律得到遏制。

三是从国家行政体制看。目前国家分散在相关部门的行政监管权由于执行部门同时具有运动员和裁判员的双重身份，已经形成了严重的"权力部门化"倾向。市场屡见部门文件冲突，中央政府、地方政府、相关部门的经济政策、扶持资金文件产生的执行差异巨大。针对这些现象，我们完全可以在不改变行政部门的政策执行权情况下，找到解决这一制度性深层次问题的突破口。如果利用产权市场突出的公信力，行政部门的相关政策执行权与产权市场对接，通过信息披露，实现信息共享，扩大经济社会对相关优惠政策、扶持资金的使用知情权和监督权，必然有利于促进国家和地方的相关优惠政策、企业扶持资金产生最大化效益，达到反腐倡廉、推进市场秩序健康发展的积极效应。

展望未来，我们深信实现立法建设产权市场，将会对推动我国资本权益非标准化交易市场建设，以及完整意义上的多元化、多形态、多层次资本市场体系建设产生深远的影响。

B.11
我国产权市场创新活动探析

周茂清*

　　创新是市场得以产生和存在的前提，也是使市场保持兴旺发达的动力源泉。随着我国经济体制改革的深入和市场经济的发展，产权市场的功能定位发生了深刻变化，这就必然要求产权市场开展各方面的创新活动。鉴于此，本文对近年来产权市场在各个领域的创新实践进行梳理和总结，并提出一些思路，以期为产权市场创新活动提供借鉴。

一　市场职能的创新

　　我国的产权市场是地方政府为满足国有企业改制和产权重组的需要，为防止国有资产流失和确保国有资产保值增值，自发组建起来的一种资本市场的特殊形式。随着国有企业改制的推行，各级国有资产管理部门都提出了国有企业改制中需要重组的国有产权必须进入政府指定的产权市场进行交易的要求。可以说，十余年来，各地产权市场之所以蓬勃发展，很大程度上是在行政力量推动下，强制国有产权进场交易的结果。然而，国有产权的大规模转让毕竟是个阶段性的历史任务，经过这些年的努力，具备条件的国有企业大多数已经完成改制，能够改制而尚未改制的国有企业非常有限。显然，产权市场在现行制度安排下，主要依靠行政力量强制国有产权进场交易的市场职能已经到了山穷水尽的地步，只有与时俱进，进行市场职能的创新，才能实现持续、稳定的发展。

　　产权市场的职能创新包含以下内容：

　　首先，在确保国有资产保值增值和社会稳定的前提下，产权市场要继续发

---

　　* 周茂清，中国社会科学院金融研究所研究员。

挥作为企业国有产权转让平台的作用。在国有经济需要退出领域中，积极促进国有产权对市场全面开放，允许私人资本、民营资本和境外资本按照我国经济发展的总体要求和政策规定收购国有产权，以提高国有资产的变现率。

其次，产权市场要成为非国有产权流转的重要平台。随着我国多种所有制经济尤其是民营经济的迅猛发展，大量的非国有产权需要流转。在我国，各种所有制形式法律地位平等，企业产权流转不能以所有制的不同而区别对待，要以优质的服务，吸引各种非国有产权特别是中小民营企业产权来产权市场进行交易。据统计，2010年上海联合产权交易所的成交项目中，非国有资本成交项目占到51%，占据一半市场份额。民营、外资和社会其他产权的交易量不断放大，其中私营及个体产权挂牌转让同比增加8倍。产权市场作为非国有产权流转平台的重要性，由此可见一斑。

再次，产权市场也应在世界范围进行企业产权的流转服务。中国经济的迅猛发展以及国有经济的战略调整为国际资本提供了历史性机遇，它们需要利用产权市场这个平台进入中国资本市场。产权市场可以通过引入私募基金、风险投资资本、行业投资人等方式，使国际资本与中国非上市企业的产权资源相结合，也可以将境外企业的产权转让引入中国市场，使中国的国内资本与国际产权资源相结合，从而在世界范围进行企业产权的流转服务，成为沟通国内资本和国外资本的平台。

总体来说，产权市场职能创新可以概括为"巩固作为国有产权流转平台的功能，扩大作为非国有产权流转平台的功能，积极开拓作为沟通国内资本和国外资本的平台的功能"。巩固作为国有产权流转平台的功能是为了发挥产权市场的现有政策优势和专业优势，挖掘市场资源潜力；扩大作为非国有产权流转平台的功能是为了增加市场后备资源，并为过渡到初级资本市场打基础；开拓作为沟通国内资本和国外资本的平台的功能，是为了促成产权市场的国际化，在世界范围整合市场资源。

二 业务领域的创新

产权市场在金融创新方面最为重要的贡献，就是业务领域的创新。可以说，在各个层次的资本市场中，产权市场的业务领域是最为广泛的。我们不妨拿产权市场和其他层次的资本市场的业务范围作一比较。作为资本市场中最为重要的证券市场，其交易的品种主要是股票和债券；债券和基金证券市场的交易品种主要是债券和基金证券；金融衍生品市场的交易品种主要是金融期货合约和金融期权合约。然而，产权市场的交易范围则涵盖了资本品涉及的几乎所有领域，既包括权益类资本品，也包括物权类甚至法权类资本品的交易；既能为上市公司服务，也能为非上市企业服务；既能满足各类公有产权流转的需要，也可适应广大中小企业直接融资和优化管理的需要。如能克服制度障碍，实现产权市场与资本市场其他几个板块之间的联动，并且在它们之间形成竞赛机制，可以预见，中国的资本市场将能成为全球交易品种最为丰富、效率最高的资本市场之一。

具体而言，除了为国企产权提供交易、转让平台这一传统的业务领域，近年来产权市场创新的业务领域主要包括以下方面。

1. 知识产权的转让

在资源环境的压力之下，走新型工业化道路，积极发展服务业、高新技术产业成为中国的必然选择。在这种背景下，知识产权、文化产权交易以及科技企业股权交易等需求大量增长。这成为产权市场近年业务领域创新的一项主要内容。

据公开资料的不完全统计，我国的知识产权交易机构主要有技术交易、技术产权交易、专利技术展示交易、商标交易和版权交易等类型的机构200余家，还有技术转移中心、生产力促进中心等名目繁多的机构也在从事与知识产权交易有关的工作。它们在服务我国知识产权产业化和商品化，推动企业自主创新，推进产品结构和产业结构调整，加快经济区域间的均衡发展，提高全社会知识产权意识，促进国际间知识产权转移等方面发挥了重要作用。

但是，我国知识产权交易市场毕竟处于成长和发展阶段，市场体系还很不完善，存在着中介服务体系发育程度低下、交易方式单一、人才匮乏等诸多问题。根据国家发改委等六部委联合发布的《建立和完善知识产权交易市场的指导意见》的精神，今后我国知识产权交易市场的创新发展应循着以下思路。

其一，大力建设跨区域的中介服务体系，为全国的知识产权交易提供周到的服务，以使知识产权作为一种特殊的资源能够更为顺畅地流动和整合，这是知识产权交易市场创新发展的关键；其二，积极推进交易方式创新，顺应知识产权的发展规律，寻找知识产权交易的新方式、新途径，使知识产权快速转化为生产力，这是知识产权交易市场创新发展的突破口；其三，根据知识产权交易的专业特点，培养复合型人才，使其具有多学科融合交叉的知识结构，这是知识产权交易市场创新发展的基本要求。

2. 碳排放权的转让

随着绿色经济的兴起，碳排放以及其他各种污染物的排放等各种新型交易品种将形成一个影响力、交易量及交易金额都非常大的市场。

根据《京都议定书》的规定，中国作为非附件 I 国家，在 2012 年之前无需承担温室气体的减排任务，但中国可以以发展中国家的身份参与清洁发展机制（CDM）下项目的开发。在中国境内所有减少的温室气体排放量，都可以按照 CDM 机制转变成有价商品，向发达国家出售。截至 2012 年 5 月底，我国累计获得发改委批复的 CDM 项目有 4000 多个，成功在联合国清洁发展机制执行理事会（EB）注册的 CDM 项目达到 2013 个，占注册项目总数的 48.47%，预计 CO_2 减排量 3.8 亿吨，占注册项目预计减排总量的 64.29%。况且，相对于发达国家温室气体减排成本 100 美元/吨碳以上的高昂代价，中国的减排成本要低很多，大约只有工业化国家 1/5 左右。即便中国随着综合国力的不断提升，最终将会承担相应的温室气体减排任务，但是其碳金融发展潜力和市场规模巨大的基本事实不会改变。对于产权市场来说，这就意味着巨大的市场空间和业务发展空间。通过开展"碳金融"业务，产权市场不仅可以拓展业务领域，提升国际竞争力，而且可以促进我国国民经济健康稳定发展。这就要求创建灵活、有效的排放权交易市场机制，并进一步扩大交易市场的规模。

3. 要素产权的转让

资源要素价格的改革，将推进矿权、林权、土地经营权等要素市场的发展。我国矿产、土地、森林以及水等资源总体上人均储量低，过度开采现象普遍。其主要原因是资源价格长期被低估，各种资源被粗放使用。下一步改革的重点是明晰要素产权，完善价格形成机制，使资源价格能够反映其稀缺性。随着资源要素价格改革的深化，资源要素的市场化程度将大大提高，随之而来的是大量交易需求。

三 交易品种的创新

关于产权交易品种创新，不少国内学者作过专门研究。大多数学者认为，要加快提升产权市场的能级，使其更好地承担起市场化配置资源的重任，必须不断创新交易品种，开拓新的业务品种。随着企业产权制度的变革和金融工具的不断完善，产权交易品种创新的核心是，产权市场的交易品种越来越多地转化为证券化的价值形态的产权，价值型交易逐渐取代实物型交易，在实现资本集中与重组、优化社会资源配置的过程中发挥越来越重要的作用。

具体分析，产权交易品种创新主要表现在三个方面：一是交易品种的证券化，即把不可分割和不能流动的实物型的产权转化为可以分割和易于流动的价值型的产权；二是投资方式的证券化，即越来越多的法人主体和自然人主体通过购买股票和债券的方式参与投资活动，而不是以实物形态收购别人的工厂或自己开办工厂；三是经济关系证券化，表现为伴随证券市场的发展，形成围绕证券运作的体制框架和运行机制，包括以股份制形式进行企业制度创新的上市公司的扩充和发展，证券交易市场体系的建立和规范，对证券运行进行监控的政策、法规的颁布和实施，等等，从而使得证券化对市场经济运行的影响程度日益加深。这种影响，宏观上可以从证券发行总量与投资规模的关系、证券流通总量与信贷资金规模的关系、证券总量增长对国民经济总量增长的关系上表现出来；在微观层面上，表现为社会机构和个人持有的证券资产占整体金融资产和总资产比例的提高、上市公司数量的增长、金融机构对证券市场参与范围的扩大，等等。

从某种意义上说，现代市场经济和企业制度的发展过程，就是产权交易品种证券化的过程。综观世界各国的经济发展，市场经济发展到一定程度后，产权交易品种证券化就成为一种基本趋势，而且一国的市场经济越是发达，其产权交易证券化的程度越高。如美国证券的市值规模（包括股票和债券）已大大超过了以货币形式存在的金融资产的总规模和GDP规模；部分新兴工业化国家和地区的证券化发展也表现出同样的趋势，如韩国和我国的台湾等。从一定意义上可以说，证券经济已日趋成为市场经济发展的主导部分。

在我国，提出产权交易品种创新在目前具有特别现实的意义。

首先，它促进了企业之间的并购活动，为资源的优化配置提供了广阔的运作空间。作为产权市场高级形态的企业并购市场，是产权交易品种创新的直接结果。没有股权这一现代企业制度的发明，没有证券市场这一能使股权顺畅流通的场所，就不会有真正意义上的公司并购。产权交易采用证券化的形态，企业组织和产业结构的调整便可通过证券的流通和重新组合的形式进行。由于证券化的产权具有高度的流动特性，无论持有还是转让都很便捷，从而为以证券交易形式进行的产权重组和资源配置提供了广阔的运作空间。这在证券市场上具体表现为，绩优企业购并绩劣企业、大企业兼并小企业、规模小的企业合并成具有规模经济优势的大企业，这就突破了有形的、实物型的产权流动在时间上、空间上的约束和限制，按照现代社会化大生产的要求，促使存量资产由效益低的企业和产业部门向效益高的企业和产业部门流动，最终形成资源的优化配置。

其次，它为国有企业通过证券市场融资拓宽了渠道。众所周知，目前我国国有企业债务负担沉重，研究机构 GK Dragonomics 的统计数据显示，中国企业的未清偿债务从 2011 年占 GDP 的 108% 上升至 2012 年的 122%，而其中国有企业占到一半以上。尽管政府采取了多种方式帮助企业增资减债，但很多企业并未真正建立起资本金补充机制，问题依然相当严重；而另一方面，我国国有企业有大量的存量资产处于闲置状态，长期不能发挥作用。通过产权交易品种的创新，使国有资产由实物形态向证券形态转变，原有的在属性上不可分割并且在位置移动上受到限制的资产实体分割为可转让、可流通的价值型的基本单元，就为社会的分散资金以不同的所有权形式进入国有经济领域创造了条件。这就使国有企业拓宽了通过资本市场融资的渠道，不仅可以迅速地缓解其普遍存在的资本金紧缺的窘境，而且能有效地使其从高负债的泥潭中摆脱出来。

再次，它将会促使国内资源在世界范围得到优化配置。在西方国家，由于产权交易证券化的程度较高，资产重组和资源配置基本上是通过证券市场上企业并购的形式进行的，而且它们的企业并购并不局限于国内，是在世界范围展开的。一个开放的、成熟的证券市场，就应当是企业产权自由流动的国际性的并购市场。在我国，随着产权交易品种的创新，企业产权的评价体系和交易机制将越来越完善化和规范化，证券市场的法律规定和监管制度也会越来越与国际惯例接轨，这既为我国企业进入国际并购市场创造了前提，也为吸引更多的外国跨国公司来我国参与国有企业的资产重组提供了更多的机会。所有这些，将会促使我国资源在世界范围内得到优化配置。

四　交易方式的创新

产权市场的交易方式是指两个以上的产权法定主体在财产所有权、法人财产权等产权体系内进行的全部或部分有偿让渡的方式。产权交易的方式包括协议转让、招标转让、拍卖转让、竞价转让等。

那么，在上述几种交易方式中，哪种方式更能满足国有产权交易的基本要求呢？事实上不能简单地回答这个问题。因为一种交易方式的选择，必须考虑到多种决定因素，其中主要是国有产权供给的决定因素和产权需求的决定因素。

从国有产权的供给方来分析，政府是具有双重身份的。作为国有企业的所有者，要考虑转让价格问题；但作为国家权力机关，肩负着稳定地方经济、解决职工就业和增加税收的重任。面对以产权主体多元化、出让目标多元化以及非价格因素为特征的国有产权转让，政府作为国家权力机关，在转让国有产权过程中会要求受让人必须满足一定的基准目标，比如安排一定的职工就业，给予原企业经营者和职工一定的补偿，为地方税收作贡献，关注企业品牌，符合地方政府长远发展规划等。

从国有产权的需求方来分析，潜在受让方参与国有企业的产权转让，其直接动机可以是多元的。直接动机不同，受让方在产权转让过程中的行为也就不同，如可能开出不同的受让条件，接受不同的出让价格，等等。然而，不论是出于进行投资和要素转移的动机，还是出于实现市场扩张战略的动机，其最终目的仍然是期望收益最大化。受让方的行为抉择在于标的企业是否符合其多元化动机，是否有助于提高其经营业绩，并结合特定产权交易竞争状况；只有在满足政府基准目标的基础上，提供相应的受让条件并积极参与竞价交易，最后才能真正受让目标国有产权。

从上述分析可以看到，需求方是基于提高企业经营业绩的动机参与竞价交易，而供给方是基于满足其基准目标而选择出价最高者。国有产权交易必须同时满足这两个方面的要求。显然，协议转让、招标转让、拍卖转让、竞价转让这四种交易方式中的任何一种都很难完全满足这些要求。

我们可以考虑将上述四种转让方式结合起来，成为"四位一体化"的交易模式，也就是说，这四种转让方式在国有产权交易中不是独立的、相互排斥的，而是具有前后的继起性。

实践中很多国有产权交易正是按照"四位一体化"模式展开的。实际操作过程是，拟转让国有产权的企业首先在产权交易所挂牌，公开披露转让的关键信息，向社会征集购买者；随后根据产权供求状况，按照协议转让－招标转让－拍卖转让－竞价转让这几个阶段依次推进。显然在这一过程中，交易方式随着竞争程度而改变，而且这种竞争既包括价格竞争，也包括非价格竞争。

第一阶段即协议转让，按照国资发产权〔2009〕120号文件精神，是指只产生一个符合条件的意向受让方的情况。这时表面上没有竞争，但实际上在向社会公开披露标的企业的转让信息时就已引入了竞争，这就与原来行政撮合、暗箱操作的狭义的协议转让不同。这时的协议转让尽管最终只有一个意向买家，但这是竞争的结果，因为其他潜在买家自知无力竞争而选择了退出。这里对买家的选择既包括了价格因素，也包括了职工安置、企业发展规划等非价格因素。因此，现行的协议转让方式反映了交易的竞争程度，是出让方和受让方在现有供求状况下的一个明智选择，是一种市场行为。

在第二阶段，密封招投标很明显既包括了价格竞争，也包括了非价格竞争，因为在标书中，潜在买家除注明标价，还要详细说明如何安置职工和管理层、拟向标的企业投资多少、入主以后如何规划企业的发展等内容。这些内容都是评价的对象，由招标委员会根据潜在买方提供的受让条件进行综合评审打分，而其中价格所占的权重甚至低于0.5，只有过了事先设置的及格分数线的买方才可能中标或获得进入下一步竞价的资格。

在第三阶段，拍卖转让和竞价转让显然只是一种价格竞争，这其实是在综合竞争难分胜负的情况下，将价格因素单独抽出来进行竞争，以决定最后赢家。

五　监管体制的创新

构建一个层次分明、监管有力、全国统一规范的产权市场监管体系，充分保护投资者权益，保证市场的公平、高效和透明，有效地减少系统风险，最终实现产权市场的规范发展，是建立健全产权市场监管体系的目标。

首先，应建立一套完整的产权交易法律规范体系。3号令及其配套文件在促进产权市场的规范发展方面起到了不可替代的推动作用。然而，作为带有过渡性质的部门规章，这些政策性文件还存在着一些其自身不能克服的局限性，不够完善，缺乏权威性，主要表现为：现行国资管理的有关规定和3号令自身存在着过渡性，而在国有产权交易过程中新情况、新问题是不断涌现的，势必要求这些规章不断进行调整和完善；3号令作为政府部门规章，强制执行的力度相对较弱，由于各地产权交易机构发展程度和市场环境的差异性，加上全国性的监督管理体系还不完善，各地在政策执行方面把握的尺度也不尽相同，在一定程度上加剧了产权市场区域分割和无序竞争。

因而，出台一部全国统一的产权交易法已成为规范发展产权市场的首要任务。制定产权交易法要注意从以下几个方面：产权市场宏观调控；产权市场管理与市场体系建设；产权市场规则与程序；产权市场主体与主体行为；产权市场中介机构；产权交易中的资产评估；产权市场外资并购管理；产权市场信息披露管理；产权市场经纪人管理；产权市场其他行为规范等。

其次，要明确产权市场的监管主体，做好产权市场的统一规划。目前，一个可行的做法是采取"国家统一规划、机构分级监管、业务分类指导、信息集中监管、部门联合检查"的复合式监管。

国家统一规划，就是要将产权市场纳入中国多层次资本市场体系建设中去，实现产权市场与其他资本市场形态的协调发展。

关于机构分级监管，一是产权交易机构的设立采取分级授权批准的方式，全国性产权交易机构由国务院或国家相关部委审批设立，地方性产权交易机构由省级人民政府批准设立；二是对产权交易机构的监管采取"谁批准谁监管"的方式，即由批准机构按照国家制定的规范产权市场发展指导意见对所批准产权交易机构进行监管。

业务分类指导，就是根据产权市场不同业务种类的不同特点，分由相关的政府部门进行指导和监督。

信息集中监管，是指除了要求转让方必须公开披露有关企业国有产权转让信息外，还应要求产权交易机构全都接入"企业国有产权转让信息监测系统"，以实现政府监管主体的实时监测。

部门联合检查要求在国家对产权市场发展进行统一规划、产权交易机构进行分级监管和产权交易业务分类指导的基础上，建立起对产权市场进行部门联合检查的工作制度，实现联合检查的制度化、规范化，进而建立起促进产权市场规范发展的长效机制。

再次，要加快产权市场行业自律组织建设。中国企业国有产权交易机构协会于2011年3月成立。它今后的主要任务是深入开展学习国家相关方针政策，通过制定行业规范、行业标准、会员守则等方式，促进各个机构达成共识，在实践中真正加以贯彻落实；通过开展日常调研、检查，及时发现和纠正不规范行为，维护正常的市场秩序，促进机构之间的有序竞争，使协会自律建设与政府部门监管有机结合，建立政府外部监管与交易机构自我约束、自我规范并行的市场运行架构，成为交易机构与政府、企业与社会沟通的桥梁。

最后，要加强产权市场中介机构建设。产权交易涉及问题多、政策性强、办理手续相对繁杂，在一定程度上影响了一部分企业产权交易的积极性。为了很好解决这一问题，产权市场需要产权经纪机构、审计评估机构、拍卖机构、法律服务机构等中介服务机构的积极参与，为产权市场交易双方提供专业化服务。在产权市场中介机构的建设方面要做好三方面工作：一是明确中介机构的分工和职责，二是加强中介机构的诚信教育，三是针对中介机构违法违规行为建立相应的惩处机制。

专题篇

Special Subjects

B.12
全球并购为产权交易开辟了新天地

李保民*

自20世纪末中国政府正式提出"走出去"战略以来，十余年间中央企业在中国海外并购市场上一直扮演着中坚力量。十年前全球并购这一舞台上的主角基本是美国、欧洲以及日本企业，而如今随着新兴经济体企业的异军突起，全球并购格局显然已呈现一片"新天地"，以中国、印度、俄罗斯、巴西和南非为代表的新兴市场主要经济体已经是沉甸甸的"金砖"，资本力量格局正在发生变化。

从经济基础看，国际货币基金组织（IMF）数据显示，2012年金砖五国经济总量全球占比已经达到21%，基本和美国、欧盟等量齐观。

从增长势头看，自金融危机以来，金砖国家的经济形势明显好于发达国家。IMF预测，2013年中国、俄罗斯、印度、巴西和南非的经济增速分别为8.2%、3.7%、5.9%、3.5%和2.8%。反观"富国"集团，最好的美国预计

---

* 李保民，经济学博士，国务院国资委研究中心主任。

108

也只有2%的增长。

从资本实力看，来自美国财政部的数据提供了一个侧面佐证：截至2012年，中（不包括港澳台）、俄、印、巴、南五国的美国国债持有总余额全球占比约三成。

从投资动向看，联合国贸发会议的数据显示，截至2011年，金砖五国对外投资近15万亿美元，全球占比近10%。

强劲的宏观经济和充沛的资金供给，使企业快速积累利润，从而让其在全球层面多元主体的扩张欲望得以兑现。普华永道的一份全球并购市场资金流向追踪报告显示，2008～2012年间，中、印、俄、巴和部分中东海湾国家共投下1610亿美元用于收购美、英、德、澳、日、加等国的企业，比这些成熟经济体的企业在新兴市场的收购总额高100亿美元。单是2012年，新兴国家在收购成熟经济体企业上的总投入为326亿美元，是2005年的3倍。经济界普遍认为这一趋势有望持续，并改变全球资本流动的格局。今后5年，中国将进口10万亿美元左右的商品，对外投资规模将达到5000亿美元。

下面，将以中央企业的跨国并购为主，介绍三个方面的情况。

一 中央企业海外并购的特点

（一）海外并购规模不断增大

企业并购是长盛不衰的话题。2009～2012年上半年，中国企业发起并购交易265起，其中中央企业完成海外并购交易35起，披露交易金额的32起交易共涉及447.37亿美元，每笔交易的平均金额达13.98亿美元。国资企业同期共完成海外并购交易109起，其中披露交易金额的89起案例共涉及212.71亿美元，平均交易金额2.39亿美元。虽然中央企业完成的并购交易在数量上未占优势，但凭借其强大的资金实力，在并购金额份额上占据半壁江山，而且平均并购金额较大。与此同时，中资企业海外并购不断传出令人振奋的案例：国家电网收购葡萄牙国家能源网公司25%股份，三一重工收购德国普茨迈斯特，广西柳工收购波兰HSW的工程机械事业部，山东重工获得意大利法拉帝集团 75% 控股权……普华永道发布的研究报告显示，2011 年中国海外收购 207 宗，同比增长 10%，规模约为 429 亿美元，同比增长 12%。

（二）大交易额并购的比重增加

世界投资报告一般把交易额在 10 亿美元以上的跨国并购称为大交易额的并购。近几年，大交易额的跨国并购不论是次数和规模都迅速增长，成为推动跨国并购投资总额迅速攀升的主导因素。中央企业海外并购总体上保持稳中求进的趋势，在 2010 年下半年和 2011 年下半年经历了两次趋冷之后，2012 年上半年凭借中石化、中海油和中国五矿 4 笔共计超过 100 亿美元的海外并购再创新高。与此同时，中央企业并购外国公司或管理他国重要基础设施也出现了一些新的态势。2013 年 2 月 18 日，根据签署协议，巴基斯坦将新加坡国际港务集团经营管理的瓜达尔港的经营管理权，正式转交给中国海外集团公司。

（三）并购行业集中

从行业来看，中央企业完成的海外并购多发生在能源及矿产、机械制造等行业，此类行业的企业资产一般都较为庞大，且中央企业的并购活动通常对于国家经济来说具有明显的战略意义。从国内因素来看，受原材料、劳动力价格等生产要素成本上升的影响，企业的利润空间受到挤压；并购重组"走出去"的内生活力逐步增强，除国家产业政策支持外，还有一些其他因素，比如人民币升值的因素影响，都有利于企业进行对外投资。

（四）中央企业海外并购活动的监管政策力度加大

自金融危机爆发以来，在汹涌不止的海外并购风暴中，一些中央企业暴露了过度投资、缺乏监管、风险控制不足等问题。为有效约束中央企业境外投资过程中的不规范行为，国资委于 2012 年上半年发布了《中央企业境外投资监督管理暂行办法》，规定中央企业原则上不得在境外从事非主业投资，对中央企业海外并购活动实施严格监管。此前，国务院国资委曾于 2011 年出台《中央企业境外国有资产监督管理暂行办法》和《中央企业境外国有产权管理暂行办法》。以上三条《办法》构成了对中央企业境外国有资产监督管理的制度体系，以期引导中央企业理性开展海外并购活动。

二 中央企业跨国并购存在的主要问题

（一）中央企业海外并购受到东道国保护主义的阻碍

获取能源、矿产资源、大宗商品等战略性资产的稳定供应是近年来中央企业在海外进行并购的主要目的，但也触动着东道国政府敏感的神经。许多西方国家认为中国政企不分，中央企业海外并购既是企业行为，但背后更多的可能是政府的意志，由此正常的企业并购行为上升到了国家能源和资源安全的高度，东道国政府于是以保护国家主权和资源、能源安全为名，出手干预，严格限制甚至阻挠中央企业的海外并购。2009 年中铝第二次增持力拓股份失败就出于这样的保护争议。

（二）跨国并购能力有待提高

缺少跨国并购经验和能力是困扰中国企业海外并购的软肋。2003 ~ 2012 年间发生的海外并购中，许多中央企业的跨国并购属于史上首次，其他企业多数海外并购经验也不多。与其他国家相比，资金相对充足是当前我国企业海外并购的一大优势。但充足的资金并不是并购成功的唯一要素，无论是交易前建立长期战略、交易中项目管理和沟通、尽职调查，还是相对复杂的审批流程，对于中国企业而言都存在不少挑战。

更重要的是，并购交易完成仅是一个新开始，以后的路更难走，有效整合才能实现"1 + 1 > 2"，如果整合不好还会给企业发展带来障碍。中国企业在这方面有过深刻教训，如中金岭南收购澳大利亚先驱公司、中海油并购美国尤尼科、中国铝业注资力拓、上汽收购韩国双龙等。在机遇与挑战面前，致力于并购的中国企业最需迫切考虑的是如何吸取经验少走弯路，提高专业化并购的能力；如何突破文化和商业习惯差异，利用本地化的资源和管理优势获得双方共赢；如何培育和引进跨国经营管理人才，有效整合、管理和运营多个品牌；

如何根据实际摄取到足够的"养分",在继续传承、放大被收购的品牌、技术优势的同时,提升企业核心竞争力。

影响中国企业跨国并购能力的一个重要因素是基于语言和文化差异构筑的堡垒。当今市场经济及相关的国际惯例,大多数的语言、规矩、范式等都是欧美国家用 200 多年的时间逐渐确立和制定的。日本和韩国虽然培育出许多强大的跨国公司,但却罕有成功并购欧美企业的案例,因为两国同属于典型的非西方语言文化国家,这些企业以往并购欧美等国的企业或参照欧美国家标准的发展中国家企业的时候,也都曾面临相当大的困难,并且即使在较短的时间里完成了对上述企业的并购,也由于语言文化巨大差异造成的鸿沟和障碍需要很长的时间来融合。相反,属于类西方语言文化的印度,其并购欧美企业的成功率明显高于东亚其他国家,如塔塔集团在最近五六年里进行了 30 例跨国并购无一例失败。

(三)面临较高的主权风险

主权风险一直以来是中国对外投资中一个比较严重的问题,由于中国属于后发国家,在全球分工梯度结构基本定型的情况下,中国在自然资源类投资方面很多时候只能选择一些发展中国家,甚至是最不发达国家,其中包括很多政局不稳、主权评级很低的国家。在中国对外投资排名前 20 位的国家(地区)中,有三个国家属于标准普尔"非投资级别"的国家(尼日利亚、巴基斯坦、蒙古),外加苏丹(标准普尔没有相关评级),四个国家占中国企业对外直接投资的比例达到 2.4%。利比亚内战导致中国企业海外投资损失数百亿元人民币,也是不争的事实。

三 对策及建议

(一)积极寻求多方支持,在合作共赢的基础上推进"走出去"战略

寻求国际合作,实现共赢是中央企业顺利"走出去"的目标和重要保障。企业海外并购要建立统一战线,不能一味单打独斗。

一要寻求东道国政府的支持，减少其抵制和阻力。二要充分发挥中介组织的作用，因为半官方机构和民间机构在国际交往中往往发挥着不可替代的作用。在政府不宜直接采取措施的领域或出现矛盾和纠纷时，由这些机构代替政府出面能够获得伸缩空间。三是通过和当地企业建立战略联盟等形式，获得其支持。采取先结盟后并购方式，可以深入了解当地企业，有利于规避风险。像中国铝业第一次成功入主力拓，一个重要因素就是和美国的公司联手组成联营体，从而赢得了澳政府的支持。

（二）不断积累和学习跨国经营管理能力

作为企业软实力的重要一环，提升跨国经营管理能力，打造科学管理模式是保持企业长久竞争力和可持续发展的原动力。中央企业在经历了以扩大再生产、提高生产效率和抢占大众市场份额为导向的管理阶段后，应逐步向以顾客价值最大化和以全面社会责任管理为导向的管理阶段过渡。通过追求科学化的企业管理模式，向柔性化、扁平化、信息化、团队化管理转变，完成由"产－供－销"向"销－产－供"的运行模式转变，突破增长瓶颈，完成跨越式发展。因此，中央企业在进行海外并购时，首先，要明确企业的财务战略、发展战略，要对所处行业的全球发展水平和阶段有清晰的认识。只有充分认识企业自身所处的内、外部环境并保持高度关注，对未来发展趋势有深刻的认识，才能准确判断发展方向，做对事。其次，中国有创造优势，而欧美等有技术、品牌、营销网络优势，搞好海外并购是中国自主品牌企业全球化运营、成长为世界级跨国公司的一条捷径。再次，海外并购能否顺利实施，很大程度上取决于对目标公司真实信息的了解程度，因此要认真做好尽职调查，这对于规避风险、制订并购策略和评估企业价值具有重要意义。

（三）进一步提高跨国并购业务管理水平

据经合组织统计数据显示，2011 年全球企业海外并购总额有望突破 1 万亿美元，而中国成为 2012 年全球并购资本第四大来源地，约占全球并购总额的 7%。在全球经济缓慢复苏的过程中，许多国家和企业已经将海外并购视为发展机遇的"放大器"。中国要从战略高度对中央企业跨国并购进行全面部署和统筹规划，积极探索境外规模经营和集约化经营的发展途径，充分发挥自身优势，聚焦主业，进行项目选择和业务领域的延展；夯实管理基础，打造国际化经营法律风险防范的完整链条，增强境外风险管控能力；积极利用海外发债、社会基金、股权基金等，拓宽资金来源，优化融资渠道。总之，应当用全球化视野和战略思维，去解决跨国并购中遇到的各种问题。

（四）培养全球化的战略思维，占领全球资源配置的制高点

中央企业面对全球化进程要积极培养全球化的战略思维，利用国际、国内两个市场、两种资源，在市场范围、业务范围、资源占有、收入比重等方面提高国际化的程度；拥有较强的全球资源配置能力和资本运作能力，更加主动地参与全球分工体系，立足全球视角优化配置资源，加快产业结构调整和优化升级，切实从体制、机制、环境等方面创造条件，走国际化发展道路，将自身提高到跨国经营的"世界型企业"水平，在国际同行业中综合指数及各项关键指标处于先进水平，社会形象良好，国际影响力较强。

1. 改善投资模式，实施股权控制

跨国收购兼并成为"走出去"对外投资的重要方式。通过投资、收购、兼并等多种方式，充分进入资源、资本两头市场，重点进行资源、能源、基建等方面的海外投资。

与市场经济发达国家相比，中国企业的跨国并购数量并不多，并购的类型也不是很丰富，还需要在实践中不断探索。在市场经济国家，大公司的发展实际上就是一系列企业并购和重组的过程。因此并购重组是大公司发展的一项基本功。同样，做好海外并购重组是中央企业做优做强做大应具备的一项基本功，尤其中国要培育一批行业排头兵企业，培育一批具有国际竞争力的大企业集团，海外并购重组更是必不可少的途径。在企业并购过程中要实现双赢局面，对优质投资项目，中央企业可以先从少数股份开始，充分利用海内外资本市场进行全球融资，促进股权收购的顺利实施。要针对具体并购项目，对收购股价的份额进行大量的专业调研和分析，从风险和产业价值链以及资源整合等方面进行立体的抉择。

当然，当一些并购重组项目不具备控股条件时，我们也可以参股经营，暂

时不谋求控股权，这样既享受了经营成果，又避免了政治风险，同时降低国外民众对中国投资的抵触情绪。这就要求我们改变投资方式，实行海外企业本地化战略，加强对投资所在国的公关策略。在境外投资中贯彻"双赢"策略十分必要，在投资方式上尽量采用合资形式，以取得一定的本国企业身份，也可以使合资方分担一部分投资风险；对资源开发等敏感领域的投资，可以根据所在国情况以债务形式出资，通过产品分成获得收益，这样可以避免直接取得控股权所带来的固有风险；如果投资主体具有品牌、技术、管理优势，也可以采取特许经营的形式，做到既节约资金、避免直接投资风险，又占领了市场。在境外企业经营中采用本地化战略，一方面多雇用当地员工，另一方面尽量实现采购本地化；还通过保险手段减少系统风险产生的损失。中国企业可以通过加入保险等方法减少境外投资的风险，如世界银行于1988年成立了多边投资保险机构，它和国家之间的多边条约一起为对外直接投资中的国有化等系统风险提供了条约保证。当跨国公司成为该公约或机构的成员之后，境外投资中的部分系统风险就可以在一定程度上进行控制。当损失发生时，也可以申请国际赔偿，为企业的境外投资提供保障。

2. 改进技术创新体系，实施技术控制

成熟技术和管理经验是中央企业实施"走出去"战略的重中之重。中央企业可以通过并购、兼并等方式获得先进技术专利，尤其是核心技术，实现产业的积聚效应，推动企业上下游链条不断健全和完善。我们要清醒地看到，在大多数竞争性行业中，价值链的高端还是牢牢掌握在外企手中，尤其是那些拥有全球生产网络、研发能力超强的跨国公司。中央企业要准确把握世界经济结构调整的特点，重点投向高端制造业、高技术产业、现代服务业、节能环保等领域。目前看来，像华为这种能够抢占欧美国家通信设备市场份额的民营企业在中国可以说是凤毛麟角。相比之下，外资企业在中国却是遍地开花，几乎每个行业都有外资的影子，而且通常都拥有一定的话语权和影响力。

因此，中央企业要不断提高在海外并购中对技术和商业知识技能的控制力，牵引和推动投资多样化。结合增加买方信贷规模，通过减免关税等多种途径，促进多边经济技术合作，增加建设项目的技术和智力援助比重，加强人文交流，加大培训、设计、规划、勘探、咨询和技术标准等软援助投入，更多地

进入发达国家和地区，与当地的企业进行强强联合，以提升中央企业的国际核心竞争力。在境外建立技术研发中心，是企业获得技术信息，研发新技术和新产品，吸收研发人才，提高核心竞争力的重要途径。中国企业可以通过独资新建或境外并购方式建立实验室和研发中心。新建和并购各有利弊。新建独资研发中心，独立管理，研究成果的知识产权明确，但对当地研发资源的利用不够充分；并购或新建合资的研发中心，则存在合资双方管理和文化等方面的摩擦。因此，吸引当地优秀研发人才加盟独资研发中心，是比较可行的方法。

3. 提升国际化经营水平，实施标准控制

标准就是游戏规则。企业具有国际化经营水平的最大特征之一就是它具有标准原创能力。技术标准、计量标准，标准规范等方面的话语权是衡量一个国家参与经济全球化分工能力和对外贸易竞争力的重要标志。近年来，以中央企业为主的中国机电产品，特别是发电设备、轻工设备、化工设备、冶金设备、轻工和船舶等产品，不仅产品质量达到世界一流，成本也比发达国家低很多，而且在产品品种、出口市场、贸易方式、承接国际产业转移等方面，都具有较强的国际竞争力和明显的比较优势。但是，要在国际市场上拥有更大的话语权，重要的是要在技术和质量标准上加大力度；同时还要努力提高国际公认的衡量企业竞争力的标准，如公司治理效率、投资收益率，提高持续增长能力，培育和发挥知识产权优势，加快实现中国从贸易大国向贸易强国的转变，从经济大国向经济强国的转变。

中国标准走出去，才是中国企业真正地走出去。2011 年 2 月开始的利比亚危机凸显中国企业"走出去"的风险。正如英国《金融时报》转引美国海军军事学院中国问题专家安德鲁·埃里克森的话："拥有全球利益的中国永远不能搭便车，它需要在关键地区和形势中展示自己的存在，以便彰显自己的话语权。"而制订控制标准就是最好的话语权。

4. 不断提升企业价值，实施品牌控制

品牌化才能深度国际化。在品牌时代，不断提升品牌价值，才能牢牢把握市场竞争的主动权。在全球经济一体化趋势下，中央企业肩负着创建世界级中国品牌的重任，应该义不容辞地成为打造世界级中国品牌的排头兵。

中央企业要根据自身定位，创建具有自身特质的品牌名称与标识，规划好自己的品牌战略，围绕品质、技术、服务不断提升品牌张力，做好经营与保护工作。通过打造知名品牌，带动更多品牌产品和产业链。要认真总结和推广央企和一些地方的经验，重点并购拥有好的专利、技术、品牌、核心团队、市场的海外企业。同时对风险投资、私募股权投资已经投资过高的品牌公司，通过及时兼并、收购，解决其新一轮融资的需求。实际上，在国际市场上这类企业的公司名称和商誉本身就是一个非常好的品牌。

2010年美国《福布斯》杂志发布全球最具价值的50个品牌排行榜，其中苹果公司以574亿美元的品牌价值名列前茅，成为世界品牌新贵。这一排行榜的突出特点是，科技品牌占据了主导地位，在50个品牌中占30%，排在前5名的有4个是科技类企业。入选这一排行榜的非科技类品牌也大多得益于不断创新而使自身增值，中央企业对这类企业要给予更多的关注，要充分利用专业化的咨询机构、值得信赖的智囊机构和法律顾问；在实际操作中要讲究战术策略和商业技巧，增强品牌意识，提高品牌知名度，扩大品牌影响力，以实现世界范围内的价值链建设。

B.13
中国农村产权交易市场的现状与展望

黄祖辉　黄宝连*

现代产权理论的发展与实践表明，培育发展农村产权交易市场，构建现代农村产权制度是解决我国现阶段经济社会诸多矛盾的正确选择。近年来，我国农村产权制度改革实验区正式启动，产权交易服务平台逐渐建立，农村产权市场初步形成，尤以成都为代表的地方经验，可以为全国农村产权交易市场的发展提供参考。加快推进我国农村产权交易市场发展的策略为：①完善法律法规与管理制度，提供良好的政策环境；②构建多方合作机制和行业共享机制，提供良好的市场环境；③培养综合性人才，提供强有力的智力支持；④提升服务质量和产品活跃度，提高交易平台的市场率。

一　培育与发展农村产权交易市场的背景

在我国渐进式改革过程中，与经济高速增长和世界影响力不断增强、工业得到极大发展、城市经济繁荣形成鲜明对比的是，农业组织化与产业化经营缓慢，农业劳动力就业转移滞后于身份转变，城乡二元社会结构没有得到彻底破解，农村要素市场化滞后，农村基层组织与乡村治理结构不完善，令社会不和谐、不稳定的隐患增加。

产生上述问题的原因在于，长期以来基于把农民稳定在农村的认识而形成的法律、政策和措施，导致农村资源缺乏流动性，而且其价格远远低于城市资源；使巨量的农村资产处于进退两难的困境的根本原因在于我国农村产权制度

---

* 黄祖辉，浙江大学中国农村发展研究院院长，浙江大学农业现代化与农村发展研究中心主任。黄宝连，浙江大学中国农村发展研究院博士研究生。

的束缚性。现代产权理论的发展与实践表明，所有权并非产权制度安排的唯一出路与选择，产权是一种权利束，具有可分解性。在坚持农村基本经营制度的基础上，如何实现农村资源的有效流转，成为统筹城乡进程中的关键性问题。为此，培育与发展农村产权交易市场，促进农村资源有效流转，实现产权的明晰化与可交易化，是解决经济社会诸多矛盾的现实选择。

新时期农村产权制度改革是以深化农村土地和房屋产权制度改革为突破口，以构建现代农村产权制度为目标的。近年来，全国各地尤其是经济发达地区和大中城市近郊在推进农村产权制度改革的实践中，依据区域经济社会发展实际，形成了特色鲜明的地方模型，如重庆、广东等地的农地入股制度改革，天津、浙江等地的"两分两换"制度①、成都等地的"还权赋能"制度②等。其中，成都的改革实践形成了一个具有开拓性和启发性的案例，得到了各界的普遍关注，③ 在全国破解城乡二元结构难题方面做出了开创性的贡献，为下一步完善农村产权交易市场提供了范本④。

因此有必要通过深入调研和系统分析，准确把握当前发展状况、面临的新形势和新任务、主要矛盾和突出问题，明晰所要突破的法律、制度约束，总结地方鲜活经验并加以理论提升，以进一步推进我国农村产权交易市场的发展。

二　农村产权交易市场发展的现状

继 2007 年 6 月成都、重庆全国城乡统筹综合改革配套试验区启动之后，2011年 12 月，农业部正式批准 18 个农村市（县、区）为新一轮"全国农村改革实验

---

① 两分两换：村民将宅基地与承包地分开，搬迁与土地流转分开；以承包地换股、换租、换保障，推进集约经营，转换生产方式；以宅基地换钱、换房、换地方，推进集中居住，转换生活方式。

② 还权赋能："还权"是指把法律法规赋予农民的土地、房屋等要素的权益还给农民，恢复农民应有的资助权；"赋能"是指让农民拥有发挥自主权的能力，使农村的生产要素与城市的生产要素一样流动起来，使农村产权真正成为资本的载体。成都市委、市政府《关于加强耕地保护进一步改革完善农村土地和房屋产权制度的意见（试行）》（成委发〔2008〕1 号）。

③ 周其仁：《还权赋能——成都土地制度改革的启示》，《经济观察报》2009 年 6 月 29 日。

④ 党国英：《成都改革：跨越"中等收入陷阱"的"三板斧"》，《21 世纪经济报道》2011 年 12月 19 日。

区",为全面进行农村改革提供经验,为制定完善有关政策法规提供依据。2012 年 3 月,国土资源部和广东省政府联合批复了《深圳市土地管理制度改革总体方案》,土地产权制度创新成为亮点,其中包括土地产权制度改革和土地二次开发利用机制创新,为全国土地管理制度改革积累经验。伴随着农村产权制度改革的深入推进,各地农村产权交易服务平台先后建立,农村产权交易市场逐步形成。

(一)功能性农村产权改革试验区获批,农村产权制度改革正式启动

2012 年 1 月,农业部会同农村改革试验区工作联席会议成员单位批复了北京市大兴区等 24 个农村改革试验区和试验项目,其中,上海市闵行区、浙江省温州市、湖北省武汉市、大连市甘井子区等 4 个试验区承担农村产权制度改革试验任务。这标志着我国新一轮农村改革试验区正式启动,农村产权制度改革进入了实质推进阶段。

新一轮农村改革试验区分布在 17 个省、3 个自治区、两个直辖市、1 个计划单列市和 1 个国有农场。从区域分布来看:东部地区有 10 个,中部地区有 8 个,西部地区有 6 个。其主要任务是稳定和完善农村基本经营制度,健全严格规范的农村土地管理制度,完善农业支持保护制度,建立现代农村金融制度,建立促进城乡经济社会发展一体化制度,健全农村民主管理制度等。

新一轮农村改革试验区将为全国深化农村改革、构建现代农村产权制度探索道路,为制定完善有关政策法规提供依据。

(二)农村产权交易服务平台先后成立,农村产权交易市场逐步形成

成都于 2008 年 10 月率先启动农村产权制度改革,成立了全国第一家综合性农村产权交易所——成都农村产权交易所,采取"确权、流转、收益、挂钩置换、耕地保护"的方案,为林权、土地承包经营权、农村房屋产权、集体建设用地使用权、农业类知识产权、农村经济组织股权等农村产权流转和农业产业化项目投融资提供服务。2008 年 12 月 4 日,重庆农村土地交易所成立;随后,武汉、广州、上海、北京、杭州、天津、西安等地先后成立了农村

产权交易服务平台,全国性农村产权交易市场初步形成。截至2011年底,全国省会城市及直辖市注册成立的农村产权交易所已达9家(见表1)。

表1 全国农村产权交易服务平台统计

序号	名　称	业务特点	所在地	成立时间(年月日)
1	成都农村产权交易所	综合性	成都市天府新区	2008.10.13
2	重庆农村土地交易所	专项类	重庆市渝中区	2008.12.4
3	武汉农村综合产权交易所	综合性	武汉市江汉区	2009.4.30
4	广州农村产权交易所	综合性	广州市五羊新城	2009.6.30
5	上海农村产权交易所	综合性	上海市黄浦区	2009.9.18
6	北京农村产权交易所	综合性	北京市东城区	2010.4.15
7	杭州农村综合产权交易所	综合性	杭州市上城区	2010.10.19
8	天津农村产权交易所	综合性	天津市宝坻区	2011.5.24
9	高陵县农村产权交易大厅	综合性	西安市高陵县	2011.7.14

随着农村产权交易机构的建立,我国农村产权交易市场开始进入崭新的发展时期。农村产权交易的各项业务不断发展与开拓,在交易规模、交易品种、交易规则、交易平台体系方面得到较快发展,基本实现了市、县(区、市)、乡三级信息发布和组织交易的综合型平台,实现了"六统一"(即统一交易规则、统一交易鉴证、统一服务标准、统一交易监管、统一信息平台、统一诚信建设)的管理模式,逐步形成税费一致、信息共享、统一的产权交易体系。

新时期农村产权交易市场发展取得了初步成效,尤以作为全国城乡统筹综合改革配套试验区的成都,以建立健全"归属清晰、权责明确、保护严格、流转顺畅"的现代农村产权制度为目标,探索了一条"确权是基础,流转是核心,配套改革是保障,发展是目的"的改革之路,成为全国破解城乡二元结构难题的一个亮点。

三 农村产权交易市场发展的成都路径

(一)农村产权交易市场发展的产权路径

近年来,成都市统筹城乡进程中最为核心的改革是农村产权制度改革和户籍制度改革，最根本的着力点是培育与发展农村产权交易市场，构建现代农村产权制度，以解决城乡要素自由流动问题。成都市委于2008年1月启动了以"还权赋能"为核心的农村产权制度改革，2009年5月率先开展了农地承包关系长久不变改革试点，将农村潜在土地权益变成现实的资产、资本及收入。

成都市在"稳定所有权、完善承包权、放活经营权"的前提下，创造性地探索出一条称之为"成都路径"的改革路径[①]，为农村产权依法、自愿、有偿、有序地流动提供了良好的制度保障。具体而言，就是在确权颁证的基础上，创建耕地保护基金，搭建产权交易服务平台，以土地指标交易带动农村土地综合整治，推动农村资源市场化配置，统一要素市场，实现城乡统筹发展的最终目的（见图1）。

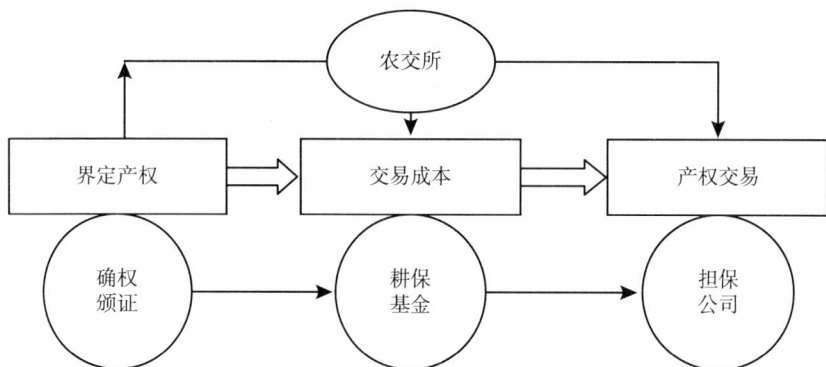

图1 成都市农村土地产权交易制度创新的概念模型

遵循上述改革路径，成都市进行了一系列卓有成效的实践创新，初步形成了城乡统一的要素市场，城乡收入差距得到显著的改善，是唯一在城乡经济快速增长的同时，城乡收入差距得到遏制并呈缩小趋势的特大中心城市。[②]

（二）发展农村产权交易市场的实践创新

1. 确实权，颁铁证，明晰农村产权属性

成都以"尊重历史、面对现实"为原则，依照先易后难、分类梳理的工

---

① 周其仁：《土地制度改革的成都路径》，《成都统筹城乡发展专题研究报告》，2010。

② 见《成都市葛红林市长访谈录：城乡收入差距能得到遏制》，经济观察网。

作思路，制定了切实可行的确权颁证实施办法和指导意见。通过对农村集体土地所有权、房屋所有权、集体建设用地使用权、农村土地承包经营权进行确权、登记和颁证，依据获得的权证到银行贷款、抵押等融资，解决融资难问题。

截至 2011 年 10 月 31 日，政府共投入 1.5 亿元，颁发各类产权证书 569.6 万本，确权颁证工作已基本完成（见表 2）。

表 2　成都市农村土地确权颁证工作状况一览

证书种类	已颁发证书（万本）	颁证率(%)
集体土地所有权证	3.3	94.0
集体土地使用权证（宅基地）	165.0	96.0
土地承包经营权证	179.3	98.2
房屋所有权证	157.1	99.1
林地承包经营权证	64.9	97.9

资料来源：成都市统筹城乡综合配套改革实验区建设领导小组办公室工作报告及调研总结（数据截至 2011 年 12 月 31 日）。

2. 创建"耕保基金"，剥离土地保障功能

成都率先于全国设立耕地保护基金制度，建立起农村社保体系的长效机制。资金主要来自市县两级政府的部分土地出让收益、新增建设用地土地有偿使用费和耕地占用税，不足部分由市县两级财政兜底，专项用于实际承担耕地保护义务的农户养老。该制度不但有效地保护了耕地，而且开启了建立农村社保体系的大门，对缓释农村土地的社会保障压力，降低农地流转的机会成本，具有深远的影响。

截至 2011 年年末，全市耕地保护基金发放 21.4 亿元，涉及 3 万多个村民小组、176.6 万户农户。

3. 搭建交易服务平台，激活农村要素市场

2008 年 10 月，成都农村产权交易所成立，成为全国首个农村产权综合交易所。该交易所由成都市国土资源局、房管局、林业园林局、农委下属机构分别按 4∶2∶1∶1 的比例出资，正式注册成立了成都农村产权交易所有限责任公司，并构建了市、县、乡"三级"农村产权交易平台服务体系，引导农村土地产权向着合法化、规范化、有序化方向发展（见表 3）。

表3 成都农村产权交易所各类业务量一览

业务种类	业务量(宗)	流转金额(万元)
集体建设用地(含联建)	10468	148297.91
农　　地	15387	50328.84
林　　地	1554	26123.67
房　　屋	107	2369.13
合　　计	27516	227119.55

资料来源：成都市统筹城乡综合配套改革实验区建设领导小组办公室工作报告及调研总结（数据截至2011年12月31日）。

4. 建立财政担保新制度，降低产权交易风险

为彻底实现农地确权后的"赋能"，降低农村土地产权交易双方的政策风险和履约风险，成都市联合21家政府出资的公司（现为15家）参股组建成立了成都市农村产权流转担保股份有限公司，各区（市）县由地方政府主导建立信用担保机构，即主要由区（市）县出资，农发投公司部分入股组建，按比例进行风险分担和补偿。

公司自2008年5月成立以来，积极探索扩大农村有效担保物范围，完善服务机制，推动农业农村经济发展（见表4）。

表4 成都市农村产权流转担保股份有限公司各类业务量一览

业务种类	业务量(宗)	涉及金额(万元)
林地担保融资	18	102136.72
农村房屋产权融资	27	
集体建设担保融资	6	
农地经营权担保融资	3	
农地行为流转行为担保融资	2	
其他担保融资	16	86861.20
林权抵押贷款	553	2100.00
引导社会担保资金		38466.52
合　　计		229564.44

资料来源：成都市统筹城乡综合配套改革实验区建设领导小组办公室工作报告及调研总结（数据截至2011年12月31日）。

四　进一步发展农村产权交易市场的思路与策略

（一）发展思路

思路之一：准确把握当前农村改革面临的新形势和新任务，面临的主要矛盾和突出问题，深化对新形势下农村产权改革试验区工作的认识，切实加强对试验区工作的领导，突出试验重点，完善试验方案，加快组织实施。

思路之二：明晰农村产权内容和主体，突破法律和制度的束缚，从法律角度确认农村产权与城镇产权的"同权同价"，建立城乡统一的产权交易市场。

思路之三：加强对农村产权流转过程中如何更好地实现社会资本和农村资源对接，农村产权市场发展模式，农村产权交易市场在推动农村集体产权制度改革、促进农业生产经营组织健康发展中如何发挥作用等问题的深入探索和经验总结。

（二）发展策略

1. 完善法律法规与管理制度，为农村产权交易市场发展提供良好的政策环境

从各地实践探索来看，具有鲜明特色的地方法规与管理制度，效力层次低，甚至与国家基本政策出入较大，往往成为对抗地方改革的依据，也曾引发过突出的社会矛盾。因此，政府需要出台统一的管理政策，促进农村产权交易机构和产权市场长期健康发展；加强农村产权流转管理和服务，探索相关问题的化解机制；给予农村产权交易服务平台应有的定位与肯定，确保其应有的声誉和权威。

2. 构建多方合作机制和行业共享机制，为农村产权交易市场发展提供良好的市场环境

处于发展初期的农村产权交易市场，缺失农村资产评估以及法律服务机制，使得地区性的交易服务平台尚未形成行业交流合作共享机制，行业整合能力不够。因此，要与评估机构以及法律机构等中介机构携起手来，服务进场业务，解决交易过程中所出现的相关问题，提高项目交易效率；同时，各地农村产权交易机构彼此之间还需要加强交流与合作，构建经验交流和信息共享机制，扩大项目的受众面，实现城乡要素之间、农村和农业生产要素与资本、技术等社会要素之间在全国范围内的充分自由流动，从而提高交易项目的成交率，共同推动我国农村产权交易市场发展。

3. 培养综合性人才，为农村产权交易市场发展提供强有力的智力支持

我国农村产权交易市场处于起步阶段，其业务种类繁多，涉及多方面的法律法规或者政策条款，需要既懂业务又具备综合能力的综合性人才。因此，农村产权交易机构要加强引入和培养相关人才，一方面需要从社会上直接引入具有相关经验的业务人员；另一方面加强培养内部员工，使其较快地熟悉农村产权交易业务。

4. 提升服务质量和产品活跃度，提高农村产权交易产品的入场率

虽然各地交易服务平台相继建立，但从调研的情况来看，农民参与意识淡薄使得进场业务较少，交易活跃的品种不多使得交易平台的市场化率低。因此，要加强政策的宣传，要让农民明白现有政策鼓励与支持农村资产进场交易，且进场交易对于农民有益，使得相关政策能够执行到位；加强与农民的沟通，了解农民的需求，积极主动地为农民出谋划策，全方位地提供服务，实现业务进场交易；积极利用当前有利的政策与市场条件，进一步激活交易品种，提高进场项目数量与成交率。

5. 延伸平台服务体系，增强服务功能，提高农村产权交易产品的入场率

从调研实际来看，只有签订合同的产权流转才能进入农村产权交易服务平台，各交易机构仅形成市县乡三级交易服务平台体系，导致大量自行流转的产权未进入服务范围，乡村中大量存在的小量、短期流转的产权亦未进入流转服务平台。因此必须拓展交易含义，延伸平台服务体系，增强服务功能：一是尊重农民意愿和选择，即只要有协议的流转均应视为正式流转加以保护；二是不断完善运行机制，简化流转程序和要件，强化服务功能；三是在原来三级服务体系基础上，在中心村建立农村产权流转服务点，构建市县乡村四级流转服务平台。

参考文献

黄祖辉、王鹏：《我国农地产权制度的变迁历史》，《甘肃社会科学》2009 年第 3 期。

周其仁：《还权赋能——成都土地制度改革的启示》，《经济观察报》2009 年 6 月 29 日。

《中共成都市第十一届委员会的工作报告》，《成都日报》，http：//roll. sohu. com/20120415/n340572254. shtml。

党国英：《成都改革：跨越"中等收入陷阱"的"三板斧"》，《21 世纪经济报道》2011 年 12 月 19 日。

郭晓鸣：《农村土地制度改革的主要进展与基本态势》，《人民日报》2010 年 6 月 25 日（10）。

周其仁：《土地制度改革的成都路径》，《成都统筹城乡发展专题研究报告》，2010。

B.14
对中小企业融资制度安排的思考

马志春*

产权市场是中国要素市场建设中制度建设的典范，产权市场的成功很大程度上在于其成功的制度安排。因此，产权市场解决中小企业融资难的问题并不在于其能力优于其他的金融机构，而在于其基于平台功能下的一整套完善的制度体系。

一 中小企业融资的基础性制度安排——股权登记托管

1. 建立机构

产权交易所要成立股权登记托管部，或延伸成立合法注册、不带商号的、独立的股权登记托管（交易）所，产权交易所对其控股或统一管理。

2. 获取资质

股权托管机构要成为省级地区性唯一的集中登记托管机构，要具备省政府或多部门联发的指定文件作为公信力的保证和资源的保证。文件的权威性很重要，层面越高越好。

3. 政策归口

产权市场定位首先要通过区域性非上市企业股权的集中登记托管功能延伸成为政府指定的中小企业股权投融资平台，作为服务于中小企业的区域资本市场。政府应当将各部门针对中小企业的扶持政策统一整合到产权市场当中，甚至要求产权市场提供一站式政策传播、政策培训、政策绩效验收等服务。这样，产权市场就成为中小企业扶持政策的集中落实平台。例如目前内蒙古产权交易中心已被自治区中小企业局指定为自治区中小企业产权交易和股权投融资

---

* 马志春，内蒙古产权交易中心总裁。

示范平台，功能正在进一步强化。

4. 取得资源

经省级政府发文要求全省中小企业（公司制和国有企业）全部进入托管中心，国资委、金融办、工商局等部门配合联动，采取强制登记、免费托管、规范管理、收费服务的原则，建立中小企业的全面、权威数据平台。

5. 股权登记托管的基础制度安排

这些基础制度主要有：股权确权服务方面的制度——针对股东，协助股东维护其权益的股权登记托管、变更、分红派息等制度；股权增值服务方面的制度——针对企业，协助企业进行融资发展的股权回购、股权信托、股权质押、股权私募等制度；股权监管服务方面的制度——针对政府，协助政府部门强化政策落实的信息反馈、政府工作延伸、对接政府扶持资金渠道等制度。

二 降低融资成本方面的制度安排

1. 中小企业针对金融机构的日常信息披露制度

交易所对托管平台上的中小企业进行必要的宣传推介，主要通过针对金融机构和合格投资机构进行的定期信息披露，以使企业在金融机构和投资机构当中建立初步的信用基础和信任关系。信息披露的内容要根据金融机构的要求设计，由企业自主提供，金融机构提供融资服务时核实，这样就强化了企业的信用意识，降低了企业的无形成本。

2. 交易所与各类中介服务机构建立合作联盟制度

交易所为了给中小企业提供优质、低成本的融资中介服务，用合同锁定各类融资中介机构中的行业优秀机构，并以业务悬赏、费率竞争的做法共同为中小企业提供融资服务。

3. 交易所对托管企业的融资需求调查制度

交易所定期对托管平台上的中小企业进行融资需求调查，对融资方式、融资规模、融资期限、融资成本等因素进行分析，结合交易所对托管企业的分类情况和金融机构、投资机构的融资审批要求，对企业融资需求进行汇总并与金融机构的要求进行配对，一方面对企业提出交易所的融资方案建议，另一方面可以直接与金融机构商谈降低费率或通过竞争选择好的金融机构合作，以确保不断满足托管企业的批量融资需求。

三　防范融资风险方面的制度安排

1. 托管企业分类管理制度

主要按照企业发展的生命周期来分类，其次按照金融机构的融资标准来分类，以便于交易所及其会员对企业进行贴身服务，重点是策划融资方案，提升企业"短板"。

2. 托管企业投资价值评审委员会制度

建立权威的区域性企业价值评审委员会，从银行、基金、信托、担保、会计、法律、高校、企业家中选择专家作为评审团队，专家的权威性决定了企业价值的可信度；建立企业价值评审的通用打分标准，细化评价分数的具体指标，注重企业商业模式或盈利模式评价，通过评价来选择、推荐给金融机构或投资人。

3. 中小企业获得融资期间的过程跟踪和信息披露制度

托管平台上的中小企业获得金融投资机构的融资后，交易所可以根据金融投资机构的要求，设计融资过程中受资企业对于投资机构的信息披露制度，并借助托管平台实现规范操作，帮助金融投资机构防范风险。

4. 中小企业产权市场融资信用积分制度

中小企业融资实现后，产权市场应当及时披露企业融资后的表现和成果，特别是对融资后的财富效应加以广泛传播，为企业经营者的能力增信；如果出现融资失败和违约行为，产权市场应当对违约方的信用进行减分，并对其今后的融资行为进行风险提示。

四　资本进入方面的制度安排

1. 合格投资人制度和金融机构注册制度

交易所通过制定合格投资人标准，并依托大量的托管企业吸引各类机构投资者和个人投资者注册为交易所的合格投资人；各类合法成立的金融机构只要愿意，可以通过签订合作协议的方式成为中心的注册金融机构。这两类机构是交易所托管企业的融资项目披露重点。

2. 发起设立产权市场股权投资基金

交易所与国内外的私募股权投资基金结合，共同发起设立中小企业股权投资基金，借助 GP 专业的投资管理经验，在托管平台上发现具有成长性的中小企业进行投资，交易所可以作为基金的联合管理人，为当地的托管企业与基金管理团队搭建具有公信力的沟通桥梁，同时为 GP 的专业能力增信，提高投资效率，降低沟通成本，增加退出通道。此外，交易所还有一块管理收益。

3. 交易所对中小企业的融资对接制度

交易所根据融资企业投资价值的综合评审结果，定期组织评审结果较高的融资企业与金融机构、投资机构对接撮合，可以分别向双方各按一定的融资费率取得收益。交易所作为中介平台，要在融资协议中写入双方利益均衡与风险控制的具体措施，并以合同的方式锁定。

五 资本退出方面的制度安排

1. 交易所对受资企业的回购条款或自动转让条款方面的设计制度

为了保证投资者的资金安全，交易所对于受资企业的融资方案设计首先要设计退出条款，包括股东或企业强制回购条款、自动转让条款甚至对赌协议的应用等，并以合同方式或抵押物进行锁定和担保。

2. 交易所的产权、股权、债权、基金份额转让制度

交易所传统的业务模式，根据具体情况和合同要求可以采取公开挂牌的模式，也可以采取私下撮合的模式。

以上是内蒙古产权交易中心在实践中总结和设计的一些制度，这些制度的实施，可以让中小企业在产权市场融资实现高效率、低成本，使产权市场成为中小企业融资的主渠道。

B.15

发挥产权交易市场平台作用 为企业
提供"卖"与"买"的双向服务

——哈尔滨产权交易中心国有企业财产保险采购业务发展纪实

徐志越*

近几年，随着传统的国有产权转让交易业务逐渐萎缩，哈尔滨产权交易中心发挥交易平台公开透明的作用，积极设计、开展国有企业集中采购业务。继2010年受托为市属国有企业集中采购保险，2012年又开展了企业大宗物资采购业务，平台实现了由"卖"向"买"的双向服务功能。本文试对哈尔滨市属国有企业财产保险采购业务的发展历程予以全方位解读。

一 背景介绍

2010年初，为加大对市属国有企业的监管力度，切实履行出资人职责，哈尔滨市国资委针对其出资企业财产保险费率各不相同、费率差距大等现象，决定将市属国有企业财产保险统一委托哈尔滨产权交易中心（以下简称"中心"）公开组织操作。中心是独立于国有企业和保险公司的市场组织，其国有性质具有公信力，业务接受国资部门主管和纪检监察部门监管，有为国有企业提供市场化服务的经验和理念，有健全的市场制度、完善的操作规则、功能完备的信息网络和高素质从业人员。两年来，中心在国有企业保险采购方面做了不少工作，积累了一些经验，市属14户国有企业集团通过中心选择财产保险投保机构，据不完全统计，每年完成保费金额2000万元，节省保费500万元。

---

* 徐志越，哈尔滨产权交易中心主任。

二　初始做法

哈尔滨市国资委将市属国有企业保险采购业务委托中心后，中心先后与驻哈 13 家保险公司和市属国有企业代表召开了座谈会，就业务启动、操作流程、行为规范等方面交换意见；形成统一意见后，又与保险行业协会沟通，解决各方提出的问题。为稳步和谐推进工作，决定先试行，总结经验后再逐步推进。即由中心设定条件，从驻哈 13 家保险公司中先选择 4 家符合条件的保险公司，由市属国有企业再从中自主选择保险公司参保，但保费费率和服务要求严格按中心设定条件办理。鉴于保险行业协会对财产保险费率有最低限定要求，中心采取"询价 + 评审"方式选择保险公司，具体流程为：中心接受企业委托→确定询价方式→制定并发放询价文件→组织询价评审→公布询价结果并报市国资委备案→企业选择保险公司。

（一）中心接受企业委托

企业与保险公司为企业投保的双方当事人，市国资委作为政府的出资人代表，是国有企业的监管机构。市国资委出台正式文件，要求中心为市属国有企业选择 4 家保险公司，并规定市属国有企业保险采购必须从中心公开选定的 4 家保险公司中选择。企业在具体投保时，需委托中心为其选择保险公司，中心在接受企业委托后，针对企业的不同需求，着手制订询价工作方案，方案确定后，面向社会广泛征集保险公司。

（二）确定询价方式

中心经过多方论证，最终确定采取询价方式选择 4 家保险公司，具体按综合评审程序操作，即采用"询价 + 评审"方式。询价方式是选择保险公司的有效方式之一，具有广泛性和公开性，能够征集到符合条件的保险公司，同时综合评审过程又具有相对的封闭性和严肃性，符合选择保险公司工作的特点。

（三）制定并发放询价文件

中心根据企业的要求，综合行业诸多因素，制定详细的《询价文件》，就保险公司的报价、技术能力、财务状况、经营规模、企业信誉、服务水平等内容进行要件详述。中心向保险公司发出《询价文件》后，还要制定《评审标准》。

（四）组织询价评审

在召开评审会前，中心组建了 5 人评审专家组，为了体现企业的切身需求，其中 1 名专家为企业代表，其余 4 名专家则由中心从专家库中随机抽取。这 4 名专家都从事相关专业领域工作满八年并具有高级职称，熟悉《政府采购》等有关方面的法律、法规。中心在保险公司《报价文件》递交截止后，随即组织召开询价集中评审会，邀请国资、纪检、工商等部门人员参会并担任监督员，现场进行全程监督，黑龙江省监察厅通过全省电子监察系统，全程监控。

（五）公布询价结果并报市国资委备案

评审专家依据参与询价的保险公司提交的《询价文件》，对照《评审标准》逐项打分，根据最终得分，推荐排名靠前的保险公司作为入选者，依据专家组评审意见，中心提出最终胜出的 4 家保险公司并报送市国资委备案。

（六）企业选择保险公司

市属企业将所需投保的财产保险进行分类，结合自身实际情况在 4 家推荐保险公司范围内进行最终选择，投保企业与选定的保险公司根据具体投保金额和种类签订投保合同。企业确定保险公司后报中心，中心对选择结果予以公示，将公示结果上报国资委。

三 存在的问题

2010 年哈尔滨市属国有企业财产保险成功，获得了包括国资委、企业、保险公司等各方的认可，但从当前角度分析，尚存在几点不足。

（一）没有为企业直接选择保险公司

由于是试点阶段，中心只优选了 4 家保险公司，要求企业在限定的 4 家保险公司中选择，没有为企业财产直接选择具体保险公司，这样就将投保机构最终选择权交给了企业，在最终选择上，企业仍有一定的回旋余地。4 家保险公司仍然需要公关，可能会出现暗箱操作、私相授受、权钱交易等行为，没有完全达到加强监管的初衷，相信也没有使企业获得最低的保费。

（二）市场作用未能完全发挥

在保险采购试点阶段，中心利用自身公共平台优势，广泛发布了询价采购信息，制定了《询价文件》，不是单纯以价格取舍保险公司，而是以多指标、多角度、最大范围邀请保险公司广泛参与，这样就避免了定牌采购，发挥了产权市场的功能和作用。但是没有为企业财产直接选择具体保险公司，市场撮合作用发挥得不够明显；而且在后续工作中，由于保险公司选择权仍然交给了企业，中心只是起到了统计和公示作用。

（三）尚未形成常态化采购格局

保险采购完成之后的第二年初，黑龙江省保险市场环境发生了重大变化。黑龙江省保险监管机构为加强行业自律，发文规定：只有"总对总"和"财政拨款"两种情况允许享受最低七折的优惠，其他投保人一概不享受优惠，对违反此红线的保险公司及高管人员予以严肃处罚。"总对总"即保险总公司对企业总公司（如工商银行总部）签订的保险合同，"财政拨款"即为利用财政资金进行保险采购的情况。而哈尔滨市国有企业保险采购不在优惠范围之内。为此，市国资委主管领导与中心多次向省保险监管机构协调沟通，强调市属国有企业（如物业供热集团、供排水集团等）大部分为公益性企业，企业采购资金均为自筹资金，如果不能享受优惠保险费率将增大企业采购成本，不利于企业资产保值增值，但最终未取得实质性进展。市属国有企业机动车辆保险费率全面上浮，财产保险集中采购的效果大打折扣。

四　目前的做法

2010 年之后的两年未进行新的财产保险采购工作，仍维持原有的保险格局。2012 年，财产保险市场的环境已悄然发生变化。黑龙江省保险监督管理部门颁布了《黑龙江省保险行业机动车辆保险自律公约》，明确"严格遵守中国保监会相关文件要求，给予投保人的所有优惠总和不得超过车险产品基准费率的 30%。"这为市属国有企业机动车辆保险重新采购成功奠定了基础。

在新的形势下，市国资委和中心积极推进对企业财产保险进行新的采购。新一轮的财产保险采购既要规避上一轮采购中存在的问题，又要根据企业财产保险的特点引入新的亮点，精心设计，打造一个以产权交易中心为纽带，以国有企业为价值核心，以保险公司、保险经纪公司、公估机构、机动车维修企业为服务结点的全方位、综合性的财产保险服务体系。

（一）成立保险经纪公司

中心以下属企业出资设立哈尔滨北方产权保险经纪有限责任公司。该保险经纪公司为采购企业拟订投保方案，办理投保手续，协助被保险人或者受益人进行索赔，为委托人提供防灾、防损或者风险评估、风险管理咨询服务。

（二）征集财产保险公司

在中心网站和报纸等媒体上发布财产保险公司征集公告，所有在哈尔滨市有住所的财产保险公司均可报名参与。评审专家采用综合评审法，在报名公司中优选出若干家满足机动车辆保险采购折扣、承诺提供投保机动车辆相关服务、保障投保机动车理赔服务质量并已交纳履约保证金的保险公司为入围财产保险公司。入围财产保险公司有资格为采购企业提供财产保险服务。

（三）征集保险公估机构

在征求各入围保险公司意见后，通过中心网站和报纸等媒体发布财产保险公估机构征集公告，全国范围内的保险公估机构均可报名参与。评审专家采用综合评审法，在报名机构中优选出若干家承诺提供财产保险标的的评估、勘验、鉴定、估损、理算等服务，保障鉴定结论独立、公正、客观并同意合作分成比例的机构为入围财产保险公估机构。入围财产保险公估机构有资格为采购企业财产保险标的提供相关公估服务。

（四）征集机动车维修企业

中心征求各入围保险公司的意见，在中心网站和报纸等媒体上联合发布机动车维修企业征集公告，哈尔滨市属各区具有一类机动车维修经营业务资质的企业均可报名参与。评审专家采用综合评审法，在报名企业中优选出提供机动车辆维修服务、保障机动车辆维修质量并交纳了保证金的企业为入围机动车维修企业。入围机动车维修企业有资格为采购企业的机动车辆提供维护、修理以及维修救援等服务。

（五）采购企业财产保险流程

1. 企业提交采购申请和采购计划

采购企业根据自己的需求，向中心提出保险采购申请，并提供采购计划等相关资料及主管部门批准文件；中心在采购企业提供各项资料完毕后，向采购企业发出受理通知。

2. 签订采购委托协议

中心对采购企业的资格、采购条件、批复和所提供材料的真实性、合法性和规范性进行审核，与采购企业签订《国有企业财产保险采购委托协议》。

3. 制作并发布采购公告

中心根据企业提交的采购计划制作采购公告，经采购企业签章确认后，在哈尔滨产权交易网（www.hljcq.com）上发布公开信息。

4. 选择保险公司

中心接受企业机动车辆保险采购委托后，在入围保险公司中采用公开随机摇号方式选择成交保险公司；接受企业财产保险采购委托的，在入围保险公司中采用网络动态报价、共同保险等方式选择成交保险公司。

5. 公示成交保险公司

中心在财产保险采购完成后次日将成交结果在网站上发布。

6. 签订财产保险合同

采购人、成交保险公司及中心按照最终的保费报价、优惠条件及承诺提供的保险服务签订三方《国有企业财产保险采购合同》。

7. 保险经纪费用结算

中心将授权哈尔滨北方产权经纪有限责任公司向成交保险公司按双方约定比例收取保险经纪费；中心与保险公司按保险项目结算保险经纪费。

8. 选择保险公估机构

中心接受企业财产保险委托、选定财产保险公司后，在入围保险公司中采用公开随机摇号方式选择成交保险公估机构。保险公司、成交保险公估机构及中心按照约定签订三方《国有企业财产保险公估合同》。

9. 企业自行选择入围机动车维修企业

企业机动车如果发生事故，可通知附近的入围机动车维修企业提供维护、修理以及维修救援，入围机动车维修企业按约定的服务价格提供优质服务。

五　重要意义

通过为国有企业选择保险公司，让保险公司承诺较低的保费费率和较高的服务质量，实现了国资委、企业、保险公司以及中心四方共赢的局面。

（一）出资人监管职能得到了加强

《企业国有资产法》明确了各级国资委代表本级政府履行出资人职责，对出资企业依法享有重大决策参与权。哈尔滨市国资委落实《企业国有资产法》，在不干预企业经营活动的前提下，要求企业统一公开选择财产保险公司。首先，它将市国资委的监管职能具体化、微观化，有助于国资监管职能的发挥；其次，通过引进第三方工作，形成监督制约机制，规范了企业基础管理工作，实现从制度上监管的目标；再次，通过阳光操作，预防国有企业在选择保险公司过程中出现个人腐败行为，实现通过制度来保护干部的监管职责。

（二）国企获利目标得以实现

通过公开选择保险公司，监管企业一方面可以统一选择有实力的保险公司，多维度比较参与报价的保险公司，做到优中选优，使企业获得保险公司高质量服务，企业保险工作更规范；另一方面还可以通过保险公司之间的竞争，压低费率，直接减少财务支出，等于增加了利润。

（三）产权市场功能得到增加

产权交易市场是企业国有产权公开交易的专业市场平台，近年来，全国产权交易市场交易范围不断扩大，交易品种不断增加，市场功能不断完善，哈尔滨市将国有企业选择保险公司工作交给产权交易中心，无疑增加了产权交易市场功能，使中心的功能由过去单方向为企业的"卖"东西到现在既"卖"又"买"，使产权市场功能得到根本性转变。这也说明，产权市场完全可以像聚集投资人资源那样，集中供应商资源，为国有企业的集中采购需求提供服务。

（四）有实力的保险公司市场占有率得到了提高

为国有企业统一公开选择保险公司的目的是在降低费率的同时，选择有实力的保险公司实现强强联合。中心按照这一宗旨，根据企业财产规模、性质和不同要求为国有企业选择不同的保险公司，通过"询价＋评审"方式，以及公正、公平、公开的竞争，促进了保险公司之间的正常有序竞争，防止了恶意竞争，增加有实力的保险公司的市场占有率，改善了保险行业的市场环境。

六 典型案例

2013年3月19日，哈尔滨市城安停车场停车泊位公众责任险采购项目作为哈尔滨产权交易中心第一宗竞价采购项目在金马甲采购平台公开进行，参与的四家财产保险公司经过长达 26 轮激烈的降价方式报价，单个停车泊位公众责任险由起始价 35 元/个，最后降到 19 元/个，降幅达 45.71%，取得了良好的效果。

（一）项目介绍

2013 年 2 月初，中心接受委托，对哈尔滨市国资委下属的哈尔滨市城安停车场经营管理有限公司经营的文昌桥、宣化桥等桥下停车场及霁虹广场停车场共约 1800 个停车泊位公众责任险进行招标，并约定本年度计划其余 2200 个停车位均按本次采购结果签订保险采购协议。

（二）具体操作

城安停车场停车泊位公众责任险项目曾委托社会上的招标公司进行过招标采购，当时只有 3 家保险公司参与，单个停车位公众责任险报价最高的 100 元/个，最低的也达到 80 元/个，由于保险费用过大，企业无奈只能放弃投保。

中心接受委托后，专门成立了项目小组，根据项目的特点，特别是借鉴企业上次委托保险招标失败的情况，进行了精心的前期调研。经过调研发现，由于上次招标文件中技术要求设定不具体、双方责任不明确，各家保险公司无法遵循统一的投保标准，各自按不同的标准报价，最终导致招标失败。

通过对多家保险公司调研摸底，针对本次招标停车场是封闭性停车场的特点，中心经多次与采购方沟通讨论，确定不再投保车辆盗抢险，增加了经常出现的划痕险等具体要求，最终制订了符合企业实际情况的采购方案，明确了技术要求、责任免除、服务期限、报价上限等专业性很强的技术指标，一反通常保险采购中采用竞争性谈判或招投标采购，决定采用询价＋网络动态报价方式进行采购，并及时请示市国资委，不设限制允许符合条件的保险公司参与竞争。精心的调研和准备为采购项目获得圆满成功奠定了坚实的基础。

（三）重要意义

由于本次采购为首次竞价采购，虽然该项保险采购总金额不大，但为下一步企业其他财产保险采购采用竞价方式奠定了基础。一是首次采用反向降价报价方式。与通常的产权交易项目不同，本次保险采购项目与金马甲合作，以节约保险采购费用为主要目的，采用询价＋降价采购方式进行保险采购，这为财产保险采购提供了一个崭新的思路。二是充分的市场竞争使竞价过程激烈。本次保险采购打破以往在4家推荐保险公司中选择的惯例，符合条件的保险公司均可参与，使本次采购竞争尤其充分。经过前期调研，采购单位的心理预期是35元/个，经过多轮报价，最终报价为19元/个。三是优质服务赢得了采购方的高度称赞。由于中心前期进行了精心的调研，采购要求明确具体，采购方式便捷可行，最终采购项目获得了圆满成功。四是公平竞争赢得了保险公司的支持。通过中心在金马甲开发的采购平台进行公开竞价，净化了保险市场环境，参与竞价的各家保险公司普遍反映竞价过程公开透明，公平合理。五是为政府加强企业财产保险采购监管提供了新思路。本次停车场责任险采购的圆满成功，不仅可以作为市国资委其他企业进行财产保险采购的成功样本，更为市属国有企业进行煤炭等大宗物资集中采购奠定了坚实的基础。通过交易中心的阳光平台操作，可以有效地防止采购中常常出现的暗箱操作和违规行为，达到源头防腐的目的，为政府加强企业大宗物资采购的监管提供了技术保障和支持。

B.16

业务驱动技术引领的产权交易
互联网化创新实践

——"金马甲"在产权交易领域的产品与业务创新

樊东平*

2009 年 12 月 15 日，由 30 多家产权交易机构共同出资，注册成立北京金马甲产权网络交易有限公司（以下简称"金马甲"），注册资本金为 5050 万元，门户网站金马甲（www. jinmajia. com）是国内唯一的资产与权益网络交易全流程服务方案提供商，创造了产权交易行业的多项纪录，诸如互联网竞价大厅、奥运缶/鞍钢公务车/世博会场馆复建权成功处置、动态报价"电子盘"模式、高端商品权益化交易、撮合交易服务大厅等。金马甲作为中国产权市场网络交易平台和资产权益网络交易服务平台，始终坚持"业务驱动，技术引领"的原则，在交易工具平台与交易品类方面展开富有成效的创新与实践，为产权市场铺就一条互联网化之路。

一　网络交易平台工具的创新与实践

2003 年末，国务院国资委、财政部联合发布《企业国有产权转让管理暂行办法》，要求国有产权进入产权市场公开交易，产权市场基于公有产权交易应运而生。经过近些年的发展，产权市场由起步时的国有资产进场处置（公有产权交易）逐步拓展至非公产权交易领域，交易品种也由开始时的国企股权、行政实物资产处置扩展到机动车、运输工具、机械设备、房产、土地使用

---

* 樊东平，工学博士，金马甲产权网络有限公司总裁。

权、民企股权、林地经营权、矿业权、房屋租赁权、商标、专利技术和版权等
多个行业领域，并由此开启了产权交易市场的飞速发展阶段。

在产权市场高速发展这一背景下，为了弥补传统交易方式的不足，金马甲
先后开发出了网络竞价系统与动态报价系统。

网络竞价系统基于传统的拍卖理念，具有项目专场特性，可针对特定的意
向竞买人群体，可适用的项目主要是标的数量比较少、单个标的金额比较大、
可以标准化、批量交易、需要不同竞价方式的项目，具体可以是股权交易、债
权转让、大型房产、土地使用权交易、大型实物资产转让等，具有使交易活动
无时空局限的特点。动态报价系统具有不分场次、不区别竞买人、可随时挂
牌、永不落幕的特点，可适用的项目主要是标的数量比较多、单个标的金额比
较小、非标准化、不能批量交易的项目，具体可以是行政单位、企业闲置报废
的实物资产，商标、专利技术，知识产权，经营权转让等。北交所尝试了大宗
产股权项目的动态报价，也收到了良好效果。截至 2012 年 8 月末，全国各地
的产权交易机构通过金马甲网络竞价系统累计实现交易额 140 多亿元，通过动
态报价系统累计实现交易额 85 亿元，交易品种涉及企事业单位实物资产、房
产、土地使用权、公司股权、机动车、房屋租赁权、商标、专利技术、林地经
营权、机动车号牌、广告牌经营权等十多个门类。

2011 年 6 月 8 日，中共中央办公厅、国务院办公厅印发《关于深化政务
公开加强政务服务的意见》（中办发〔2011〕22 号），要求建立统一规范的公
共资源交易平台，完善公共资源配置、公共资产交易、公共产品生产领域的市
场运行机制，推进公共资源交易统一集中管理，逐步拓展公共资源市场化配置
的实施范围，确保公共资源交易公开、公平、公正。2011 年 9 月 7 日，最高
人民法院发布了《关于人民法院委托评估、拍卖工作的若干规定》，规定要求
人民法院委托的拍卖活动应在有关管理部门确定的统一交易场所或网络平台上
进行，涉及国有资产的司法委托拍卖由省级以上国有产权交易机构实施，拍卖
机构负责拍卖环节相关工作，并依照相关监管部门制定的实施细则进行。

为更好地服务于公共资源与涉诉资产两个新品种的进场交易，金马甲为
交易中介机构提供了公共资源交易管理一站式服务平台和涉诉资产交易管理
一站式服务平台两大系统。金马甲公共资源交易管理一站式服务平台，将政

府采购、工程建设招标投标、土地（矿产）资源交易、产权交易等行政资源和社会公共资源的采购信息化，将公共资源交易全流程操作电子化，可实现与交易机构内部业务系统对接，真正地实现公正高效、规范有序、公平交易，充分满足政府对交易进行电子监察的要求。涉诉资产交易管理一站式服务平台提供涉诉资产处置从鉴定、评估到拍卖所需的业务分配和组织实施等所有功能，平台全面共享金马甲在资产和权益交易领域积累的竞买人资源，能够实现涉诉资产的公开、公平、公正、阳光交易，最大限度地保障债权人和债务人的利益。

二　非公产权交易品种创新与实践

随着产权市场中非公产权交易业务在数量上的不断增长，更大范围地引入投资机构、吸引公众投资者进入产权交易领域的难度加大，创新交易品种、满足不同群体的投融资需求已成为摆在产权交易服务机构面前的一大任务。金马甲基于先进的"云计算"服务平台模式，先后设计并开发了包括高端商品交易、机动车置换平台、"融转通"项目撮合服务大厅等一系列针对非公产权交易的创新业务平台。

（一）高端商品交易

金马甲高端商品交易的标的主要是带有稀缺属性、升值前景良好和有保真消费需求的兼具消费、收藏、馈赠和投资属性的商品，其范围包括高端白酒、人参等具有高端价值的消费品，交易的参与主体包括消费者、投资人、商品供应商、发售机构、资金结算银行、物流公司等。

金马甲高端商品交易过程主要分为认购阶段和后续交易阶段。

认购阶段，投资人在金马甲注册认购账户、签订认购合同并缴纳一定数额的订金，然后由发售方组织认购；后续交易阶段，投资人在资金结算银行开设资金账户，与银行签订第三方托管合同，并在金马甲开立交易账户，将资金账户的账款划拨至交易账户进行交易。

高端商品交易的最大特点是：投资者购入商品后如果不提货消费，还可以选择在合适的时机再次售出变现，在此期间由发售方负责商品的保管。这就保证了高端商品交易的流动性和保真消费、投资属性的实现。

以高端白酒国窖 1573 交易项目为例：2011 年 7 月，金马甲携手"浓香鼻祖"——泸州老窖股份有限公司和发售方——深圳市私享一号酒业有限公司共同推出"国窖 1573 大坛定制原酒网络交易"。这是国内高端白酒首次启动网络交易项目。

本项目限量交易的国窖 1573 大坛定制原酒共计 8 万坛，每坛 2.5 升，发售价格为 6900 元/坛，全数用于金马甲原酒交易，不会通过其他任何市场渠道或方式投放。认购完成后，认购投资人可委托发售方在金马甲"国窖 1573 原酒网络交易专厅"进行后续交易，也可以选择提取提货卡或提货，交易期限为 3 年。选择领取提货卡的投资人可以选择转赠，委托再交易，或者提取原酒。只要投资人不选择提取原酒，原酒在交易过程中始终储藏在泸州老窖所属的藏酒洞——"纯阳洞"中，为标的的保真、仓储提供了根本保证。

（二）机动车置换

目前，国内二手车置换业务已经成为汽车生产商市场战略的重要组成部分，给汽车厂商带来新的利润增长点。但是二手车交易市场"鱼龙混杂"，相对混乱，主要原因是缺乏公正、透明、可信赖、服务全面的二手车交易商和交易平台。

金马甲机动车置换平台以国有产权交易机构的公信力为基础，将动态报价与网络竞价等产权交易工具成功应用到旧机动车的处置和新车的交易当中，从上门评估开始，到提供网络竞报价、看车、提车、交易，以及后期的支付和车险办理，为用户网上购车、换车提供全流程的互联网交易服务。

金马甲机动车置换平台不仅能够实现基本的机动车处置与交易业务，还具有以下特色：

一是办理对老旧机动车的车主的政府补助。老旧机动车是指使用 6 年及以上且未达到现行国家第四阶段排放标准的载客汽车、载货汽车和专项作业车。通过金马甲机动车置换平台办理对淘汰老旧机动车的车主给予政府补助，引导汽车生产企业对淘汰老旧机动车并更换新车的车主给予企业奖励。

二是联合金融机构为用户提供金融服务。金马甲与中国银行、中国建设银行北京分行等30多家银行合作,为登记淘汰老旧机动车的车主提供了个人消费汽车贷款、龙卡信用卡购车分期付款等多种金融服务,个别车贷达到零利率;同时与中国人寿保险股份有限公司合作,为车主提供机动车强制保险及商业保险、意外伤害保险、货物运输保险等所有车险种类,解除车主的后顾之忧。

三是联合机动车厂商提供交易优惠活动。金马甲与北汽现代、广州本田、广州丰田、北京奔驰、一汽大众等44家国内外知名汽车企业合作,组织针对某些特定品牌、车型的团购活动,向用户提供优惠价格;同时,用户还可享受机动车置换奖励资金,只要在平台公示的经销商处购买凭证中的指定车型,并在交付车款前出示该企业奖励凭证,经经销商确认后,企业奖励便可兑现。

(三)"融转通"项目撮合服务

当前,中介代理交易是非公产权项目交易服务的主要方式,中介代理交易以独立居间撮合为主,即项目方和投资方由独个的项目中介提供服务,撮合成交。采用产权中介机构代理交易方式,能够降低交易成本,提高资源的配置效率,但其缺点是中介机构之间缺乏诚信保障,导致交易不够活跃。

为构建诚信高效的中介代理交易环境,打造互联网化的产权交易平台,金马甲推出了"融转通"项目撮合服务大厅。金马甲"融转通"构建增信和诚信交易环境,通过代理交易方式,促成交易商所代理的投融资或转让意向的高效对接,实现资源共享,合作共赢。它是充分发动各类专业服务机构,最大范围地发现优质项目和投资人资源,从而缩短项目交易周期,提高交易效率,降低交易成本而搭建的封闭式交易平台。通过变中介居间独立撮合为中介间一对多协同撮合,金马甲"融转通"致力于营造一个基于会员代理制的互联网化交易环境,提供包括信息发布系统、委托代理系统、项目信息简报、在线撮合系统、网络竞价系统、第三方结算服务和金融服务的专项服务产品体系。

金马甲"融转通"具备三大保障机制:一是会员代理制。会员机构严格的准入机制、相对封闭的会员体系以及规范的会员管理，帮助撮合交易成为了最规范、最安全、最诚信的交易工具。二是悬赏金机制。悬赏金承诺是严肃的有约束性的交易承诺，撮合交易系统将严格按照预先承诺的悬赏金额对双方代理会员进行约束，以确保交易各方的利益。三是第三方结算机制。通过第三方结算服务，可有效保障交易各方利益及资金安全。作为产权市场的"支付宝"，金马甲具有国资背景公信力和大量成功案例的信誉保障。

金马甲"融转通"预期将实现两大目标：一是建立有序的非公产权交易市场。针对现有非公产权交易市场的问题和缺陷，建立一个有序、高效、互信的新型非公产权交易市场，制定并严格执行规范的交易规则，使买卖双方高效对接，安全进行交易，增加交易各方互信程度。二是保护产权中介机构利益。中介机构利益得不到保障是非公产权市场的痼疾，金马甲撮合交易体系将重点保护中介利益，从而达到加速项目交易、促进市场繁荣的目的。

三　互联网是产权行业创新的活力之源

经过多年发展，中国产权市场互联网化程度在不断加深，产权交易的网络化已经成为一大不可逆转的发展趋势。产权市场的互联网化主要包含替换、优化和创新三方面内容：一是互联网交易对传统产权交易的展示、竞价、支付等多个环节进行了直接替换；二是互联网的进入对传统产权交易商业流程进行了再造、优化和简化；三是在对传统流程进行重构的过程中，加入了创新元素，它是一个创造性的过程，而不是对互联网的简单应用。

产权市场互联网化主要有四种形式。

一是交易互联网化：改变线下交易的传统模式，开辟出线上交易、线上交割的新格局。

二是服务互联网化：拓展服务对象的覆盖面，实现在线交互式服务，降低交易成本，提高交易效率。

三是品种互联网化：如高端商品交易，摆脱产品自然属性的限制，提供数字化产品，使用互联网作为产品的交付媒介。

四是运营互联网化：交易所虚拟化，依托互联网完成交易全过程的电子化和网络化。

金马甲始终致力于引领和推动产权市场互联网化进程，通过构建互联网化的交易平台，引入产权市场交易的各方资源，塑造产权交易的网络化流程。同时，增大研发力度，创新和丰富交易品种，在产权市场互联网化这一过程中充分满足交易各方主体的需求，为产权市场不断注入新的活力。

B.17

2011 年碳市场回顾与展望

北京环境交易所研究部 *

随着人为活动导致的温室气体排放持续增长，全球气候变暖速度不断加快，因而全球合作应对气候变化已经成为国际社会的广泛共识。为实现全球控制和稳定大气中温室气体浓度的目标，建立一个分布广泛但切实有效的国际碳市场势在必行。其中，正在酝酿之中的中国七省市碳交易试点已成为国际碳市场的新亮点，也将成为中国碳市场建设的里程碑。

一 世界主要碳交易体系

为了促进减排，各个国家均采取了一系列政策措施，这些措施可归为以下方面：总量控制计划、基准线以及核证机制、新能源以及能效认证、碳税、财政补贴、设定排放标准等。在很多情形中，多种政策手段并用会达到互相补充的效果，但有时可能产生矛盾，并会因时间和空间尺度的不同，其成本和收益也会有所差异。

（一）欧盟

欧盟排放交易体系（EU ETS）覆盖 30 个国家（27 个欧盟成员国以及冰岛、列支敦士登、挪威），预期 2020 年达到在 2005 年基础上减排 21% 的效果。2011 年，EU ETS 的交易总额达到 1710 亿美元，同比 2010 年上涨了11%，占上年全球碳市场 1760 亿美元的交易总额的 97% 以上。作为世界上最

---

* 北京环境交易所，是经北京市人民政府批准设立的特许经营实体，集各类环境权益交易服务于一体的专业化市场平台，成立于 2008 年 8 月 5 日。

重要和最成熟的碳市场，EU ETS 在 2011 年因为经济危机和配额过度分配等因素一直深受碳价低迷之苦，此外还因为市场违规行为和各国围绕航空碳管制问题的争议而风波不断。

EU ETS 市场的违规行为。2005 年 EU ETS 推出之时，对市场违规行为的担心大都集中于目前占市场交易份额 85% 左右的衍生品市场。但经过 7 年的运行，EU ETS 衍生品市场并无重大问题产生。令人始料未及的是在 2010 年末到 2011 年初，EU ETS 市场上出现了核证减排量（CER）再利用和碳配额偷盗两次违规行为，而这两次违规行为均出现在现货市场上，暴露出 EU ETS 监管规则不统一、监管框架分散等漏洞。

欧盟航空碳管制争议。欧盟决定从 2012 年起，将航空业纳入 EU ETS。航空业的直接排放占欧盟温室气体排放总量的 3%，其中大部分排放来自国际航班，通常是往返两个成员国之间的航班，或是成员国与欧盟外国家之间的航班。因此，欧盟计划将所有在欧盟境内抵达或出发的国际及国内航班列入 EU ETS。这一举措遭到了来自中国和美国的抗议，美国航空运输协会（ATA）代表美利坚航空公司、美国大陆航空公司以及联合航空公司，将欧盟航空指令诉诸法庭。虽然欧盟对此态度强硬，但截至 2012 年 5 月，全球也仅有 30% 的航空公司向欧盟提交了排放数据。

EU ETS 第三阶段的规定。从 2013 年起，EU ETS 第三阶段开始实施。与前两个阶段相比，第三阶段在政策措施上将会有一些调整。首先，将取消国家分配方案（NAP），取而代之的是欧盟范围内统一的排放总量限制；其次，采用拍卖方式分配配额的比例将大大提高，甚至逐渐建立起 100% 拍卖的原则；此外，对 EU ETS 外部的减排信用抵消的使用限制将更加严格。当然，欧盟委员会也为第三阶段留下了一些空间，例如第二阶段剩余的配额可以无限制地储备到第三阶段使用，允许各成员国在一定条件下将 EU ETS 管辖范围内二氧化碳排放量相对较小的小型设施排除在体系之外，等等。

（二）北美

虽然美国联邦层面在碳市场政策方面一直未有大的作为，但州及区域之间减排体系的建立与推进则表现出了很大的积极性；虽然加拿大在 2011 年 12 月

12 日正式宣布退出《京都议定书》，但部分省份依然主动加入到减排交易体系的建立中来。其中最具代表性的是始于 2009 年的区域温室气体倡议（RGGI），还有即将于 2013 年开始实施的加州碳交易计划（AB 32）以及覆盖更大范围的西部气候倡议（WCI）等强制减排体系。

RGGI。是美国现行的主要强制减排体系，覆盖东北部以及中部共 10 个州，目标为 2018 年前将电力部门排放减少 10%。第一阶段共减排 270 万吨二氧化碳当量（从 1.237 亿吨下降到 1.21 亿吨），较先前预测的 1.88 亿吨要低约 36%。但过量分配等问题也使 RGGI 未来存有太多不确定性。

WCI。最初该倡议涵盖了美国 7 个州及加拿大 4 个省，并预计 2013 年开始实施强制减排体系。但截至 2011 年末，仅有加拿大的不列颠哥伦比亚省、马尼托巴省、安大略省、魁北克省及美国的加利福尼亚州依然明确加入并积极推进这一体系。其中，魁北克省和加利福尼亚州也在制定并建立自己的减排体系。WCI 的目标是，到 2020 年将排放量在 2005 年水平上降低 15%。

AB 32。加州作为美国人口最多、经济实力最强的州，半个世纪以来一直是世界上推行能源与气候变化政策的先锋。然而，2011 年 6 月 29 日，加州空气资源委员会（CARB）宣布，原定于 2012 年 1 月 1 日启动的加州碳市场（AB 32）将延期至 2013 年 1 月 1 日。AB 32 共分三个阶段，分别为 2013 ~ 2014 年、2015 ~ 2017 和 2018 ~ 2020 年。在总量设置方面，2013 年的排放总量为 2012 年预计排放量的 98%。配额的发放也将从免费分配开始，逐步过渡到拍卖。所有被覆盖的设施将每年返还上一年配额/抵消指标的 30%；每隔三年，覆盖设施将返还该履约期内的剩余排放配额/抵消指标。如果错过了最后期限或未能如数履约，将以 4 个配额对应每吨排放的力度执行其义务。抵消信用的使用上限为该设施履约义务总额的 8%。对减排项目，CARB 要求：首先，抵消信用仅限于美国国内减排项目的减排量；其次，仅接受来自林业等四类抵消项目所产生的抵消信用；再次，将会建立一个便于未来接收国际抵消指标的框架。

（三）东亚

日本。日本排放交易市场建设在亚洲起步最早，形式也最为多样化，但至今仍未成气候。从 1997 年日本经济团体联合会推动制定自愿环境行动计划，到 2008 年 10 月日本自愿减排体系（J-VETS）试行，再到 2010 年 4 月日本出现地方级的强制总量限制体系（东京都与琦玉县的总量与交易计划），共走过了三个阶段。其中值得一提的是东京都的总量与交易计划（TMG），这是全球第一个城市范围的总量与交易计划，也是首个主要关注建筑和商业等领域减排的碳交易体系，运行已经有一年，但成效与影响依然不明显。东日本大地震及福岛核事故发生以后，日本 2011 财年的温室气体排放量比 1990 年高出 15% 左右，让世界怀疑日本能否实现"到 2020 年将温室气体排放量在 1990 年基础上削减 25%"的承诺。为此，日本政府计划实行一项新的能源战略，积极推行新的节能政策，以勉力实现 2008～2012 年温室气体年均排放量比 1990 年降低 6% 的京都承诺。

韩国。2010 年，韩国通过了《低碳绿色增长基本法》（Framework Act on Low Carbon，Green Growth），为推动韩国实现低碳转型建立了法律框架。该法明确要求，确定温室气体减排和能源消耗削减目标，建立温室气体排放报告制度，开展总量与交易计划以实现减排，并设定了机动车燃油和温室气体排放标准。随后，该法案遭到了工业组织抵制，因为他们担心总量及交易机制将提高生产成本。抵制导致原本计划于 2013 年开始施行的排放交易计划延迟至 2015 年。尽管如此，韩国仍一直在推行其温室气体减排目标管理体系，要求企业达到节能减排的目标，该体系限定 1564 个排放源，其总年排放量超过 4.42 亿吨。

（四）澳洲

澳大利亚。2011 年 11 月 8 日，澳大利亚政府通过《2011 清洁能源法案》和相关法律，确立了清洁能源一揽子计划及覆盖整个澳大利亚的碳排放交易体系（AU ETS）。AU ETS 通过给碳定价来刺激新能源领域的投资和降低碳排放，以实现澳大利亚将 2020 年碳排放量在 2000 年基础上降低 5% 的目标，即到 2020 年降低 1.6 亿吨二氧化碳当量。

AU ETS 设定初始三年为固定价格阶段，随后过渡到浮动价格的总量交易。该体系覆盖了澳大利亚最大的 500 个排放源，包含四个主要领域：固定式能源排放源、工业加工排放源、垃圾排放源和无组织排放源。对交通和无组织排放领域的碳将实行间接式定价。对年排放量超过 2.5 万吨碳当量的设施具有运行控制权的公司，将在固定价格期间负有提交等于其排放量以及在灵活价格期间负有提交等于其排放总量的碳单元的义务，每年提交。三年的固定价格期定于 2012 年 7 月 1 日开始实施，有减排义务的机构将按照固定价格向澳大利亚政府购买碳单元，第一年价格为每吨 23 澳元，每年按 5% 递增；有减排义务的机构可以通过提交碳农业倡议下与京都配套的农林行业减排量来抵消其 5% 的减排义务。浮动价格阶段将从 2015 年 7 月 1 日开始实施，有减排义务的机构可以在一级或二级市场上购买碳单元，价格在一定的区间浮动。

新西兰。2002 年 11 月，新西兰国会通过《2002 年气候变化对策法案》（Climate Change Reponses Act 2002）；2008 年 9 月，该项法案进行了修订，引入了温室气体排放交易机制（NZ ETS），规定从 2008 年 1 月起，该机制覆盖林业。2008 年 11 月，新任政府暂停 NZ ETS（不包括林业），并重新审视了该国的气候变化政策，2009 年该法案再次进行修订；2010 年，NZ ETS 的范围进一步扩大，覆盖了能源和工业领域。2011 年初，根据《2002 年气候变化对策法案》的规定，对 NZ ETS 进行了审查，旨在明确 NZ ETS 运作是否高效率、有效力，审查内容包括：农业的覆盖范围、新西兰排放单位（NZUs）的分配机制、是否保持 25 新元的最高限价以及排放源的双重义务，是否将综合温室气体排放纳入交易计划，以及交易机制是否影响投资和运营决策等。

NZ ETS 运行以来一直处于平市，NZUs 市场价格在 17 新元（9.34 欧元）与 22 新元（12.1 欧元）之间波动，显示出以 10%～15% 的折价跟随 CERs 价格的趋势。这是因为 NZUs 最高限价为 25 新元，而且无法出售给参与 EU ETS 的企业。NZ ETS 中的需求方通常是当地公共设备、本地工业、能源企业以及政府买家（交易量小）。在供给方面，却有大批分配单位不能及时进入市场，推高了市场价格，预期的 NZUs 供给过剩仍未出现。

二 CDM 市场"中国风"势头不再

（一）德班谈判峰回路转

国际气候谈判自 1990 年拉开序幕以来，经历了十几年艰苦而漫长的进程。

2011 年 11 月 28 日至 12 月 11 日，《联合国气候变化框架公约》第十七次缔约方大会（COP17）在南非德班召开。德班大会与之前的哥本哈根和坎昆大会一样，都没有如期闭幕，越临近尾声分歧越大且冲突越明显。这一次，《京都议定书》第二期的存废问题则成了各方激战的焦点。这不仅关系到发达国家和发展中国家两大阵营的权利和义务，更关系到已经持续了 20 年的气候谈判的前途命运。最终大会在推迟了 30 个小时后落下帷幕，《京都议定书》第二承诺期得以延续，发展中国家诉求的气候基金也终于启动。但是，悬而未决的问题还有很多，第二承诺期诸多内容有待细化。更要注意的是，大会批准成立德班增强行动平台特设工作组，其主要职责为制定一个适用于所有《公约》缔约方的法律工具或者法律成果。根据此项内容，发展中国家很有可能在 2020 年以后需要承担强制的减排义务，这对中国而言可谓不小的挑战。

作为发展中国家的代表，中国在德班会议上的表现得到了国际舆论的肯定。中国代表团团长、国家发改委副主任解振华在谈判进入第二阶段时公开表示，只要满足以下五大前提，中国不排除在 2020 年后接受有法律约束力的减排责任的可能性：必须有《京都议定书》和第二承诺期；发达国家要兑现 300 亿美元"快速启动资金"和 2020 年前每年 1000 亿美元的长期资金的承诺，启动绿色气候基金，建立监督和执行机制；落实适应、技术转让、森林、透明度、能力建设等共识，建立相应的机制；加快对各国兑现承诺、落实行动情况的评估，确保 2015 年之前完成科学评估；坚持"共同但有区别的责任"、公平和根据"各自能力"采取适当行动的原则，确保环境的整体性。五项原则的提出是中国在减排努力上做出的巨大让步，为谈判取得实质性进展起到了重要的推动作用，同时也再次向世界各国展示了中国强烈的减排意愿。此外，在德班会议期间，名为"绿色行动在中国"的"中国角"系列边会的举办，向国际社会展示了中国为应对气候变化在节能服务、技术创新、气候融资以及碳交易等各个领域的措施与成就，用一系列数字与事实证明了中国全方位的减排行动与努力，使国际社会得以更加全面、客观地了解和评价中国的减排成就。

（二）CDM 市场进入"后京都"时代

随着 2012 年《京都议定书》第一承诺期最后一年这个"大限"的不断临

近，以及关于 2012 年后应对气候变化的国际制度包括碳市场规则的久议不决，议定书所创造的国际碳市场，尤其是 CDM 市场上的观望气息越来越浓厚。

德班气候谈判进一步明确了 2012 年后应对气候变化的国际制度，包括国际碳市场的规则，并可能将对主要国家的温室气体减排政策或者行动产生影响，因而必然也将对 CDM 市场的发展产生影响。德班会议上做出的与 CDM 市场相关的决定包括如下几个方面：①议定书第二承诺期从 2013 年 1 月 1 日开始，并提出了针对第二承诺期的规则修正案建议；②决定在公约下建立一个市场机制；③议定书和公约特设工作组的授权将在 2012 年结束。

截至 2011 年 12 月 16 日，发展中国家通过联合国 CDM 执行理事会签发出的碳信用额为 8 亿吨二氧化碳当量。金融危机以及欧债危机的持续和扩大，更进一步抑制了国际 CDM 市场的活跃程度。碳价的持续低迷，加上欧盟和日本等附件 I 国家对中国 CDM 的态度越来越消极，让 CDM 市场的参与者深刻感受到了国际政经形势对这个市场的巨大影响。

三 中国碳市场建设驶入快车道

（一）碳交易政策出台提速

在应对气候变化国际压力、能源约束、环境污染、人口结构变化、发展方式转变以及公众舆论等多重因素的制约下，节能减排已经逐渐成为全社会的主流认识。2011 年，中国确定的目标是单位 GDP 能耗下降 3.5%，但实际只下降了 2.01%，全国氮氧化物排放总量不降反升 5.73%。同时，随着行政手段减排的弊端日益凸显，国家越来越重视利用市场手段解决环境问题。在这种形势下，建立一个行之有效的市场机制对完成"十二五"节能减排目标显得越来越重要。2011 年以来，中国碳交易政策出台的频率和力度之大都是前所未有的，中国碳市场建设已经开始提速。

2011 年 4 月，"十二五"规划《纲要》提出"合理控制能源消费总量，明确总量控制目标和分析落实机制，逐步建立碳排放交易市场"。

2011 年 12 月，国务院在《"十二五"控制温室气体排放工作方案》中提出，运用综合措施控制温室气体排放，具体措施包括：加快调整产业结构，大力推进节能降耗，积极发展低碳能源，努力增加碳汇，控制非能源活动温室气体排放及加强高排放产品节约与替代等；同时提出要开展低碳发展试验试点，加快建立温室气体排放统计核算体系，探索建立碳排放交易市场，大力推动全社会低碳行动等要求。

2011 年 11 月，国家发改委办公厅下发了《关于开展碳排放权交易试点工作的通知》（发改办气候〔2011〕2601 号），批准北京、天津、上海、重庆、湖北（武汉）、广东（广州）、深圳等 7 省市开展碳排放权交易试点工作。通知要求，各试点地区要着手研究制定碳排放权交易试点管理办法，明确试点的基本规则，测算并确定本地区温室气体排放总量控制目标，研究制定温室气体排放指标分配方案，建立本地区碳排放权交易监管体系和登记注册系统，培育和建设交易平台，做好碳排放权交易试点支撑体系建设，保障试点工作的顺利进行。

2012 年 6 月，国家发改委正式颁布《温室气体自愿减排交易管理暂行办法》，确立了自愿减排交易机制的基本管理框架、交易流程和监管办法，建立交易登记注册系统和信息发布制度，以此规范开展自愿减排交易活动。

（二）七省市试点进入准备期

自从国家发改委正式通知京津沪粤渝鄂深七省市开展区域碳排放权交易试点以来，各省市纷纷开始紧锣密鼓研究制订试点方案。从目前公开披露的情况看，北京、上海、天津、广东等地已经先后完成了初步的试点方案。

北京作为国家首批碳排放权交易试点城市，于 2012 年 3 月 28 日举行了碳排放权交易试点启动仪式，国家发改委副主任解振华与北京市市长郭金龙与会并共同启动北京市碳排放权交易电子平台系统，标志着北京碳排放权交易试点进入了一个新的阶段。

北京市碳排放权交易试点主要包括建立基于总量控制的二氧化碳直接排放权和间接排放权交易综合制度试验，实行重点排放者二氧化碳排放权配额制度。以本市辖区内排放企业（单位）为交易主体，以直接二氧化碳排放权、间接排放权和由中国温室气体自愿减排交易活动产生的核证减排量（CCER）为交易产品，鼓励非强制参与者实施减排项目交易。主要采取市场化方式交易，完善市场管理机制，建立市场监管服务组织。

为深入做好应对气候变化工作，进一步提高科学决策水平，北京市还成立了应对气候变化专家委员会，负责为北京市制定应对气候变化相关战略、规划、政策、法规等提供咨询和建议。为了建立政府与碳排放交易市场参与各方间顺畅的沟通渠道，加强市场参与主体的联系交流和自律，促进北京碳排放权交易规则的完善和市场交易的活跃，北京还成立了碳排放交易企业、中介咨询及核证机构和绿色金融机构三大联盟。

天津作为碳排放权交易试点城市之一，为如期顺利开展试点工作，专门成立了区域碳交易试点工作小组，由天津市发改委等有关部门具体领导，积极开展天津市区域碳交易试点方案编制工作，目前已形成方案初稿，进入相关机构及专家征求意见阶段。

继国家发改委宣布开展碳排放权交易试点后，上海就全面着手制订碳排放交易试点实施方案，并于 2012 年 8 月举行了启动仪式。上海试点方案设计的原则主要有两点：一是尝试以市场机制推进节能减排，探索强制性减排市场的建设；二是在交易机制、交易规则和核算体系等方面进行技术和机制创新。

作为碳交易试点城市之一，深圳全面开展了企业碳清单的编制工作，明确要纳入碳交易主体的范围。目前已经初步拟定了五个可供选择的方案给深圳市政府做评估，方案包括了从 600 多家到 1200 多家的企业范围。

四　北京环境交易所的低碳之路

（一）"熊猫标准"实现首笔交易

"熊猫标准"是由北京环境交易所和法国 BlueNext 交易所以及中国林权交易所和美国温洛克国际农业开发中心联合开发的中国第一个自愿减排标准。2011 年 3 月 29 日，中化集团方兴地产（中国）有限公司通过北京环境交易所成功购买 16800 吨"熊猫标准"的自愿碳减排量。此次交易双方均为中国企业，减排量的核算采用本土标准，这在发展中国家尚属首次，体现了中国企业先进的低碳战略与高度的社会责任感，在碳交易领域迈出了具有里程碑意义的一步。2012 年 5 月，由法国开发计划署资助、大自然保护协会（TNC）牵头，与中国 21 世纪议程管理中心、云南 CDM 项目中心等单位联合开发的"退化土地竹子造林方法学"获得"熊猫标准"的正式批准，这是世界上第一个有关竹子造林的碳汇方法学。

（二）北京市老旧机动车淘汰更新服务平台启动

北京市老旧机动车淘汰更新交易平台，是将排污权交易原理与北京市实际情况相结合，用市场机制解决交通拥堵和空气污染等问题的创新实践。根据北京市政府《关于进一步促进本市老旧机动车淘汰更新方案》（京政办发〔2011〕42 号），自 2011 年 8 月 1 日起，北京市政府授权北京环境交易所搭建北京市老旧机动车淘汰更新交易办理平台，通过经济鼓励和强化监管相结合方式，促进老旧机动车淘汰更新，优化机动车存量，减少机动车污染排放。北京市老旧机动车淘汰更新交易办理平台共形成八个实地办理网点、一个管理信息系统和一个电话客服中心。截至目前，通过平台淘汰审核的老旧机动车接近 15 万辆，发放政府补助总金额已超过 5.4 亿元，获得企业奖励的车主超过 3 万人次。北京市通过淘汰老旧机动车减少一氧化碳、氮氧化物和碳氢化合物排放量 3.9 万吨，其中减排氮氧化物 1700 吨，对空气质量改善的促进作用开始显现。同时，政府补助与企业奖励"双管齐下"的经济措施对带动车市回暖也有较大贡献。

（三）碳中和与自愿减排排行榜

近年来，环交所已经在银行、汽车、保险、IT、饮料、餐饮等行业为近 20 家企业、产品、活动提供了碳中和综合服务。2011 年，为庆祝"博鳌亚洲论坛"成立十周年和传播低碳发展理念、提高公众环保意识，北京环境交易所与"博鳌亚洲论坛"秘书处合作，通过购买云南西双版纳竹林碳汇项目所产生的减排量，为"博鳌亚洲论坛"2011 年年会成功实现了"碳中和"目标。2011 年 6 月 26 日，北京环境交易所联合多家专业机构共同发布了国内首个以温室气体自愿减排量为主要衡量指标的企业排行榜"中国企业自愿减排 2010 年度排行榜"。榜单汇集了过去一年中通过购买自愿碳减排指标（VER）

实现碳抵消的企业与机构，旨在表彰这些企业在彰显社会责任的同时，将碳管理纳入企业的管理和运营，以提升自身的核心竞争力。该榜创立了自愿减排领域真实的披露体系，成为国内外各机构践行自愿减排、履行社会责任的风向标。

（四）低碳转型服务

为响应国家 2013 年开展碳排放权交易试点、2015 年建立全国碳排放权交易市场的政策要求，环交所为各级地方政府和园区提供了一揽子低碳发展解决方案。方案包括区域碳诊断，为当地制定低碳发展规划和城市减排方案，开展区域温室气体调查，甄别潜在减排领域和碳资产开发管理。同时，全面促进节能环保项目投融资、低碳技术引进和转让，为低碳城市提供定制化的招商服务，协助开展低碳园区试点和建设，为政府管理者和技术人员提供低碳城市和区域碳资产管理培训和能力建设。2011 年，环交所成功为浙江庆元、内蒙古伊金霍洛旗、广东佛山等地制订了地方低碳转型方案。

（五）北京市碳交易试点研究及交易平台建设

作为北京市碳交易试点指定交易平台，北京环境交易所与国际机构和国内各级政府主管部门密切合作，在碳交易机制设计、行业减排机制研究、交易规则制定和交易系统开发等方面开展了密集的项目研究，包括联合国开发计划署（UNDP）"绿色发展方案"支持的"加强中国碳交易平台能力建设"项目、英国 SPF 基金支持的"北京市建筑碳排放交易机制与应用研究"项目、亚洲开发银行支持的"北京绿色金融发展战略研究"项目、北京市交通委支持的"北京市低碳交通研究"项目，以及北京市金融局支持的"北京市碳金融发展路径研究"项目等，这些基础研究为行业减排机制与场内交易体系的建立进行了必要的准备。

参考文献

《中华人民共和国国民经济和社会发展第十二个五年规划纲要》，新华社，2011 年 3 月

16 日。

《国家发展改革委办公厅关于开展碳排放权交易试点工作的通知》（发改办气候〔2011〕2601 号），国家发改委气候司网站，2011 年 10 月 29 日。

《"基础四国"第九次气候变化部长级会议联合声明》，北京，2011 年 11 月 1 日。

《中国应对气候变化的政策与行动白皮书（2011）》，国家发改委气候司网站，2011 年 11 月 23 日。

《国务院关于印发"十二五"控制温室气体排放工作方案的通知》（国发〔2011〕41 号），国家发改委气候司网站，2011 年 12 月 1 日。

《国家发展改革委关于印发〈温室气体自愿减排交易管理暂行办法〉的通知》，国家发改委气候司网站，2012 年 6 月 13 日。

《本市举行碳排放权交易试点启动会》，北京市发改委网站，2012 年 3 月 29 日。

俞岚、周锐：《中国称德班会议取得五大成果》，中国新闻网，2011 年 12 月 12 日。

Alexandre Kossoy, Pierre Guigon：《2012 年碳市场现状与趋势》，世界银行环境部，华盛顿特区，2012 年 5 月。

苏伟：《建立中国碳排放交易体系的主要任务》，《碳市场 2011 特辑》，北京环境交易所，2012 年 1 月。

孙翠华：《如何建立中国的碳交易市场》，《碳市场 2011 特辑》，北京环境交易所，2012 年 1 月。

段茂盛：《德班之后国际履约碳市场展望》，《碳市场 2011 特辑》，北京环境交易所，2012 年 1 月。

侯博：《碳金融创新与北京要素市场建设》，《碳市场 2011 特辑》，北京环境交易所，2012 年 1 月。

王阳：《德班气候大会亲历记》，《碳市场 2011 特辑》，北京环境交易所，2012 年 1 月。

王雯：《欧洲碳市场的违规行为与监管》，《碳市场 2011 特辑》，北京环境交易所，2012 年 1 月。

于晓琳：《碳市场的价格与风险》，《碳市场 2011 特辑》，北京环境交易所，2012 年 1 月。

高升槿：《韩国碳市场的政策、制度及前景》，《碳市场 2011 特辑》，北京环境交易所，2012 年 1 月。

何鑫：《欧盟为何将碳排放权现货纳入金融监管》，《碳市场 2011 特辑》，北京环境交易所，2012 年 1 月。

Paul Curnow：《澳洲排放交易体系的中国机遇》，《碳市场 2011 特辑》，北京环境交易所，2012 年 1 月。

邹毅：《AB 32：全球第二大强制碳市场呼之欲出》，《碳市场 2011 特辑》，北京环境交易所，2012 年 1 月。

Pierre Guigon：《碳市场的两类基础设施》，《碳市场 2011 特辑》，北京环境交易所，2012 年 1 月。

朱俐：《IEA 气候变化总监理查德·巴伦访谈》，《碳市场 2011 特辑》，北京环境交易所，2012 年 1 月。

王鹏宇、刘晓嫣：《碳中和：中国碳市场的前奏曲》，《碳市场 2011 特辑》，北京环境交易所，2012 年 1 月。

杨琳：《中国碳排放交易市场发展前景分析》，《碳市场 2011 特辑》，北京环境交易所，2012 年 1 月。

王遥：《气候融资如何形成气候》，《碳市场 2011 特辑》，北京环境交易所，2012 年 1 月。

武凌霄：《德班谈判峰回路转》，《碳市场 2011 特辑》，北京环境交易所，2012 年 1 月。

陈乐、王丽莎、张燕：《益可：碳价低迷下的项目开发》，《碳市场 2011 特辑》，北京环境交易所，2012 年 1 月。

B.18
以产权市场为核心　构建加快黑龙江现代服务业发展的市场体系

李方权*

黑龙江省是资源大省，但不是经济强省，物质财富多而经济价值低，严重影响和制约着黑龙江经济社会更好更快地发展。究其原因，产权市场体系建设相对滞后、功能相对不完善，导致实体经济不活跃、交换不充分是重要的影响因素。我们认为，产权市场的交易活动是现代服务业的重要组成部分，也是支撑实体经济发展的载体与平台，对于加速构建黑龙江省以"十大重点产业"为主体内容的产业体系，特别是推进本省现代服务业加快发展是极其重要的。

一　构建加快黑龙江现代服务业发展市场体系的战略意义

产权市场是综合性要素市场与资本市场的有机整体。依托产权市场，构建促进现代服务业发展的支撑体系，具有发展的二重属性。一是政府公共服务与社会化服务的延伸功能。产权市场体系是面向市场、背靠政府，在政府公共服务与社会化服务之间找到社会合约履行的制度契合，将政府和社会合约规则与社会化服务具体化与精细化，为生产要素优化配置与商品交易增值，提供创新性的高级的公益服务。二是经济社会发展"水池效应"的增值功能。产权市场体系从掌控物流、信息流、资金流和产权流，完成政府、社会赋予的公共服务职能之后，继而衍生出信息服务、指数发布、交易结算、招商引资、投融资等全新的现代服务业务。这种情形下的产权市场体系，活跃市场交易，降低交

---

* 李方权，黑龙江联合产权交易所董事长。

易成本，增加结算收益，进而提高黑龙江实体经济在国内外市场的话语权与定价权，构建促进黑龙江现代服务业发展的市场体系。

（一）它是大力发展小微企业的需要

将更多的民间资本通过产权市场转化为能够带来更多剩余价值的产业资本，既是政府的职责，也是产权市场的职责。2012 年 4 月 19 日，国务院出台《关于进一步支持小型微型企业健康发展的意见》，要求大力发展小微企业，缓解小微企业融资难问题。然而股市门槛高，债市成本大，民间融资不规范，风险大，也不活跃。但产权市场的包容力较强，业务涵盖了社会各类资源，具有较强的公信力和影响力，能够弥补证券市场的不足，促进本地资产资本化，促进企业融资，提升本地资源的定价权。为小微企业提供融资途径，已经成为产权市场的重要功能。

（二）它是促进大型项目建设招商引资的需要

"十二五"期间，黑龙江省在推进"八大经济区""十大工程"建设，加速构建以"十大重点产业"为主体的现代产业体系。产业项目建设是重要任务，招商引资是重中之重。产权市场平台既是要素最佳组合、资本有效流动、资产有效增值的战略支撑，也是招商引资的重要载体。产权市场体系的主要功效是促进企业产权流转，让企业在产业并购、招商引资的过程中实现融资。只有加快全省产业项目建设步伐，以产权市场为核心，促进外来战略投资者的资本进入、资金进入、技术进入与人才进入，才能加速推进经济结构调整，加快促进黑龙江省的新型工业化进程。

（三）它是掌控黑龙江省实体经济国内外市场话语权与定价权的需要

黑龙江省虽然是资源大省，但在国内外市场缺少话语权与定价权。比如，水稻、大豆、石墨、林权、公路、湿地等优势资源，规模较大，但实力不强，导致商品的市场价值过低。如果产权市场的功能齐全、完备，这些稀缺性资源要素纳入市场加以交易，上述问题将迎刃而解。再比如，将黑龙江省千家万户的木耳生产者集中起来，形成对外零售柜台，是初级市场；再设木耳大宗商品市场，只是现期货交易者的中端市场；为了扩大再生产，通过到产权市场挂牌出让部分股权、质押部分股权等，引进投资者，木耳产业发展就可以依托高端的要素市场做大做强。这就是产权市场的杠杆撬动，是实现资源资产化、资本化、证券化的增值过程。

（四）它是提高对俄贸易结算服务功能的需要

黑龙江省是对俄贸易的"桥头堡"与"枢纽站"。发展绥满对俄沿边开发开放带上升为国家战略，为黑龙江省打造对俄跨境全产业链提供了新机遇与有力的政策支撑。为进一步发挥黑龙江省区位优势，拓展对俄及东北亚合作空间，加强双边的企业股权交换，我们战略的对策是：抓紧构建对俄跨境全产业链，将资源及贸易的流动纳入高端要素市场；面向俄罗斯，融入东北亚，全面发挥口岸优势，整合开放资源，让木材等大宗商品顺流而下，深入欧洲腹地，建设资源开采、精深加工、跨境物流、国际结算、期货与现货市场交易的全产业链。这样，可以完成产权交割，形成产权流、信息流，进而影响市场价格，发挥市场强大的结算收益功能，把对外贸易的附加值进行市场化的提升。

二　构建加快黑龙江现代服务业发展的市场体系的主要任务

黑龙江省地域广阔，是农业、资源、环境、文化大省，具有强大的物质生产能力，特别需要依托产权市场构建加快现代服务业发展的市场体系，促进各类资源合理有序流转和市场化配置。

（一）完善权益类市场的融资功能

一是建设区域性股权交易市场。即建设"四板"市场，通过发挥黑龙江联交所下设的省股权登记托管中心功能，以"两非"公司为服务对象，通过集中办理股权登记托管，规范和加强企业股权的管理工作，为国资监管部门规范监管提供依据，为股东维护合法权益提供保证。目前已托管企业186户，托管总资产 145 亿股；办理股权质押 182 笔，实现融资 33 亿元，为中小企业融资开辟了成本低、安全有效的新通道。下一步，将在此基础上探索股权交易业务，从而满足中小企业股权流转融资的需要，逐步建设基础性资本市场。

二是建设金融债权类市场，包括信托产品等。这是一块巨大的蛋糕，已经成为京、沪等产权市场的重头戏。目前，黑龙江联交所已经与四大资产管理公司建立合作关系，共完成各类债权转让项目 3 宗，成交额 1316.50 万元。根据黑龙江省金融创新工作的需要，急需增加信贷资产、信托资产、金融租赁资产等金融创新产品，促进金融服务业成为活跃黑龙江省地方经济的杠杆。

三是建设地方性股权投资基金即 PE 市场。黑龙江联交所充分利用这个优化资源配置和发现价格功能的融资平台，提供公开、合理的股权估值和便捷、高效的交易渠道，促进企业与 PE 等各类投资资本的低成本、高效率对接，同时为投资人建立完善的进入和退出通道。

（二）强化资产类市场的杠杆功能

一是强化企业国有产权市场的产权交易。黑龙江省的企业国有产权市场起步较早，运作成熟规范，目前国资委监管企业的产权转让已经全部进场。要继续利用产权市场的杠杆，激活企业存量资产，促进企业内外部的产权、股权、实物资产（如机器、房产、土地、存货）整体或部分交换。通过改革、兼并、重组、分立等方式，使国有产权进行有效的市场交易，使企业获得新的财富与新的发展机制；强化产权市场新的价格发现功能，优化国有经济的获利实现形式，从国企生产盈利向国资流动增值跨越。

二是强化社会资源市场的产权交易。包括行政事业资产、涉诉资产以及狭义的公共资源等。

行政事业资产。哈工大、哈工程等中直行政事业单位的资产已经进场交易，省级、市级的行政事业资产也要积极推进。

涉诉资产。国家最高人民法院出台了《最高人民法院关于人民法院委托评估、拍卖工作的若干规定》（法释〔2011〕21 号），明确将涉诉国有资产纳入省级以上产权市场；目前黑龙江联交所接受省高法委托，正在对鸡西、双鸭山两个涉诉项目进行试点交易。根据试点情况，将出台具体文件和交易规则。

公共资源。黑龙江联交所已经设立了省公共资源交易所，成功完成了多项停车场经营权转让项目，成交额834.45万元，增值率85.72%，完成了多项大冬会闲置资产处置项目，成交额404万元。目前正积极与省监察厅联系，从省级层面规范推进公共资源进场。

三是强化工程招投标、土地招拍挂及政府采购市场的规范运作。工程建设项目招投标、土地征收及使用权出让、政府采购、产权交易已经成为纪检监察部门的"四项工作制度"，是纪检监察部门加强对重点领域、重要部门、重要岗位和关键环节监督制约的重要手段。

（三）加强商品类市场的流转功能

一是加强大宗商品市场建设。黑龙江省具有自然资源优势，原粮、木材、煤炭、石墨等都可以作为大宗商品进行交易。黑龙江联交所正在探索对龙滨酒厂进行新型设计，采取现场和网络相结合的方式进行拍卖，同时结合国家将石墨作为战略物资严格控制的新要求，研究建设国际级的石墨交易市场。

二是加强期货市场建设。期货市场是市场经济发展的高端产物，具有发现价格、规避风险的功能。政府与粮食生产企业通过期货市场的预期价格，能够提前调整农业种植结构，提高农业生产效率，促进农业标准化，提高农业竞争力，为订单农业提供避险工具。要依托运作成熟的产权市场，将期货市场与现货市场密切配合，互助互补，拓宽农产品流通渠道，促进黑龙江省农村农产品市场体系建设。

三是加强商品资讯市场建设。黑龙江联交所依托产权市场的信息发布网络，开展商品资讯服务项目，包括商城资讯、行业资讯、专题资讯、综合资讯等高价值的商品资讯信息，反映商品不同时期的价格变化方向、趋势和程度，它是跟踪商品市场动态变化的工具之一，能够为制定、调整和检查各项经济政策，特别是价格政策，提供重要依据。

四是加强项目招商市场建设。黑龙江省非银行金融机构过少，资本市场欠发达，民间金融不活跃，一方面存在大量投资项目"待嫁"，另一方面又有大量资金需寻找项目，关键是缺乏桥梁。黑龙江联交所将与各市（地）建立以产权市场为依托的招商联系，将各市（地）招商引资项目统一发布，对比较成熟的各类项目，利用强大的信息发布网络、诚信的平台功能、大量的投资机构，进行市场推介，促成地市招商项目成交。

（四）健全专业类市场的资源资本化功能

黑龙江省是资源大省，农、林、矿、土地等自然资源和老工业基地的现有产业存量资源十分巨大，可以通过产权市场，促进资源流转，走出一条资源资产化、资产资本化持续增值的新路。

一是健全农村土地产权交易市场。土地流转权分为农村集体建设用地使用权、土地承包经营权的流转权，其中农村建设用地的使用权分为宅基地、乡镇企业用地、公共设施和公益用地、已办转用手续的家用地，以及上述用地复垦为耕地后可用于建设用地的指标共 5 种；土地承包经营权的流转权包括以经营权入股的股权、收益分配权。黑龙江省土地总面积 46 万平方公里，总耕地面积和可开发的土地后备资源均占全国 1/10 以上，人均耕地和农民人均经营耕地是全国平均水平的 3 倍左右，农村土地产权市场大有可为。

二是健全林权交易市场。林权是黑龙江的绿色 GDP。全省林业经营总面积 3175 万公顷，占土地面积的 2/3；林地面积 2007 万公顷，活立木总蓄积 16.5 亿立方米，森林覆盖率达 43.6%，森林面积、森林总蓄积和木材产量均居全国前列。目前，黑龙江省已经出现了活立木交易市场，黑龙江联交所正积极探索建立覆盖面更广的林权交易市场。

三是健全环境能源交易市场。黑龙江省碳汇资源极其丰富。目前黑龙江联交所已经与上海合作成立了上海环境能源交易所黑龙江分所，探索节能减排、环境污染控制以及 CDM 项目和排放权交易等。在环保项目方面，有建工集团创新的节能保温技术、中盟的热电联产、龙煤的煤电化项目等。

四是健全文化产权交易市场。黑龙江省文化底蕴深厚，具有独特的黑土文化、冰雪文化、民族风情文化，目前正处于文化大发展、大繁荣的快速发展时期，需要文化产权的大流动、大并购。黑龙江联交所已经设立了上海文化产权交易所黑龙江分所，主动与省委宣传部下设的北方文化产权交易所合作，合力打造文化创意产业服务平台。黑龙江联交所正以同源文化公司为试点，开展理论研究，与版权局签署版权合作协议，将推出有影响力、有产业价值的文化创新产品。

五是健全技术产权交易市场。目前，全省共有普通高校 78 所、独立科研院所 228 家，争取国家科技计划项目 1172 项，申请专利 23432 件，获得国家科技奖励 13 项，拥有哈、大、齐 3 个国家级高新技术产业开发区和牡、佳两个省级高新技术产业开发区。黑龙江联交所拟与省技术市场联合，开发技术产权交易的信息发布、对接洽谈、项目推介、科技会展、成果交易和国际合作六项服务功能，对科技企业、科技成果进行信息采集、筛选、策划、认定、登录、预警、发布、推介、询价和撮合，为科技企业和科技成果的直接融资提供快速通道。

（五）凸显对俄经贸市场的跨境功能

俄罗斯远东地区的各类自然资源十分丰富，权属明确，但因信息不对称、信用等级不足，影响了深度开发与合作。黑龙江联交所依托地缘优势，与俄罗斯远东地区的产权交易机构实施战略合作，抓住俄罗斯加入 WTO 的契机，实施产权市场规则一体化，为省内赴俄跨境企业提供境外土地、矿产、能源等各类产权信息，增加俄方政策信用，撮合双方成交。

三　构建加快黑龙江现代服务业发展的市场体系的路径选择

（一）以产权市场深化发展为核心进行金融创新

市场经济是一种资源合理配置和系统分散风险的运行机制。产权市场作为区域性综合金融服务平台，本身就是市场经济的创新平台，包括制度创新、技术创新、产品创新、机制创新等方面。上海、北京、天津、广州、重庆、成都、武汉等地的金融中心建设规划，几乎都涵盖产权市场。产权市场作为现代服务业的创新代表，是一种新型资本市场。其建设与规划，应当与区域金融中心的功能相匹配，成为区域金融中心的核心建设目标。黑龙江省借鉴外地经验，将黑龙江联交所打造成为金融创新的核心，以产权为纽带，与担保公司、风投公司、基金公司等金融机构合作开展金融创新，共同出资设立各专业化子平台，进一步凸显黑龙江省区域资本市场的融通功能。

（二）打造黑龙江省区域性股权交易市场

黑龙江联交所的股权登记托管工作积累了弥足珍贵的发展经验，托管企业数量初具规模。按照资本市场建设与创新的思路，黑龙江联交所正在组织专家，围绕完善产权市场功能进行标准设计，提高专业化融资服务水平，为全省"两非"公司和众多投资者打造低门槛、有退出渠道的区域性股权交易市场。将依托黑龙江联交所开展"两非"公司股份转让试点业务，实现市场初期的集约化发展，有效节约成本，完成区域性非上市公司股权转让市场建设的探索实践。在先期交易试点经验基础上，由黑龙江联交所、省股权托管中心以产权为纽带，联合江海证券、省科技成果展示交易市场、哈尔滨股权登记托管中心以及省内外有影响力的金融投资机构共同成立黑龙江省股权交易所。

（三）探索建设大宗商品交易市场

黑龙江联交所正探索以省国资委出资企业为试点，建设黑龙江省大宗商品交易市场。集中铁路集团、航运集团等交通行业的企业，为开展大宗商品交易提供全方位的物流支持；集中新良集团、龙煤集团、地煤集团、中煤国际等以粮食或能源生产为主的企业，为开展大宗商品交易提供多样化的产品；以黑龙江联交所的办公场所作为交易场地，建设大宗商品交易市场，通过举办招商会等形式，推介产品，促进成交。

（四）依托产权市场建设公共资源交易中心

黑龙江联交所已经设立了黑龙江省公共资源交易所，并成功处置了多项资产，运作较为成熟。同时，黑龙江联交所已经与政府采购、建设工程招投标、经营性土地招拍挂共同作为首批四要素市场开通接入单位，接入省监察厅组建的全省要素市场电子监察系统。黑龙江省要建设省公共资源交易中心，可以依托产权市场来建设，其具体做法是：在黑龙江联交所的基础上，加挂省公共资源交易中心的牌子，同时将政府采购、建设工程招投标、经营性土地招拍挂共同纳入市场合署办公，人员采取混合编制的形式。这样，在防止腐败的同时，也起到了以市场机制优化配置资源的作用。

（五）迅速展开对俄贸易跨境类市场的调研及筹建

为充分发挥黑龙江省的区位和地缘优势，加快对俄及东北亚的合作，黑龙江联交所将通过提供境外土地、矿产、能源等各类产权信息，增加俄方政策信用，撮合双方成交。黑龙江联交所正在组织博士后科研工作站的研究人员，积极展开调研，探索建设外向型产权市场，与俄方共同建设中俄产权交易所，以共同认可的公信力与权威性，集中两国的经贸产品和产权进场交易，以产权和资本的流动促进对俄边贸，促进黑龙江省的资源、资产、资本与境外的资源、资产、资本进行有效对接和交换。

（六）将产权市场服务业务纳入现代服务业体系

党的十六届三中全会把产权市场作为资本市场的重要组成部分，《中华人民共和国企业国有资产法》也明确了产权市场的地位和作用。部分省市把这个市场作为当地重要的资本市场来建设和发展。例如，上海市把产权市场作为上海市资本市场发展的五大要素市场，天津市把产权市场列为天津滨海新区率先发展的资本市场。产权市场既是资本市场，又是资源要素市场，具有明显的市场化特性和政府导向性，需要政府、社会重视和支持。黑龙江省的产权市场已经有了一定的发展基础，省委、省政府应将其作为黑龙江现代服务业的高端产业，确立中远期目标，同时在政策、资金、交易范围及交易品种上给予扶持，力争尽快做大做强，发展成为黑龙江省乃至东北地区最大的投融资平台，为老工业基地振兴与对俄经贸创新发展、转型升级做出新的贡献。

$\mathbb{B}.19$
建立统一市场，提高租赁资产流动性

丁化美*

融资租赁业是集融资与融物、贸易与技术服务于一体的金融产业活动。融资租赁业务兼具融资与融物双重职能，在交易过程中租赁物的所有权和使用权分离，是适合于中小企业的一种有效的融资方式。随着改革开放的发展，融资租赁业作为一个重要的金融市场资源分配方式，在我国开始迅速扩张，尤其是2007年金融租赁公司的出现，使得融资租赁业务规模飞速发展。

一 中国融资租赁业发展概况

自2004年12月起，商务部外资司宣布允许外商独资成立融资租赁公司。与此同时，商务部和国税总局联合批准成立9家内资融资租赁试点公司，2006年5月又再次批准成立了11家试点公司。2007年1月银监会发布了经修订的《融资租赁公司管理办法》，重新允许国内商业银行介入融资租赁，并陆续批准了其管辖的银行成立融资租赁公司，自此融资租赁业在国内迅速发展。截至2011年底，全国在册运营的各类融资租赁公司约286家。其中，金融租赁20家，内资租赁66家，外商租赁约200家，注册资金总计约1022亿元。从租赁业务发展情况来看，到2011年底，全国融资租赁合同余额约9300亿元。其中，融资租赁约3900亿元，内资租赁约3200亿元，外商租赁约2200亿元。

租赁资产规模的急速扩张，是由于融资租赁业引导资金投向实业，有利于金融业与产业相结合，与政府扶持中小企业的愿景及市场融资需求相匹配。企

---

* 丁化美，天津金融资产交易所总经理。

业可以利用现有设备等资产通过融资租赁方式融资，既获得现金流，又降低负债率；民间资金可以通过融资租赁方式投资设备给企业使用，为企业改善资产负债表和持续融资提供优良的渠道。同样的道理，融资租赁还能够为地方政府融资平台降低资产负债率，把民间资金引入基础设施和保障房等公共领域，减轻地方政府的债务负担。由于融资租赁不仅介入企业的融资环节还能够介入经营环节，因此有助于从整体上提高融资效率，有助于化解资本设备生产过剩和产能过剩问题，既为解决金融发展对实体经济"疏远化"问题提供了有效途径，也为国家实施经济和金融的宏观调控提供了新的抓手。

鉴于上述融资租赁业对中国实体经济的促进作用，相关政府部门已经开始重视并支持融资租赁业的发展。2010 年 6 月 21 日，中国人民银行、银监会、证监会、保监会发布《关于进一步做好中小企业金融服务工作的若干意见》，明确提出大力发展融资租赁业。2012 年 2 月 14 日财政部发布通知，对融资租赁公司等金融企业，准予贷款损失准备金在税前扣除。2012 年 2 月 29 日，中国人民银行、发改委、财政部、水利部、银监会、证监会、保监会等七部门发布《关于进一步做好水利改革发展金融服务的意见》，再次提出："积极发展多种融资产品，大力发展融资租赁服务。"

二 融资租赁业发展面临的关键问题

随着租赁资产规模的快速扩张，融资租赁公司开始普遍出现资金不足的问题。资金是融资租赁公司生存和发展的决定因素和必要条件，其筹措资金能力的大小和资金管理水平的高低，直接关系到融资租赁公司的发展命运。

首先是由于政策限制，融资租赁公司融资渠道有限；其次是因为资本金的约束，资产规模受到制约；此外，融资租赁公司持有的基本都是期限较长的优质资产，但是这些资产租赁期限长，严重缺乏流动性。对于融资租赁公司而言，持有的资产量越大，管理的风险也就越大。

（一）资金困境

中国融资租赁业由于缺少应有的政策法规优惠，使得行业融资渠道狭窄。

目前，融资租赁公司的资金来源绝大部分是银行短期贷款（从目前租赁业反馈的情况来看，银行短期贷款占融资租赁公司外部资金来源的90%以上），虽然金融债、点心债等渠道也受到融资租赁公司的重视，但鉴于融资条件、跨境使用的限制，它们为融资租赁公司提供的资金量非常有限。而不同类型的融资租赁公司面临的具体情况又有所不同。

第一，按照国家外管局2005年颁布的第74号文件，外资背景的融资租赁公司允许国外借入外债，如果外方股东资金雄厚，则可能向融资租赁公司拆借资金，但依靠股东输入资金具有很强的不确定性，且会增加股东成本。

第二，非金融牌照的融资租赁公司（商务部管辖下的内资试点租赁公司和外资租赁公司）可以在海外设立公司并在海外融资，但其资金输入国内运用存在很大的障碍，大多只能在境外运作。

第三，具有金融牌照的融资租赁公司（国内按照监管分法，称之为金融租赁公司），大多具有银行股东背景，但母行向租赁公司进行融资存在很大的困境，目前不能向租赁公司贷款，只能注入资本金。融资租赁公司可以参与银行间市场交易，但是需要至少两年的盈利年度才能申请，而且银行间市场也主要是短期头寸的拆借。融资租赁公司可以发行金融债，但具有非常苛刻的条件，在实际操作中，融资租赁公司的每一项经营指标都要高于行业平均水平才能获准发行金融债，这导致绝大多数融资租赁公司都没有能力发行金融债。

第四，厂商系融资租赁公司筹措资金面临困境。大部分厂商系融资租赁公司都是向银行借款，其面临两方面问题：一方面，银行贷款利率基本都受人民银行的监管，融资租赁公司的资金成本会比较高；另一方面，银行都会要求厂商提供担保或者回购承诺，这些担保义务都会使生产商的资产负债表恶化，损害其主营业务进一步融资的能力。

第五，独立的第三方的本地融资租赁公司。目前这类公司生存非常困难，它们大多股本较小，且基本上没有可靠的外部资金来源。

（二）资本困境

融资租赁公司都受到资本金的约束。商务部管辖的融资租赁公司，其经营杠杆为10倍（资产总额/净资本）；银监会监管的金融类融资租赁公司，其经营杠杆为 12.5 倍（风险资产总额/净资本，类同于商业银行 8% 的资本充足率）。根据中国银行业协会金融租赁专业委员会统计的数据，2011 年底，17家金融租赁公司实收资本 504.89 亿元，而总资产为 5267.78 亿元，超过实收资本的 10 倍。即使考虑到风险资产的数据可能小于总资产，在不增加资本的情况下，金融租赁公司扩大规模的幅度也有限。

资本约束意味着，融资租赁公司业务发展到一定的规模，要开展新业务，必须在两条路径中做出选择：增加资本金或出售原有业务。最近几年，中国融资租赁业务规模增长迅速，与之相伴的是一轮又一轮的"增资潮"。这种模式下，租赁公司存在很大的风险。

第一，增加资本金，会增加股东压力。一般来说，股东的增资能力有限度，资本金的成本比债务成本高。

第二，不断增加规模，对融资租赁公司造成很大的资产管理压力。在此模式下，融资租赁公司没有分散风险的渠道，租赁资产的风险随着规模增加在租赁公司内部不断积累。

三　融资租赁资产交易渠道探讨

当前的融资模式严重限制了中国融资租赁业服务实体经济的能力。急速增长的资产规模迫使融资租赁公司除了追加注册资本金、贷款、银行拆借以外，在总规模受限的情况下，必须加大资产周转频率，提高资产流动性，因此促进租赁资产的交易已经成为租赁行业热点话题之一。

（一）建立融资租赁资产全国性交易平台

天津金融资产交易所看准了租赁资产交易机遇，经过充分调研与扎实建设，于 2011 年 6 月建立起一个专业公开的融资租赁资产全国性交易平台，并且与海航资本、民生租赁等大型租赁公司签订了战略合作协议，全国近百家租赁公司都成为金融交易所会员，共同促成租赁资产交易的快速流转与价值发现，以达到拓宽融资渠道的目的。目前在金融交易所挂牌的租赁项目已达1032 个，涉及金额 1235 亿元，并已促成多单租赁资产交易。

结合天津金融交易所两年多的实践经验和目前广大投资客户情况，在租赁产品设计上分步走，设计出不同阶段最合适的产品，是当前提高租赁资产流动性最具操作性的方式。具体而言，可以分三个等级：第一级是租赁资产的直接转让，目前这一步已经得到监管部门的支持，没有法律障碍，关键在于合同文本的标准化。天津金融资产交易所已经在这方面做了一年多的工作，独立开发了可以满足租赁资产和产品交易的系统，各项准备已经基本成型。第二级是在租赁资产的基础上，在目前的政策框架下，设计流动性更强、适合一部分投资者需要的债权类产品。第三级是设计出以租赁资产证券化产品为代表的标准化产品，通过证券化产品的结构性设计和公开发行，将收益和风险同时转让出去，实现收益分享，风险分散。

（二）建设统一的专业化的租赁资产和产品二级市场

经济和金融发达的一个重要标志就是金融基础市场的发达。在发达国家，金融产品的交易市场已经非常成熟。德国有专业的金融产品市场；卢森堡交易所有 15000 个不同等级的产品，其中 10000 个是金融产品和证券化产品，或者是以金融资产支持的其他产品；美国以次级债为支持的金融产品全部是通过交易所转让的；伦敦交易所也是一个大型的金融产品交易市场。统一、专业、规范的市场不仅有利于促进资产流通，有利于服务机构、培育市场、服务投资者，还有利于市场监管，通过建设统一、规范的交易市场，推动持续的租赁资产流转，可以有效解决租赁机构发展中持续、稳定的资金来源。

基于这种认识，天津金融资产交易所一直致力于建设租赁资产流转的共同市场，研发最适合的租赁资产交易产品，得到了租赁公司合作方的共同响应。相信这一统一市场必然会越来越成熟，为租赁资产的流转提供最便利的交易平台，对租赁行业长远发展产生深远的影响。

实 绩 篇 *

The Performance of Exchanges

B.20

北京产权交易所 2011 年年度报告

北京产权交易所**

一　基本运行情况

2011 年是"十二五"开局之年，是北京产权交易所（以下简称北交所）实施"十二五"发展规划的关键之年，也是北交所集团化运营取得重大突破的一年，全年完成各类产权转让项目宗数和成交金额同比大幅增长。其中，国资业务继续保持稳健增长态势，实物资产交易规模快速增长，涉诉资产进场取得突破性进展，金融资产特别是信贷资产交易为集团交易规模上台阶做出了重要贡献，技术、林权、环境、矿业权、石油、黄金、金马甲等专业平台也有不

---

* 编者按：本篇为样本产权交易机构 2011 年年度报告。

　各交易机构排名顺序按行政区划代码进行排列。

** 北京产权交易所，成立于 2004 年 2 月 14 日，是经北京市人民政府批准设立，以北京产权交易中心（1994 年成立）和中关村技术产权交易所（2003 年成立）合并重组而成的一家综合性产权交易机构，是以企业产权交易为基础，集各类权益交易服务为一体的专业化市场平台。

俗表现，北交所集团作为"首都要素市场重要建设者和运营者"的地位进一步巩固。

二　业务拓展

（一）基础业务保持良好态势

1. 企业国有产权交易继续稳健发展

2011 年，北交所在企业国有产权交易方面，紧紧围绕提高市场占有率和竞价率目标，继续坚持"精耕细作"工作思路，充分发挥会员机构、北交所驻沪办的作用，不断提升服务质量，有效整合资源，取得良好效果。央企业务市场占有率继续保持行业领先地位，全年央企挂牌项目数市场占有率 46.40%，挂牌金额市场占有率 55.34%，企业国有产权项目竞价率达到 17.13%，竞价项目平均增值率达到 52.97%，全部国资项目增值率达到 42.23%。

2. 实物资产交易渐成规模

2011 年，在"关停火电机组"资产处置示范效应的带动下，央企实物资产处置呈现集中化特点，企业实物资产进场意愿明显增强，中外运、中石油、中航集团等央企的实物资产处置工作已经全面启动；北京市属行政事业单位资产处置基本覆盖市全部行政区域，市财政系统罚没物资实现进场。2011 年，各类实物资产交易项目宗数增长 44.26%，成交金额增长 15.91%。

3. 涉诉资产交易取得业务突破

2010 年 10 月北京市高法、市国资委联合出台了《关于对涉诉国有资产进行拍卖的规定（试行)》，要求涉诉国有资产的司法委托拍卖进入北京产权交易所，标志着北京市涉诉国有资产进场交易取得政策性突破。为迎接涉诉国有资产进场交易，以及为全部涉诉资产进场奠定坚实基础，北交所制定了涉诉国有资产进场交易的拍卖细则、操作流程和实施办法等。2011 年 12 月 1 日，首单涉诉国有资产项目经过几十轮竞价，最终以 47% 的高溢价率成交，取得良好社会反响。

4. 企业投融资服务在创新中增长

2011 年，为进一步做大做强企业投融资业务，北交所不仅大力开发推广创新业务产品，同时采取举办项目推介会、制作项目手册、优化权益流通系统、拓展认证投资人等措施，增强交易所对非公业务的吸引力，民营企业股权进场交易项目显著增长，全年非国资转让项目增长 142.86%，成交金额增长 207.03%。其中，北交所开展的华龙证券增资扩股融资项目顺利通过证监会的审批，成为产权市场助推企业融资又一典型案例。

（二）专业平台业务稳步推进

1. 金融资产交易快速发展

2011 年，成立仅一年多的北京金融资产交易所异军突起，在金融国资交易和金融创新业务方面均取得瞩目成绩。在金融国资交易方面，完成了华夏基金 51% 股权、北京农商行 126 亿元不良资产等多个大型项目的资产处置工作，并在国内率先搭建了全国地方商业银行股权交易平台；在信贷资产方面，利用成为中国银行间市场交易商协会指定交易平台的有利条件，吸引多家银行进场交易，累计成交额超千亿元；在信托、保险、PE 等领域，加大研究力度，开发的创新型产品得到相关政府部门和企业的认可。2011 年，金融资产项目宗数增长 245.05%，成交金额增长 365.95%。

2. 技术交易业务模式逐步清晰

经过两年多的摸索，中国技术产权交易所业务模式日益清晰，逐步明确了"三纵三横三体系"的发展模式。在 2011 年，中国技术交易所围绕"技术交易、科技融资、综合服务"三条业务线开展工作，取得阶段性成果，并得到科技部万钢部长的高度赞赏。通过主动承接科技部"十一五"国家重大科技成果市场化交易，新增各类项目资源 8000 余项，其中"十一五"国家重大科技成果有 370 项。在科技融资方面，中关村知识产权融资集合资金信托计划第一期、第二期已完成发行，为 4 家企业融资 2000 万元。

3. 林业产权交易基础日益夯实

2011 年，中国林业产权交易所确定了以林权流转为本、以林业碳汇为潜在利润增长点、以林产品电子交易和林业金融创新服务为突破口的业务发展思路，在林产品电子交易方面，木材交易、茶园预期收益、纸浆电子交易平台、新闻纸张电子交易平台、花卉电子交易平台建设等均取得进展。其中纸浆电子交易平台已于 10 月 28 日正式上线运行，当日成交 2350 吨，成交金额 1142 万元。

4. 环境权益交易稳健发展中等待突破

2011 年，北京环境交易所紧紧围绕碳交易、排污权和节能量交易及低碳转型咨询服务三条主线开展工作。其中，碳交易工作稳步推进，新增挂牌 CDM 项目 38 个，完成 CDM 交易量 126 万吨，成交额 1.08 亿元；新增 VER 项目 31 个，完成 VER 交易量 2.49 万吨，成交额 126.87 万元；受北京市环保局委托开展的老旧机动车淘汰更新业务进展顺利，已经完成 32621 辆老旧机动车的淘汰任务；低碳转型咨询方面，已经为多个地方政府提供服务，取得良好的社会效益和经济效益。

5. 铁矿石现货交易平台建设不断推进

2011 年，北京国际矿业权交易所在圆满完成市属矿业权项目进场交易的基础上，按照"制度共创、技术共享、人才共有、市场共建"原则，进一步巩固了与内蒙古、陕西等资源富集省（区）矿业权交易机构之间的合作关系，积极拓展项目渠道，探索建立跨区域矿业权市场。在中钢协和中国五矿化工进出口商会的支持下，与国内外主要矿山、钢企、铁矿石贸易企业建立业务联系，稳步推进铁矿石现货交易平台建设。

6. 石油电子交易取得重要进展

2011 年 5 月，北京石油交易所成功完成了首笔通过电子交易系统进行的场内交易，标志着北油所在交易制度、资金结算、风险控制等体系建设方面，已经具备了大宗现货电子交易的各项条件，全年累计交易额增长 549.83%。

7. 黄金交易持续稳定增长

北京黄金交易中心通过加强与各国有股份制银行、地方商业银行及各类黄金投资机构合作，大力拓展营销渠道，不断提升业内知名度，实现代理交易额与实物产品销售额的突破性增长，全年累计交易额增长 485.85%。

8. 金马甲电子商务平台深度拓展

2011 年，北京金马甲网络产权交易公司继续加大平台建设力度，重点对网络竞价大厅和动态报价大厅功能进行了升级，完成公共资源交易管理一站式服务平台、涉诉资产交易管理一站式服务平台、网络招采大厅的开发工作，不断提升作为产权业界共用的"互联网支撑工具"功能，目前已发展联盟成员33家、联盟会员32家、认证会员20家。在市场化业务探索方面，成功推出国窖1573大坛定制原酒高端商品交易产品，并启动了项目撮合交易及重庆房地产交易业务。全年累计完成网络产权交易项目宗数增长40.04%，成交金额增长44.92%。

（三）创新工作稳步推进

2011年，北交所继续坚持规范与创新并举的思路，在规范的基础上，逐步加大了创新领域的探索力度。在信息化创新方面，在总结借鉴企业实物资产动态报价做法和经验的基础上，将动态报价推广到企业股权交易领域，制定发布了《企业国有产权转让动态报价实施办法（试行）》及配套文件，并推动完成了多个企业股权动态报价转让项目。在金融领域创新方面，加大了对中关村科技融资模式、产权市场引入特许经营商机制、企业价值信息披露系统开发、私募可转债和保障房REITs产品设计等金融领域的研究力度，一些创新性产品和服务已经在实践中取得良好的效果。在城市发展服务方面，联合国内从事中国城市咨询、设计、投资、建设、招商以及相关研究工作的知名机构（团体）和国内外各类具有行业影响力的大型企业，共同启动城市创新发展服务平台。

（四）积极加强对外合作与宣传

2011年，北交所集团继续加强与各级政府、企业、同业机构、会员之间的交流与合作，影响力和知名度进一步提升。在国际合作方面，着力加强海外合作平台与北交所各专业平台之间的项目对接，不断夯实北交所集团国际化基础。在会员合作方面，通过引入一些国内外知名度较高、实力较强的中介机构，进一步壮大会员队伍。截至2011年底，北交所本部会员总数达317家，其中经纪会员128家、国企会员131家、服务会员54家、京区县联络处4家。在对外宣传方面，全年成功举办各类大型新闻发布会40余次，发布稿件超过2500篇，网络转载超过50000次，集团在业界中的品牌效应显著增强。

三　未来愿景

2012 年是北交所集团实施"十二五"规划的第二年，也是承前启后、再上台阶的关键一年。在新的一年里，国内外经济形势日益复杂，不确定性因素明显增多，既有国务院清理整顿各类交易场所、中治办推动建立统一公共资源交易市场两大挑战，也有北京要素市场建设、央企资源整合和涉诉资产进场等政策性机遇。为确保各项业务按照集团"十二五"规划中提出的战略目标推进，北交所集团将认真研判形势，在严守业务底线、规范运作的基础上，继续坚持以"集团化、金融化、信息化、国际化"为着力方向，全力将北交所打造成为非标权益流转和融资服务的新型资本市场平台。

B.21
天津产权交易中心 2011 年年度报告

天津产权交易中心*

多年来，天津产权交易中心坚持"规范、创新、联合、服务、发展"的工作思路，努力打造公开、公平、公正，高效、优质、廉洁的产权交易平台，着力规范产权市场运行，增强市场创新能力，提升市场服务水平。2011 年，各项工作又迈上了新的台阶。

一 基本运行情况

2011 年，天津产权交易中心市场交易活跃，各类产权交易额大幅度提高。

（一）传统业务

1. 国有及中央企业产权交易额显著增长

2011 年，中心各类产权交易项目同比增长 6.1%，成交额同比增长 6.7%。其中企业国有产权交易项目同比增长 2.6%，成交额同比增长 19.7%，中央企业产权交易项目同比增长 6.9%，成交额同比增长 88.4%。

2. 继续实现国有资产保值增值

2011 年，全部产权交易平均增值率达 12.5%。其中，国有产权交易增值率达 13.2%，中央企业产权交易增值率达 25.8%。

3. 国有及中央企业产权竞价率同步提高

2011 年，中心企业国有产权交易竞价率为 18.5%，同比提高 7.3 个百分点；中央企业产权交易竞价率达 27.5%，同比提高 12.8 个百分点。

---

* 天津产权交易中心，成立于 1994 年 10 月，是经天津市人民政府批准组建的具有事业法人资格的综合性产权交易服务机构。国务院国资委指定的四家国家级市场之一，是天津市国资委确定的天津市唯一的企业国有产权交易场所，北方产权交易共同市场理事长单位。

（二）专业市场

2011 年，天津股权交易所成交金额 12.39 亿元，天津贵金属交易所交易十分活跃，天津金融资产交易所成交金额大幅提高，天津实物调剂市场成交金额 6.02 亿元，天津排放权交易所成交金额 285.80 万元。

二 业务拓展情况

（一）业务拓展取得新成绩

1. 调整充实北京办事处

为了进一步拓展央企业务，为央企提供更加优质、满意、高效的服务，中心重新调整和充实了北京办事处，将交易程序涉及央企业务的登记、挂牌、签约等环节的工作前置至北京办事处。

北京办事处自 2011 年 5 月 3 日开始运营以来，着力在开拓市场业务，完善内部管理制度，加强会员管理，提高交易量上下功夫，取得显著的成绩。目前，北京办事处已承办了多项股权转让项目，做到了主动上门宣讲，为央企举办专门的讲座和培训，提供贴身、贴心服务。这些做法，已在扩大中央企业产权交易量、提高央企竞价率和增值率、巩固中心国家级市场地位等方面发挥了重要作用。

2. 农村产权交易所正式运营

中心认真贯彻落实国家在《关于推进农村改革发展若干重大问题的决定》中提出的有关要求，以开辟增加农民财产性收入渠道、提高农民生活水平为目的，积极筹备成立农村产权交易所。努力改善农村产权交易的市场环境，完善涉农要素市场规制，推动城乡一体化协调发展，加快社会主义新农村建设，促进社会和谐与稳定。目前，天津农村产权交易所的办公场地装修、软件安装、硬件设备配置、基本规章规则制定、员工招聘培训和项目储备等筹备工作已全部完成，已于 2011 年 11 月中旬正式开业运营。

3. 积极筹建文化产权交易所

为贯彻落实中央和天津市委关于"推动文化大发展大繁荣，提升国家文化软实力"的发展战略要求，中心以文化企事业单位为主要服务对象，以促成文化与资本对接为手段，立足天津，面向全国，积极推进天津文化产权交易所的成立筹备工作，着力把天津文化产权交易所打造成文化产业与金融服务相结合的交易平台，为各类投资主体提供灵活、便捷、高效的投融资服务。一年来，筹备组对我国文化产权交易所的经验和天津的文化资源进行了认真、全面、细致地调研，撰写了《关于组建天津文化产权交易所（暂定名）的报告》《天津文化产权交易所筹建方案》和交易规则制度等十余项规章制度。目前，天津文化产权交易所已完成注册登记、选址、装修、员工招聘等各项筹备工作，已于2011年12月18日正式开业运营。

（二）积极搞好对外合作和业务培训工作

中心积极加快对外开放步伐，充分利用国内外两个市场、两种资源，坚持"引进来"和"走出去"的发展战略，积极探索国内外合作新模式。在英国、德国、荷兰设立办事处、代表处，积极开拓海外市场，为全国产权机构和国有企业"走出去"做好服务。充分发挥协会对外交流与合作培训专业委员会的作用，2011年11月下旬，在市国资委和协会的领导下，成功带领全国产权交易机构的有关人员到欧洲开展融资推介、自由资本论坛和企业海外上市融资等活动，为全国的国企"走出去"战略的实施，为全国产权交易机构及各类企业搭建与国际接轨的快速通道和平台打下了良好的基础。在国务院国资委、产权协会的领导下，在全国兄弟机构的支持下，全国产权交易行业首期业务培训班取得圆满成功。

（三）会员工作取得新突破

截至2011年底，天津产权交易中心会员共261家，其中主市场会员143家、滨海市场会员13家、实物市场会员14家、政府授权投资经营主体会员41家、中央企业会员25家、北方共同市场会员24家、场外会员1家。今年累计发展会员14家，淘汰业务开展不佳会员两家。中心有获得工商部门培训的专业经纪人1200人。

为了充分调动会员的积极性，鼓励先进，淘汰后进，进一步拓展业务范围，扩大交易量，提升市场功能，2011 年 5 月 23 日，天津产权交易中心召开了 2009～2010 年度优秀会员表彰大会，表彰了十佳会员和五个单项奖会员，表彰他们近两年在产权交易中作出的突出成绩，为促进中央企业、地方企业改革重组、经济结构调整、招商引资、科技创新等方面发挥的重要作用。这次表彰对增强会员凝聚力，调动会员积极性产生了很好的影响。

（四）团队建设进一步加强

中心现有员工共 102 人，其中 40 岁以下的占 70%；具有大学本科以上学历的占 95%，其中研究生学历占 12%；具有中、高级职称的占 20%。

中心把对工作人员培训作为一项重要日常工作。

一是定期组织员工进行业务知识与相关政策法规的学习。中心全员参加了新交易系统和交易规则的培训，培养了一支适合高速发展的高素质的专业人才队伍，确保中心各岗位员工能够为交易双方提供高标准、高质量的服务。

二是加强管理人员培训。加强干部队伍建设，提高干部队伍思想、业务水平。2011 年共有 13 人参加了国务院国资委、协会、市国资委、市委组织部举办或组织的国内外培训，此外还聘请国外专家在国内举办了多次培训和研讨会，采取多种方式加强对后备干部的培养，并结合工作需要安排到关键岗位工作。

三是出台鼓励员工进修政策。中心规定，在职攻读大学学历，取得本科毕业文凭后，由中心报销 70% 学费；在职攻读研究生学历，取得毕业文凭后，由中心报销 30% 学费。

（五）信息化建设成效显著

1. 采用虚拟化技术，形成中心私有云平台，打造硬件资源池

2010 年初，初步测试虚拟化技术，经测试无误后，4 月顺利上线，2011 年底进行了虚拟化版本升级。目前，中心私有云平台共为 5 个单位提供系统资源，共运转了有 80 台服务器的应用系统，大大降低了新设立市场的运营成本。

2. 开发新系统，拓宽服务内容，创新服务手段

一是基本建成以天津产权交易网为中心、各单位子站点为基础的网站群。

完成 5 个子网站的建设，分别是设备管理协会、实物调剂市场、农村产权交易所、文化产权交易所和金融资产交易所。二是建立 3 个监控网络。与市国资委、市行政管理办公室、市高级人民法院建立横向的监控网络。三是整合改版产权交易信息网。全方位涵盖交易项目公告、产权市场新闻动态、最新政策法规、会员信息服务、动态报价信息和涉诉资产项目等内容，跟踪业界新闻热点，链接相关业界网站，丰富信息量，使网站成为产权市场的公共信息平台、业务窗口和形象载体。四是着力建设产权市场动态报价系统。充分利用行业的现有信息资源，不断提升产权市场的竞价水平。五是为涉诉资产项目进场交易服务。利用自行开发的交易系统和现有的网络竞价系统，完成涉诉资产交易项目 5 宗。

三 市场创新情况

（一）业务创新能力不断增强

1. 充分发挥产权市场多功能资本市场作用

近年来，中心按照国务院在《天津滨海新区综合配套改革试验金融创新专项方案》的批复要求，努力提升市场功能，除拓展传统产权转让业务外，在提升产权市场的资本市场功能方面作了大胆尝试。

一是首创产权市场售后返租融资模式，成功运作空客 A320 飞机天津总装线厂项目，帮助企业融资 30 亿元，此后，运用该模式，中心还为天津蓟县环城公路项目筹集 5 亿元建设资金。二是帮助企业增资扩股，引进战略投资者，拓宽融资渠道。先后为"河南华诚房地产开发公司""天津华夏建设发展有限公司""天津市人立骨科器械有限公司"等多家企业完成增资扩股服务。三是积极探索场外交易市场建设，为科技型、成长型中小企业融资服务，促进中小企业快速成长。截至 2012 年 6 月底，天津股权交易所已累计有 177 家来自全国 21 个省、自治区、直辖市的企业挂牌交易，市值规模达到 190 亿元；已累计为 160 家企业完成 200 多次股权私募融资，直接融资额达 35.1 亿元。四是与银行合作开展并购贷款业务，推动企业并购重组，更好地发挥产权市场融资服务功能。中心与工商银行、建设银行、兴业银行等金融机构签署了并购贷款合作协议，成功帮助多家企业获得银行并购贷款支持。这一举措，既为企业并购搭建了新的融资平台，又提升了产权市场的融资功能，推动产权市场向资本市场的转变。五是帮助央企、银行债权转让，将债权打包出售。帮助中石油集团处置债权2400 多宗，涉及金额 5 亿多元；帮助天津商业银行盘活债权，收回资金近亿元。

2. 搞好市场和交易品种创新

中心相继独资或合资建立了天津实物转让调剂市场、天津技术产权交易所、天津排放权交易所、天津股权交易所、天津金融资产交易所、天津贵金属交易所、天津农村产权交易所和天津文化产权交易所八大新型专业市场。同时，创新交易品种，目前，新的交易品种主要包括"两非"公司股权、排放权、文化产权、技术产权、农村土地承包经营权、版权、矿权、股权质押、金融信贷资产、涉讼资产、核销资产、贵金属和公共产品等，这些交易品种是产权交易"四权"概念在实践中的延伸。

3. 积极开展实物资产处置业务

2009 年出台的《天津市市属国有及国有控股企业资产损失和不良资产的认定、核销及处置管理暂行管理办法》，将天津市国有企业核销的实物性资产处置放在天津实物转让调剂市场，截至 2011 年底，市场已接收 66 家企业 1998项约合 1.62 亿元核销资产，成功组织实施了多笔企业设备、仪器的转让，如天津市全红电子装备新技术发展有限公司的 4 台设备在中心通过公开网络竞价方式成功转让，增值率达 34.6%。

4. 大力推进涉诉资产进场交易

在天津市纪委、市监察局的协调下，在天津市国资委、天津市高级人民法院的大力支持下，中心涉诉资产进场交易工作已取得初步成效。运行以来，成功运作了天津市河东区二号桥津塘路 157 号、开发区第六大街土地使用权、隆昌路86 号房产等项目。其中，天津市河东区二号桥津塘路 157 号项目，以电子竞价交易方式通过 16 轮报价成功转让，成交金额达 2.0255 亿元，比评估值高出1.0236 亿元，增值率高达 102.17%，得到了天津市高级人民法院的充分肯定。

5. 积极参与产权市场动态报价平台建设

天津产权交易中心作为金马甲主要股东，最初将运行多年的"金点拍"

网络综合竞价平台的技术、人力和市场资源作价入股金马甲公司，有效促进了金马甲公司的动态报价平台发展。积极参与金马甲公司的业务，成立金马甲天津工作站，先后将中心的多笔交易项目在金马甲平台挂牌交易，与金马甲结成信息联盟，共享中心与金马甲的项目资源，并实时发布，取得了良好的效果，探索了产权交易的新模式。

（二）进一步完善基础制度建设，不断提升精细化管理水平

在继续狠抓落实原有13项内部管理制度的基础上，进一步完善基础制度建设，不断提升精细化管理水平。一是进一步完善中心财务管理制度。按照国务院国资委颁发的《结算交易资金操作细则》和《产权交易保证金操作细节》的要求，深化、细化相关制度，结合中心实际，制定完善了《保证金管理办法》《交易资金结算办法》《项目资金结算管理制度》和《人民币及外汇结算业务操作规程》等规章制度，进一步规范了企业国有产权交易资金及保证金管理。二是进一步完善交易档案管理制度。修改完善了《鉴证档案管理办法》，全面提升交易档案管理的规范化水平。三是进一步完善市场监测体系。结合市纪委、监察局推行的"5+1"市场网络监控管理机制，着力完善中心交易市场网络管控流程；同时立足长远，开展中心管理体制研究，努力实现中心"十二五"规划确定的发展目标。

四　未来愿景

在"十二五"开局之年，中心各项工作取得了显著成绩，为圆满完成"十二五"规划目标打下了坚实的基础。下一步，我们要积极开拓创新、求真务实、真抓实干、锐意进取，确保各项工作不断迈上新台阶，努力把中心做大做强做优。为了顺利完成"十二五"规划的各项工作目标，中心要抓好以下几方面工作。

（一）扩大市场份额，确保完成各项考核任务

中心要继续努力完成市国资委下达的交易额、净利润、资本收益率等各项

指标。同时，要加强市场交易动态分析，特别要在提升市场功能、提高竞价率、增值率上下功夫，既注重抓市场开拓，扩大市场规模，又注重抓市场质量，使市场质量再上新台阶。此外，要加强案例（包括反面案例）的总结、分析，不断积累经验、弥补不足，进一步提升产权市场功能。

（二）抓好央企业务，巩固国家级市场地位

进一步加大北办的工作力度，加强与各省市开展中央企业产权交易业务的合作，做好上门宣讲及服务工作，积极发展更多中央企业成为中心的场内会员，继续为中央企业提供服务、收费等方面的政策优惠，扩大交易量；为中央企业举办专门的讲座和培训，不断提高工作人员的整体素质、业务水平和办事效率；进一步完善北办的各项规章制度和交易流程，以优质的服务和规范的运作，更好地发挥产权交易市场载体和平台的作用，确保中央企业产权交易额有较大幅度的增长，巩固国家级市场地位。

（三）推动市场创新，提供可持续发展的动力

中心要以滨海新区开发开放为契机，以创新为理念，加快创新步伐，积极为天津股权交易所、天津排放权交易所、天津金融资产交易所、天津贵金属交易所、天津实物转让调剂市场、天津技术产权交易所、天津农村产权交易所、天津文化产权交易所的创新与发展创造条件，推进国有涉诉资产进场交易工作。要继续发挥中心国家级、区域级、省市级和八个专业市场的市场体系优势，走出去，请进来。紧紧围绕国务院对中心提出的"提升市场功能、增加交易品种、扩大交易量"的要求，抓好市场创新，不断发展各类专业市场业务，扩大产权交易的覆盖范围。要促进产权市场的金融创新，有效满足各类交易的市场需求，努力把中心打造成多品种、多层次、多功能的全国性金融改革创新基地，为推动我国多层次资本市场体系的建设，促进滨海新区、天津市、环渤海地区乃至全国社会经济的发展做出贡献。

B.22
天津股权交易所 2011 年年度报告

天津股权交易所*

一 基本情况与市场定位

天津股权交易所（简称天交所）是天津市人民政府依据国务院关于"要为在天津滨海新区设立全国性非上市公众公司股权交易市场创造条件"的要求批准设立的公司制交易所，2008 年 9 月在天津滨海新区注册营业。

天津股权交易所借助成熟资本市场成长经验，通过组织开展非上市公司股权融资、挂牌交易，探索建立中小企业、科技成长型企业直接融资渠道，促进非上市公司熟悉资本市场规则，完善公司治理结构，提升核心竞争能力，实现健康快速成长；通过建立和完善市场化孵化和筛选机制，源源不断地为主板市场、中小板市场、创业板市场和境外资本市场培育和输送优质成熟上市后备资源；努力建设一个具有投资价值、充满活力、自我稳定、集中统一的非上市公司股权市场，成为中国主板、中小板、创业板市场的必要补充和重要基础。

二 大力开展制度创新

（一）主要政策背景

1.《关于推进天津滨海新区开发开放有关问题的意见》（国发〔2006〕20 号）

2006 年国务院发布《关于推进天津滨海新区开发开放有关问题的意见》，

---

*　天津股权交易所，成立于 2008 年 9 月，是经天津市政府批准，由天津产权交易中心、天津开创投资有限公司等机构共同发起组建的公司制交易所。

提出："鼓励天津滨海新区进行金融改革和创新；在金融企业、金融业务、金融市场和金融开放等方面的重大改革，原则上可安排在天津滨海新区先行先试。"

2. 《关于天津滨海新区综合配套改革试验总体方案的批复》（国函〔2008〕26 号）

2008 年国务院在《关于天津滨海新区综合配套改革试验总体方案的批复》中进一步明确："要为在天津滨海新区设立全国性非上市公众公司股权交易市场创造条件。"

3. 《天津滨海新区综合配套改革实验金融创新专项方案》

2009 年 10 月，经国务院向 16 个部门 6 轮征求意见，国务院在同意批复的《天津滨海新区综合配套改革实验金融创新专项方案》中明确要求："支持天津股权交易所不断完善运作机制，规范交易程序，健全服务网络，拓展业务范围，扩大市场规模。充分发挥市场功能，为中小企业和成长型企业提供高效便捷的股权投融资服务。"

4. 天津滨海新区《十二五时期综合配套改革试验规划》

2012 年 3 月 28 日，天津市滨海新区政府正式印发《十二五时期综合配套改革试验规划》，其中在深化金融改革创新方面要求："加强现代金融体系建设，服务和带动经济社会协调发展。完善金融市场体系，支持天津股权交易所等金融市场发展。"

（二）市场制度创新与运营机制

1. "小额、多次、快速、低成本"的特色股权融资模式

天交所探索符合中小企业和科技企业需求，以商业信用为基础，"小额（每次融资 1000 万～3000 万元）、多次（1 年可多次发行）、快速（3～4 个月完成）、低成本（约为企业上市成本的 1/4）"的私募股权融资模式。在天交所挂牌的企业不仅规范实现直接融资，而且带动各家银行增加信用贷款、股权质押贷款、股权质押反担保贷款等间接融资，形成了直接融资与间接融资的良性互动。

2. 市场公开定价与增强成交率和流动性的混合型交易定价模式

天交所建立以报价商双向报价为主、集合竞价与协商定价相结合的混合型交易制度。报价商制度能够增强成交率和流动性，维护市场秩序；集合竞价与协商定价制度能够做到公开定价，防止价格操纵。天交所采用先进的交易、通信、资金结算管理等技术，建立了全电子化的在线信息发布、交易委托、成交确认、结算交割和交易监管系统，保证了市场交易的安全、高效与便捷，促进了市场规范发展和平稳运行。

3. 地方合作和防范风险的双层次多板块市场结构

天交所在着力建设全国性股权交易市场的同时，按照"五统一"（统一入市标准、统一交易规则、统一交易系统、统一信息披露、统一市场监管）原则，在山东、河北、浙江等地建立了多个分市场，发挥各地参与市场建设的积极性，建立合作共管机制，促进市场发展并有效化解风险。天交所认真搞好市场细分，建立了传统工商类企业、科技创新类企业和矿业类企业三个板块，并相应建立细分的企业准入、挂牌审核、信息披露以及自律规范等制度。

4. 有效保障投资人合法权益的合格投资人制度

天交所针对中小企业、科技企业风险较高的特点，在市场风险分配机制上，采取"投资者准入门槛高－挂牌企业准入门槛低"的制度安排，建立以法人为主体的合格投资人制度。要求法人企业注册资本金不低于100万元，合伙企业及其他经济组织净资产总额不低于100万元，个人投资者为企业原始股东、开户资金10万元以上，市场投资知识和风险承受能力综合评价得分不低于80分。这套标准，有效地分离和控制了市场风险。天交所建立投资者权益保护指导制度，引导企业建立投资人保护制度，如中小股东决策建议和质询制度、累积投票制度、高管人员述职报告制度等，较好地维护了市场秩序。

5. 统一制度、分级监管和自律为主的监管模式

天交所健全内部治理结构和管理控制制度，依据场外交易市场强调自律的特点，建立挂牌企业信息披露管理办法和业务指引、董事会秘书培训、保荐人持续跟踪督导、中介机构培训考评淘汰、企业挂牌专家审核、企业股权私募融资挂牌交易业务全流程监控等制度规范。对挂牌项目初选、评审、改制、私募融资、挂牌申报专家审核、挂牌后增发、股权质押、信息披露及企业评价、高管培训等主要业务环节和各项服务，实行项目经理全流程跟踪制度，寓自律监管于各项服务之中。紧紧依托地方政府支持，与多省市政府相关部门签订了合作监管备忘录，明确挂牌企业由当地政府相关部门与天交所共同监管，并在企业所在地和天津市两地金融办备案，形成地方政府行政监管与天交所市场自律监管互相支撑的格局。

三　天交所市场发展大事记

2008 年 9 月——天交所在天津滨海新区正式注册成立；

2008 年 12 月——天交所与德意志交易所签订战略合作意向书；

2008 年 12 月——天交所首批三家企业挂牌；

2009 年 10 月——天交所矿业板揭牌，中国首个矿业企业股权交易平台正式启动；

2009 年 10 月——天交所与台湾证券柜台买卖中心签订战略伙伴合作意向书；

2009 年 11 月——天交所场外交易市场蓝皮书课题组编辑出版《中国场外交易市场发展报告》；

2010 年 1 月——天交所成功主办场外交易市场高层研讨会；

2010 年 8 月——天交所渤海股权交易中心正式揭牌；

2011 年 1 月——天交所科技创新板落户浙江清华长三角研究院；

2011 年 4 月——天交所在天津滨海新区举行首届企业家年会；

2011 年 9 月——天交所累计挂牌企业数量突破 100 家；

2011 年 11 月——天交所潍坊股权交易中心正式揭牌；

2011 年 12 月——天交所市场挂牌企业三项评价指数正式发布；

2012 年 1 月——中国证监会主席郭树清考察天交所；

2012 年 3 月——国家发改委副主任彭森考察天交所；

2012 年 3 月——工信部总经济师周子学、国务院发展研究中心金融研究所所长张承惠考察天交所；

2012 年 5 月——国家发改委副主任连维良考察天交所；

2012 年 5 月——天交所正式启动与各地政府联合举办的挂牌企业监管服务系列工作会议；

2012 年 9 月——天交所累计挂牌企业数量突破 200 家；

2012 年 9 月——天交所泉州区域运营中心落户福建晋江；

2012 年 12 月——天交所首家中小企业私募债产品正式上线。

四 2012 年，天交所市场建设发展全面推进

（一）市场规模和影响力不断扩大

截止到 2012 年底，天交所全年新增挂牌企业 118 家，比 2011 年增长 91.47%；挂牌企业累计达到 247 家，市值规模超过 220 亿元。

在继续做好河北沧州、山东潍坊、浙江嘉兴等区域服务机构试点的基础上，天交所不断加大市场拓展力度，积极同各地方政府全面推进市场共赢共建，市场发展与合作取得新进展——2012 年 4 月 24 日，天交所湖南岳阳办事处设立；9 月 29 日，天交所泉州区域运营中心落户福建晋江；10 月 8 日，天交所山西长治业务代表处揭牌。

截至 2012 年底，天交所已与全国 31 个省份 138 个地市建立业务联系，与 21 个省份、47 个市的地方政府签署监管备忘录与战略合作框架协议共计 53 份；在 9 个省市设立 9 个分支机构；已有全国 11 个省份 18 个地市政府出台政策鼓励支持本地企业到天交所挂牌；全国近 700 多家中介服务机构，包括保荐机构、报价商、会计师和律师事务所在天交所注册，为天交所市场提供专业化服务。

（二）融资服务功能持续提升

天交所着力培育市场融资功能，已在北京、深圳、上海、广州、天津等地建立项目路演中心，2012 年共召开挂牌企业展示会、企业私募对接会十余次，

投资人见面会 7 场，参加推介企业 33 家。天交所市场累计已成功为 206 家企业完成挂牌前私募融资 25.81 亿元，较上年增长 15.6%；为 34 家企业完成 42 次增发，共融资 19.13 亿元，较上年新增 6.69 亿元；累计有全国 86 家银行的 170 家分支行为天交所 90 家挂牌企业提供 330 次授信贷款，总额达到 52.27 亿元；为 36 家企业完成 64 次股权质押，共融资 10.18 亿元，新增股权质押融资额是 2011 年的 3 倍。

截至 2012 年底，天交所已与全国 22 个省份地区 17 家银行的 27 家分行签约和建立战略合作关系，其中与 8 家银行总行签约；已与国内 24 家券商建立业务联系，其中签约券商 3 家。在天交所市场，一个投资主体多元化、结构布局合理的综合性融资服务体系基本形成。

（三）业务创新取得新突破

为进一步探索天津股权交易所为中小企业、科技创新型企业提供融资规范服务和培育孵化的新模式，拓宽中小微型企业融资渠道，服务实体经济，天交所与券商合作建设的"天交所中小企业私募债转让平台"于 2012 年底正式上线。天交所中小企业私募债业务主要面向中小微型企业在我国境内以非公开方式发行和转让，约定在一定期限还本付息的公司债券。为控制市场风险，天交所对中小企业私募债备案发行设定了准入门槛，要求发行主体近一年营业收入不低于 3000 万元，连续两年扣除非经常性损益的累计净利润达到 300 万元；且发行主体在发行前资产负债率在 60% 以下，发行后资产负债率低于 70%。作为一项交易产品创新，中小企业私募债的顺利上线和平稳运行，丰富了天交所市场交易品种，在股权融资交易之外为挂牌企业开辟了新的融资服务渠道。

（四）市场监管与特色服务继续推进

天交所坚持积极稳健的发展思路，认真搞好市场监管与服务。从 2012 年 5 月开始，天交所陆续启动和与各地政府联合举办挂牌企业监管服务系列工作会议。截至目前，已与湖南岳阳、河北沧州、山东德州等多地政府共同组建了监管服务工作领导小组，探索具有中国特色的场外市场监管体系。同时，进一步加大对挂牌企业信息披露监督和审核工作力度，2012 年累计共披露定期和临时信息披露文件共 5717 份，其中公司重大事项报告 656 份，挂牌企业诚信档案 358 份，保荐机构现场检查报告 545 份，企业挂牌交易公告 858 份，挂牌企业三会公告 1095 份，企业经营重大事项及其他自愿披露信息 460 份。

天交所不断加强对中介服务机构的培训和管理。截至 2012 年底，已有 202 家机构注册天交所保荐资格，培训 28 期、1643 人次；对 52 家警告、37 家约谈、36 家暂停业务、102 家注销；有 242 家会计师事务所、238 家律师事务所注册，培训 31 期、1467 人次；分别对 15 家会计所和 14 家律师所给予警告和批评，对 2 家会计所暂停业务，注销淘汰 146 家会计所、143 家律师所。

积极做好挂牌企业的市场化培育和规范发展引导，帮助企业完成股份制改造。在 2012 年，天交所共组织举办各类研讨班 4 期 514 人次、挂牌企业董秘培训 11 期 222 人次、企业上市培训两次、企业其他类型服务培训 6 次；累计组织 5 家优秀挂牌企业出国考察，以促进海外资本市场对接。此外，继续强化与清华大学、南开大学和北京科技评价研究所的紧密合作，推进挂牌企业成长性、公司治理和自主创新能力评价研究，引导企业持续、规范、创新成长。

（五）天交所自身制度建设和运营机制完善更进一步

天交所各部门进一步梳理、建立和完善了包括管理规章制度、业务规则、工作流程、操作手册、文件指引五大类在内的业务机制和规范流程共计 213 份，涵盖市场开发合作管理、项目监督审核管理、私募融资管理、信息披露管理、交易过程管理、登记结算管理、中介机构服务管理、技术支持系统管理、员工执业行为管理等各方面，各项工作规范化、专业化和标准化，管理水平稳步提升，组织运营管理进一步改进，工作效率和工作质量显著提高。

天交所市场建设发展的全面推进得到了各方面的关注和重视。2012 年 1 月 19 日，中国证监会郭树清主席带队到天交所考察，对天交所的工作给予积极肯定；2012 年 3 月 15 日，国家发改委彭森副主任带队，财政部、人民银行、证监会、银监会等 7 部委领导到天交所调研考察，肯定天交所市场建设是天津滨海新区金融改革创新的重要成果并向国务院主要领导做了汇报。中国证监会市场监管部、机构监管部等部门机构主要领导也先后到天交所考察指导工作，对天交所发展寄予厚望。国内主流媒体积极关注和支持天交所创新发展，新华社、《人民日报》《天津日报》《中国证券报》《证券时报》《21 世纪经济报道》等对天交所的报道达 20 余篇。

B.23
河北省产权交易中心 2011 年年度报告

河北省产权交易中心*

一 基本运行情况

2011 年，在河北省委、省政府的支持下，在省金融办、省国资委的正确领导下，河北产权市场取得了良好成绩，全年产权交易业务成绩突出，国有资产增值率12.09%，交易金额同比增长79.35%，融资额同比增长138.22%。

二 业务拓展

1. 具体业务拓展

河北省产权交易中心在规范发展省、市产权交易业务的同时，不断强化市场意识，主动出击，积极拓展县区国有产权、国有资产交易服务，变被动服务为主动服务，通过上门宣讲、邮寄材料等方式，积极开展县域企业国有产权交易业务；积极开拓曹妃甸、新乐县、承德县等县区产权项目进场交易；努力争取承钢等国企闲置资产处置进场交易工作，拓展了进场交易业务范围和业务品种。

2. 团队建设

强化学习，倡导创新，不断提升思想水平与道德修养，以全面提升科学发展能力为主要目的，积极推进学习型团队建设。

---

* 河北省产权交易中心，原名河北省产权转让中心，1996 年 9 月经河北省政府批准正式成立，2004 年 2 月正式更名为河北省产权交易中心。2004 年 10 月与成立于 1994 年原隶属省体改委的河北省股权托管登记中心进行业务整合，形成两个牌子、一套班子的管理框架。中心主管部门为河北省人民政府国有资产监督管理委员会。

积极倡导"学政治、学法律、学业务、学国学"的"四学活动"，鼓励各类专业技术人员强化学习，提高政治理论水平与业务素质，努力打造一支满足产权市场长远发展需要的专业技术人才队伍。

深入开展创先争优活动，主动对接京、津产权交易机构，创新体制机制，积极推进综合性要素市场平台建设，探索以绩效管理为基础的薪酬激励机制。

严格执行产权交易操作程序，实行三级审核制度，对重点环节、重点岗位实行重点监督，切实落实岗位责任制，强化内部制约机制；全面构建外部督导机制，邀请省国资委纪委、产权处利用产权交易监测系统对产权交易项目进行全程动态监测监督，从源头上预防商业贿赂的发生；坚持执行产权交易统计报告制度，中心的交易项目按月统计，办事处项目按季度和年度统计。

3. 信息化建设

进一步规范产权交易基础管理工作，制定了交易项目档案管理流程，完善了档案借阅制度，档案借阅责任落实到人，做到项目完结及时整理、装订成册，保证项目资料安全、完整。

4. 分支机构建设

加大各地办事处管理与培训工作力度，保持全省产权市场协同联动。举办全省国有产权交易工作座谈会，全面讲解产权市场发展热点以及"十二五"发展重点工作，统一认识，强化规范意识和市场意识，实现全省产权市场同步运行。

5. 同其他产权交易机构的合作情况

参与发起成立中国产权交易协会，并被推选为协会政策研究与自律委员会主任委员单位。

加强与金马甲电子商务平台的合作，充分利用金马甲网络资源，广泛发布产权交易项目信息。全年使用金马甲网络交易平台进行竞价项目 206 宗，成交金额 1617.76 万元，最高竞价 392 轮，最高溢价率达 1413%。中心网站嵌入金马甲产权联盟项目演示栏目，积极发展区域认证会员，荣获金马甲区域合作先锋奖。

积极贯彻落实河北省政府与北京市政府关于经济合作会议纪要精神,与北京产权交易所签订全面战略合作协议。在国有产权交易、技术交易、林权交易、金融资产交易、环境交易、矿权交易、黄金交易、文化产权交易、中小企业融资和其他创新业务及衍生业务等方面展开全面合作。

三 创新

1. 业务创新

2011 年,河北产权市场创新投融资业务,组织专业产权投资机构与专业私募股权投资机构等会员,为产权交易项目提供多样化投融资服务,全年实现融资 9.1 亿元。通过股权、债权、过桥资金等方式为企业融资 6.6 亿元,通过股权托管及股权质押方式为企业融资 2.5 亿元。

2. 制度创新

加强制度建设,不断提高产权交易操作规范性。组织编订了《企业国有产权交易操作细则》,包括了 7 项操作细则和 3 项实施办法,并由省国资委印发给全省实施,进一步完善了企业国有产权交易的规则体系。严把交易关键环节,保证"进则规范、操作透明",尽可能征集更多的意向受让方参与竞争。

四 未来愿景

未来我们要坚持"市场、创新、服务"六字方针,认真学习国家及省委、省政府政策法规,紧紧围绕《河北产权市场建设"十二五发展规划》,从完善资本市场体系,推动经济发展方式转变,实现河北省经济社会又好又快发展的高度,完善产权市场投融资功能建设,切实提高市场意识和服务意识,以构建综合性要素市场为特色的区域资本市场作为工作目标,创新交易品种、交易模式、交易平台,创新内部运行体制、创新激励机制,努力做优、做强河北产权市场,力争实现交易资产额 200 亿元,直接融资 20 亿元。

（一）强化传统业务，扩大产权交易覆盖面，提高全省产权市场统一运行效率

1. 继续拓展企业国有产权进场交易范围

一是配合国资"全覆盖"及厂办大集体改制，推进新纳入国资监管范围企业以及厂办大集体企业改制资产进场交易；二是积极争取县区企业国有产权进场交易；三是加强与央企驻冀企业的工作联系，创新服务，扩大河北产权市场国有企业产权交易业务覆盖范围。

2. 继续做好行政事业单位资产处置工作

一是加强与省财政厅、省机关事务管理局沟通，实现省级行政事业单位资产交易全覆盖，同时积极推进地市、县区行政事业单位资产统一进场处置；二是加强与北京产权交易所合作力度，继续加大河北省范围内中央行政事业单位资产处置工作力度。

3. 争取涉诉资产全部进场交易

加强与各地法院的联系，推进法院、商务部门、国资监管部门联合确定河北产权市场为全省涉诉资产统一交易场所和网络平台。

4. 加强省中心与各办事处业务沟通与密切合作

今后一个时期，以理顺省市平台关系、紧密联系纽带、业务共同发展为原则，加强全省统一产权市场建设工作力度。从国家各项政策的导向上看，鼓励以省为单位统一发展，产权市场创新业务投入大、要求高，而河北省各市级机构大多底子比较薄，单打独斗很难成功，只有抱团才能发展。

（二）大力开拓新兴业务，提升产权市场服务水平与融资能力

1. 创新金融资产交易所服务范围和方式

在不良债权转让基础上，紧密联系金融企业，尤其是地方金融企业，创新债权转让、股权转让、金融企业增资扩股等服务，在企业融资业务方面加大创新力度。

2. 拓展环境能源交易服务范围

在继续规范做好排污权交易服务基础上，注重产品创新与制度完善，充分

发挥市场平台作用，为我省低碳经济发展提供市场化实现手段；积极跟踪碳交易政策动向，做好相关技术准备，创新合同能源管理、节能减排项目投融资服务。

（三）创新运行机制，实现资源共享，构建产权市场繁荣发展格局

1. 加大会员培育发展力度

以开放的思维看待产权市场实行会员制的问题，实现"广开言路、广开思路、广开财路"，不能仅看到给会员的利益分成，要看长远，看会员带来业务、带来投资人、繁荣交易的大利益和产权市场的大发展。

2. 加强人才引进和培养力度

产权市场的大繁荣、大发展离不开强大的人才队伍做支撑。省国资委年前刚刚开完人才工作会议，梁滨部长和周杰主任的讲话为我们今后的人才工作指明了方向。与京津沪产权交易机构相比，我们专业技术人才严重匮乏，迫切需要引进或聘用一大批相关人才。今年，我们准备再引进硕士以上的金融、财经、管理等专业人才。除了继续加大人才引进力度外，应根据业务发展的需要，通过举办定期、不定期的专项培训，加强内部人才队伍建设。

3. 成立产权协会等组织

发起成立河北省产权交易协会、河北省股权投资基金协会，实现资源共享。充分发动各种社会投融资机构关注并参与到产权市场发展当中来，实现产权市场资源多元化、集中化。

（四）大力拓展股权托管业务

积极拓展城商行、信用社、基金及其他企业股权托管业务，建立与金融监管部门、财政部门、发改委、工商行政管理等部门的联系机制；充分利用各项政策，全面但有重点地增加托管企业数目，开展股权托管增值业务。

一是强化股权托管基础性工作，加强宣传，不断培育托管企业资源，进一步完善办事处管理办法，有针对性地对拟托管企业进行前期调研与业务开拓；二是深入实践股权质押融资，与投资公司、券商、银行等相关机构共同为省内中小企业提供私募融资、培训、上市培育等全方位的金融服务。

（五）全面提升产权市场融资功能，完善细分市场平台

产权市场有两大功能，一是规范有序流转，二是为企业融资。融资功能如果严重缺失，则产权市场必然被日渐边缘化。

1. 加大融资功能的创新力度

探索排污权质押、私募股权基金、并购基金等融资方式和业务，通过资本纽带聚拢关系产权市场发展的各方资本，一方面繁荣产权市场现有业务，另一方面为产权市场创新业务汇集资源。

2. 建立创新细分市场平台，健全区域性资本市场体系

以河北产权市场为基础，加强与北京、天津等地产权交易机构的合作，组建技术产权交易所、林权交易所、矿权交易所，完善综合性要素市场平台。

（六）配合主管部门，努力做好国有资产事务相关工作

按照《河北省行政事业单位国有资产管理办法》的要求，认真履行职责，确保行政事业资产进场交易的公平、公开、公正。

在省政府国资委的领导下，继续做好企业国有产权新设登记、注销以及年检等业务工作。

（七）扎实开展党建工作，完善廉洁自律机制

继续深入开展创先争优活动，推进学习型团队建设，拓展实践科学发展观活动成果，切实提高党员干部服务综合性要素市场平台的综合执行能力与业务能力。

继续深化治理商业贿赂长效机制建设，大力倡导廉洁自律风气，认真学习有关政策文件，加大预防腐败力度，为防止国有资产流失构筑起坚实的屏障。

切实加强党员干部的廉洁自律教育，开展防腐倡廉的警示宣传活动，做到警钟长鸣，防微杜渐；加强党建工作，发展壮大党员队伍。

B.24
内蒙古产权交易中心 2011 年年度报告

内蒙古产权交易中心*

一 基本运行情况

2011 年，中心整体发展较好，产权交易业务方面，交易范围涉及国有企业股权及实物资产、行政事业单位实物资产、金融企业国有股权等，全年产权交易项目竞价率为 88.89%，增值率为 160.21%；企业股权托管业务方面，全年新增托管企业数量大幅上升，股权质押融资业务和企业直接融资业务取得显著成绩。

在自治区国资委的支持下，中心与国务院国资委经过充分沟通，于 2010 年 3 月 24 日正式接入并启用"国有产权交易信息监测系统"，实现了国资监管机构对企业国有产权交易过程的动态监管以及国有产权交易项目数据信息的及时采集、报送和信息共享。2011 年 7 月，接入"企业国有产权交易系统增强版"，实现项目操作"全程留痕不可逆"的系统化操作，为规范操作项目、防范风险起到保驾护航的作用。

二 业务拓展

（一）具体业务的拓展情况

2011 年，中心紧紧围绕"市场建设年"主题，积极采取有效措施，努力

---

* 内蒙古产权交易中心，成立于 2002 年，是在深化国企改革、推动国有经济结构调整的大背景下，由内蒙古国有资产经营公司出资设立的自治区级产权交易机构。它是由自治区国资委出资管理的国有企业"阳光交易"平台，也是自治区非上市企业股权融资平台，已成为自治区境内唯一的综合性区域要素资本市场。

进行业务开拓。

1. 市场走访初见成效

在企业国有产、股权及实物资产交易业务拓展方面，中心通过走访多个盟市、旗县国资监管机构，多家审计、评估和法律服务机构以及部分中央驻区和区属国有企业，取得了一些盟市企业国有资产进场交易零的突破。在行政事业单位国有资产交易业务开拓方面，中心与部分盟市保持了常态沟通，与多家条管单位保持日常沟通，重点走访了呼包鄂等盟市财政部门，并在盟市和旗县行政事业资产进场政策方面取得了点上的突破。在金融资产业务开拓方面，中心与多家中央和地方金融机构进行了深度的交流，特别是不断加强了与金融资产主管部门——财政厅的沟通工作，建立了有效的日常信息沟通和业务联系机制。在股权托管业务开拓方面，中心多次走访了自治区本地金融机构，重点与内蒙古银行联系股权登记托管业务，近期有望进行托管；对部分注册资本在1000 万元以上的中小企业和本地的担保机构进行走访，进一步提高了现有托管企业服务水平。

2. 业务会议、项目推介反响较好

中心探索以股权投资联盟方式建设区域资本市场，着手建设了"内蒙古股权投资网"并已正式运行，成立了股权投资专家评价委员会，成功举办了首批中小企业股权融资推介会。中心与招商银行、华夏银行分别于 9 月、10 月在呼市和鄂尔多斯举办了三次财富论坛，并完成国信伯乐基金 900 万元的投资募集，汇聚了部分投资人。中心与内蒙古小贷协会沟通，共同参与小贷协会举办的"与金融机构合作促进小贷公司发展论坛"，宣传和推广股权融资产品与服务并提出股权质押融资、私募股权融资、成立小贷基金等拓宽融资渠道的建议。中心向自治区中小企业局提交《中小企业投融资平台建设方案》《委托产权交易中心进行 1000 户成长型企业股权托管的函》，一方面争取汇集托管融资项目资源和扶持服务机构落地政策，另一方面汇聚浦发行等多家金融机构投资人资源，分别参加在全区四地举办的银企对接会，通过与企业面对面对接交流等方式，大力宣传中心区域要素资本市场建设情况，提供了相关股权投资及中小企业成长培育方面的服务。

（二）团队建设情况

1. 加强制度体系建设

根据行业形势的新变化，中心开始了新一轮制度体系的调整。根据国务院国资委《企业国有产权交易操作规则》、财政部《金融企业非上市国有产权交易规则》等制度的规定，以及信息系统的使用情况，参考国内大交易机构的相关管理办法，对目前执行的产权交易规则、登记托管操作规则及相关的实施细则进行了修订完善。同时随着内部管理逐步提升，还组织完成了法律、财务、会员管理、人力资源管理以及内部决策等内部管理制度中的 30 多项制度的修订和完善工作，近期将正式印制成册，这将使中心的制度体系建设迈上一个新台阶。

2. 完善内部考核体系

在现行国有企业监管体制下如何制定一套行之有效的激励和约束机制是整个国有企业系统普遍存在的难题，而我中心经过几年来的总结和调整，不断摸索出一套正向激励、相对公平、包含多个行业特点的考核管理体系。针对提高项目操作质量、彰显市场的价格发现功能，加强团队经营操作能力，提升员工整体素质和水平的综合目标；结合年度综合考核办法，制定了日常考核管理办法，设置了员工的日常工作目标底线；通过多奖少罚、奖罚并用的方式，提升了中心整体运营水平和员工的综合素质。

3. 初步建成内部风险防控体系

为健全风险防范体系，中心专门成立了法律审核部，制定了《法律审核与风险控制管理办法》，对交易业务和股权托管等业务设置了审核要点，建立了项目全程审核制度及流程，同时还加强了财务部门的业务结算和日常收支审核程序。法律审核部和财务部分别依据相关制度制定了清晰的业务审核管理流程图，使各项审核制度具有可操作性，也为下一步的审核信息化奠定了基础。

4. 做好员工培训工作

根据年初制定的员工培训计划，中心开展了多层次、多形式的员工培训，主要方式为学习培训和以会代训等，安排副总裁分别参加内大经管学院组织的

EDP 总裁班和北京大学的研究生课程班，组织部门经理及普通员工参加了自治区组织部举办的干部自主选学培训班学习，效果明显；还派员参加了由自治区国资委、产权行业协会、其他区域产权市场组织的业务培训、出国考察和会议学习，使大家开阔了视野，增长了见识。此外，通过案例分析、制度培训等方式，加强业务知识学习。

5. 员工活动丰富多彩

为了建立健康丰盛的员工精神家园，培养员工正确的人生观和价值观，不但长期坚持组织员工开展读书演讲活动，还陆续组织全员参观贺龙纪念馆，进行"传承五四精神青年建功十二五"的主题演讲活动，组织开展"坚定信仰齐心创业共创辉煌"——庆祝建党 90 周年的主题座谈会；为弘扬中心企业文化，熟悉和遵守中心各项规章制度，举办了"中心内部管理制度"知识竞赛；组织员工赴成都学习考察，组织员工召开"迎新年趣味体育运动会"及联欢会等活动，起到了调节身心、提高凝聚力的积极作用。

6. 创先争优活动取得实效

根据自治区党委和国资委党委的要求，中心认真完成创先争优活动的各项工作，建立中心党总支创先争优活动承诺台账，编辑制作展板，中心党员践诺点评公示，慰问社区贫困户，民主生活会搜集统计群众意见，制定整改措施及组织活动，上报创先争优活动要求的书面材料，组织中心党员参加建党 90 周年有奖知识竞赛，参加国资委组织的迎接建党 90 周年文艺活动，组织员工观看了电影《建党伟业》，选举中心优秀党员、优秀党务工作者和先进基层党组织，参加国资委举行的纪念建党 90 周年表彰大会，认真践行了创先争优活动的承诺，按时完成上级党组织下达的各项工作任务。

（三）信息化建设

坚持以信息化推进业务规范化，不断完善信息系统，完成了企业国有产权交易系统增强版上线和制度对接工作，完成了股权登记托管系统的升级改造工作，规范了金马甲动态报价系统、网络竞价系统的相关内容，并对实物资产交易系统进行了系统的规划和安排。此外，为了满足不断增长的系统使用需求，中心还积极改造机房设施，购置新的电子设备，提高了中心各类网络系统的适用性和安全性。

（四）省内业务整合及分支机构建立

1. 会员体系建设取得新成效

为了进一步规范会员管理，提高各类业务进场数量，中心不断探索新的会员管理模式。经中心努力，自治区国资委下发了《关于加强产权交易监管，推动产权交易市场建设，开展盟市推荐产权交易经纪会员认证工作的通知》，开始建立全区盟市认证会员体系。截至目前，中心会员机构已经形成经纪类认证会员15家、合作会员12家、服务会员8家的新的会员结构，覆盖全区10个盟市；进一步完善了会员业务分佣和项目分配制度，在一定程度上促进了会员的发展。

2. 分支机构建设初见成效

经与呼伦贝尔市政府协商，本着扩大市场规模、规范业务发展的宗旨，在现有条件下由呼伦贝尔中小企业担保公司承办中心驻呼伦贝尔办事处；根据在发达金融前沿地区的合作需要，尝试性筹备成立中心驻深圳办事处。经过半年的运行，两地办事处都表现出了对中心主业和创新业务的支持作用，也证明了办事处作为中心派驻当地的代表机构，对于推动当地业务发展和建立广泛有效的合作机制具有积极的推广意义。

（五）同其他产权交易机构的合作情况

中心与上海联合产权交易所在鄂尔多斯联合举办"投资项目专场推介会"，与北交所金马甲公司成功联合举办"国窖1573大坛定制酒"推广活动；配合财政厅赴湖南和重庆对行政事业单位资产处置工作开展情况、交易品种及交易手段创新方面进行了考察和交流。

三　未来愿景

2012年，中心将采取更加精细化的市场拓展方法不断拓展主业，开辟新领域，研发新产品，实现扩大市场规模、稳定市场地位的目标。中心将以"规模拓展年"为年度经营主题，包括扩大交易额、交易品种和市场区域，力争通过一年的努力，以扩大市场规模来实现主业收入增长，以扩大交易品种来提高市场影响力，以扩大市场区域来强化机构的市场地位，最终实现区域要素资本市场建设再上新台阶。

1. 重点建立区域分支机构，发展利益共同体

在全区各盟市逐步采取多种方式建立分支机构，以分支机构（合作机构）管理办法或协议的方式加以管理，争取实现分支机构逐步覆盖全区，并对旗县具备一定的辐射能力。还将在各地积极发展会员体系，采取灵活多样的合作模式建立起紧密的利益共同体，在合理的前提下让利给会员机构，力争共同做大市场规模，共享市场交易成果，从而实现规模效应，实现综合发展目标。

2. 增加新的交易品种，拓展中心的服务功能

在原有主业基础上确定新的交易品种。首先，本着依据政策优势，紧抓成熟品种，拓宽行业服务对象，增强市场覆盖面的原则，实现产品的拓展；其次，在充分调研和分析的前提下，扎实开展市场规模大、市场需求广且相对易于操作的创新品种交易。

3. 加强客户数据库管理，实现精确营销和推广

客户数量充足和投资人聚集是产权市场交易活跃的前提，中心要集中交易部和市场合作部的力量共同建设中心的客户数据库和投资人数据库，并共同研究客户管理和投资人关系管理的技巧和方法，通过行之有效的精确营销和推广，将客户数据变成潜在客户，将潜在客户变成现实客户，并逐步形成投资人的投资习惯和市场依赖，最终促进交易项目的进场和成交。

4. 内设部门进一步细分，初步实现流水化作业

在去年的操作基础上进一步对产权交易业务进行流水化分工操作，以适应系统使用的需要和提升业务质量的要求，将业务分为场前、场内、审核、结算四个阶段，确保交易项目规范操作，减少重复劳动，层层控制风险，适应未来项目大规模进场的要求。

5. 内外结合创新研发机制，增强专业能力

将在条件成熟时引进合作机构，并从中心业务部门抽调合适人员共同组成常态性的产品研发小组，对拟开发的创新交易品种进行论证和研发，提高中心的研发能力，实现多家机构的专业互补，力争尽快推出全新的交易品种。

B.25
黑龙江联合产权交易所
2011 年年度报告

黑龙江联合产权交易所 *

一 黑龙江联合产权交易所简介

黑龙江联合产权交易所有限责任公司（以下简称黑龙江联交所）是2011年7月经黑龙江省人民政府批准设立的综合性产权交易服务机构，隶属于黑龙江省国有资产监督管理委员会（以下简称省国资委）。黑龙江联交所承接原黑龙江省产权交易中心（以下简称省产权交易中心）职能，是黑龙江省唯一的省级产权交易机构。

黑龙江联交所是集物权、债权、股权、知识产权等各类权益交易服务于一体的综合性要素市场平台，依法开展企业国有产权、行政事业单位资产、公共资源、金融资产、涉诉资产、股权登记托管、矿业权、文化产权、农村产权、林权、环境能源、实物资产、大宗商品等相关交易业务，国有产权投融资、资本运营业务，产权交易的咨询策划及信息服务等。

黑龙江联交所奉行"勤勉、创新、高效、务实、阳光"的企业精神，坚持"人才为根本、服务为基础、创新为动力、发展为方向、效益为核心"的经营理念，与各界人士、各类企业精诚合作，加强黑龙江产权交易市场建设，实现资源资产化、资产资本化、资本产权化、产权市场化。

---

* 黑龙江联合产权交易所，原为黑龙江省产权交易中心，成立于2003年；2011年7月经黑龙江省人民政府批准设立综合性产权交易服务机构黑龙江联合产权交易所，隶属于黑龙江省国有资产监督管理委员会。

二 基本运行情况

按照中纪委七次会议"源头防治腐败"工作要求，为支持全省的国企改革攻坚工作，2003年，黑龙江省在哈尔滨产权交易中心的基础上加挂了省产权交易中心的牌子，业务归省国资委指导，其他归哈尔滨市国资委管理。2011年，省政府决定成立黑龙江联交所，同时将省产权交易中心从哈尔滨产权交易中心独立出来，待升格后与黑龙江联交所合署办公，实行"两块牌子，一套人马"体制；在此期间，由黑龙江联交所履行省产权交易中心职责。

因此，按照《黑龙江省人民政府关于促进产权交易市场规范发展的意见》（黑政发〔2010〕54号）和省政府主要领导要求，省国资委经过多次调研、科学论证，积极推进全省产权交易市场整合工作，先后上报了《关于筹备组建黑龙江联合产权交易所的报告》（黑国资产函〔2011〕84号）和《关于黑龙江联合产权交易所有限责任公司的组建方案》。经省领导批示同意，省政府正式印发了《黑龙江省人民政府关于组建黑龙江联合产权交易所有限责任公司的批复》（黑政函〔2011〕86号）文件，批复同意成立黑龙江联交所。

黑龙江联交所目前由13位股东组成股东会，主要股东单位包括省国资委、省直属企业、业内机构以及全省十个市地政府，注册资本1.3亿元，股东大会下设董事会，实行董事会领导下的总裁负责制。黑龙江联交所内设直属部门，出资设立了各地市全资子（分）公司（哈市除外）。省国资委代政府履行对黑龙江联交所的出资人监管职责，选派董事长，部分参股股东派董事。黑龙江联交所筹建完毕后，将省产权交易中心、省股权登记托管中心、省公共资源交易所、博士后科研工作站等机构职能上收。

黑龙江联交所按照"边建设、边工作"的原则，组织招聘了第一批工作人员，通过边练兵、边攻坚，逐步形成了战斗力；配备了先进齐全的软硬件设施和信息网络，在组织交易的过程中发挥了十分重要的作用；承接了省产权交易中心职能，实质性整合了各地市产权交易机构，保障了全省产权交易业务规范有序运行；积极推进各项业务，立足于企业国有产权交易以及股权登记托管业务，逐步拓展新业务品种进场。经过 2011 年的试水破冰，我们明确了方向，疏浚了航道，坚定了信心，为今后加速发展提供了动力。

三　业务拓展情况

1. 具体业务拓展情况

一是企业国有产权交易业务成绩突出，二是金融资产交易业务取得突破，三是积极开展行政事业资产交易、公共资源交易以及涉诉资产交易业务，四是股权登记托管业务和股权质押融资业务取得优异成绩。

2. 信息化建设情况

全面推动全省产权交易市场信息化建设，增强市场服务功能。一是构建了全省统一的产权交易信息发布系统，在网站栏目设置、功能设计、服务内容和表现形式等方面更加实用、美观，目前已经顺利与上海联交所对接，实现了两地项目信息同步挂牌，同时嵌入了网络报价模块；二是引入了"金马甲"网络报价平台，可以实现所有交易在线动态报价、网络竞价，有效避免了相互串通、恶意竞买等现象；三是积极接入全国国有产权交易信息监测系统，产权交易过程中的信息发布、买方选定、交易方式选择、交易结果等关键信息接受国务院国资委的实时监测。

3. 全省市场建设情况

黑龙江联交所以产权为纽带，邀请省内各地市政府（哈市除外）均出资共建黑龙江联交所，黑龙江联交所再出资分别在各地市设立子（分）公司，依据《公司法》实行统一管理。各地市既是黑龙江联交所的股东，按比例享有黑龙江联交所的权益，又是当地分支机构开展产权交易业务的组织者，按约定与母公司利润分成。全省产权交易业务实行"五统一"，即统一信息发布、统一操作规则、统一审核鉴证、统一收费标准、统一统计口径。这样实现了全省市场的实质性整合，能够更好地发挥出统一市场的高效率、低成本优势。

4. 对外合作情况

紧紧围绕"大产权、大市场"的理念，积极加强与上海、北京等中心城市交易机构的合作，使黑龙江省的产权交易市场直接面向国际化平台。黑龙江联交所与上海合作开展了环境能源、技术产权、文化产权和央企产权等交易业务；同时，还与北京合作开展了中央和国家机关行政事业单位资产处置业务。

四　开拓创新情况

黑龙江联交所积极开拓创新，明确功能定位，引入新的体制、机制，采取股权多元化的形式，形成收益共享、风险共担的经营机制，与省产权交易中心实行"两块牌子、一套人马"运作模式。

1. 统一市场，联合产权

立足于企业国有产权交易业务，积极拓展其他交易品种，争取做到"国资全覆盖、品种全展开"，划分出15＋5类产权品种与服务进入市场。"15＋5"即企业国有产权、行政事业资产、公共资源、金融资产、涉诉资产、矿业权、文化产权、农林产权、环境能源、技术产权、实物资产、房地产项目、央企资产、非公产权及省外产权等15类产权品种，股权登记托管、资本运营、产业投资、理论研究、策划设计等5项其他服务，体现联合产权的丰富内容，以及黑龙江省统一市场的高效率、低成本优势。

2. 省级平台，整合地市

黑龙江联交所及所属机构是全省唯一的省级市场平台；以产权为纽带，邀请各地市政府（除哈市外）均出资参股共建，联交所再分别出资下设各地市子（分）公司，依据《公司法》实行统一管理，产权交易业务实行"五统一"。

3. 客观公正，做"第四方"

按照经纪业务和交易鉴证相分离的基本原则，实行会员制，积极发展包括评估、审计、法律、拍卖、招投标、担保、投资等各类专业服务会员参与交易业务，定位于转让方、受让方、中介方之外的"第四方"服务平台，通过会员机构为各类市场主体提供"公开、公平、公正"的市场环境，保证产权交易市场的中立性和公信力。

4. 市场转型，功能增强

黑龙江联交所的战略定位是综合性要素市场和基础性资本市场，市场功能包括八个方面：一是组织公开、公平、公正的规范交易，二是发现价格和发现交易主体，三是增加企业信用、降低交易成本，四是为企业提供投资、融资服务，五是将各种产权优化集成，六是发布各类产权的公共信息，七是为企业改制提供咨询策划服务，八是进行新兴产业的创意设计。

五 下一步工作

2012 年，黑龙江联交所的发展目标是：市场健全，功能完善，覆盖全省，交易额与融资额翻番，竞价率达到全国平均水平，各项绩效指标进入省国资委出资企业的先进行列，为全体股东交上一份合格的答卷。

（一）加强市场体系建设，以全新模式体现省级产权交易市场的先进性

黑龙江省产权交易市场的模式安排是：省产权交易中心与黑龙江联交所合署，黑龙江联交所由专业市场和各地市分支机构组成，市场的主体是会员机构。这个模式的先进性体现在，省产权交易中心是事业单位，代表权威性；黑龙江联交所是省管企业，代表公信力；各专业市场叠加成综合市场，可覆盖产权的全部要素；地市参与黑龙江联交所的发起设立，再下设分支机构，由此形成了以产权为纽带、利益共享又按统一规则运行的市场体系；会员制的实行，使产权交易市场成为"第四方"服务平台，更能体现出现代服务业的中介与公正。据此，我们要严格按照《国务院关于清理整顿各类交易所切实防范金融风险的决定》（国发〔2011〕38 号）文件要求规范产权交易市场，认真贯彻省政府 54 号文件精神，全面落实省政府批复同意的省级产权市场的建设方案。

1. 加强省产权交易中心的建设工作

一是继续做活省产权交易中心。省产权交易中心的牌子从哈市收回后，接下来的任务是要进行省产权交易中心的事业单位登记。这项工作有几位省主要领导的批示为依据，具有可操作性。

二是继续履行全省产权交易市场的数据统计、制度建设和行业指导等职

能。目前对全省的产权交易数据统计工作一直由我们在进行，今年要根据市场建设的实际情况，创新统计内容，做到全面精准；要加强关于行业指导的制度建设，配合省国资委等部门组织好产权转让大检查工作。

三是做大省股权登记托管中心。要充实省股权登记托管中心的资本金，还要想方设法注入新的优质资产，增加资本金；要与省金融办、省工商局等部门协调，整合省内其他股权登记托管机构，推进建立省级股权交易市场。

四是充分发挥博士后科研工作站的作用。要引进更多、更有专业水平的博士后，开展贴近市场、能够转化成果的科研工作；要研究并实际运作好办刊、办会、办班等事宜。

五是做实省公共资源交易所。目前，这个机构只是一个架子而无实际内容，要注入资本，充实力量，形成有影响的专业市场，以独立的形象直接面对全省市场。

六是协调好各地市产权交易机构工作。各地市仍有部分事业单位性质的产权交易中心存在，具有一定的职能，能与省产权交易中心对应。省产权交易中心要以协会的思路、学会的方向组织系统内的研究、联系工作，为省国资委、各地市国资委以及有关部门的高级专家提供发挥余热的平台。

七是搞好服务外包工作。完成好省国资委委托的产权登记及大检查工作，组织好评估、审计专家评审组工作。

2. 全面完成黑龙江联交所的组建工作

一是完成黑龙江联交所本部的增资扩股事宜，督促三大股东的资本金全部到位；协调上海方面的入股事宜，对其拟投入的设备部分进行核实与评估，完成验资工作。

二是配合省国资委及其他股东规范联交所的股东会、董事会、监事会建设工作。

三是推进地市子、分公司的建设。在10个地市设立子公司，对子公司的人事、财务、业务等管理关系用契约形式加以明确；黑河、大兴安岭两地设分公司，以探索一个新的模式。

四是搞好直属企业的设立工作。完成黑龙江联交所下设金岸资产经营公司的工商登记等工作；探索省股权登记托管中心设立产业投资基金，金岸设立文化创意工作室、文化创意产业开发公司，博士后科研工作站收购改制的媒体企业，金岸、股权登记托管中心、公共资源交易所要对外投资控股一批企业。

五是加强网站与信息化建设工作。要建设功能强大的网络竞价系统，满足市场的各方面使用；门户网站的页面管理、内容更新再上一个新的台阶。

六是规范人事管理工作。年内进行指标考核管理的试点，将用人、定岗、定薪与业绩挂钩，将政治进步与个人品德挂钩，从副总到普通员工，均要有上下考核机制。

七是做好财务管理与货币理财工作。做好黑龙江联交所本部及下属各类主体的财务管理与风控工作。与省国资委有关处室保持紧密联系，搞好财务审计、报表报送等工作。完成子、分公司的财务建设工作，对子公司进行有效的监控，加强对子公司的财务指导、检查等工作。开发财务、业务一体化信息系统，提高信息化水平，确保保证金、交易价款等绝对安全。

八是加强宣传与理论研究工作。配合省国资委利用不同媒体及采用不同形式，搞好产权交易市场的系列宣传报道，扩大黑龙江联交所的社会影响。

九是加强对外联络。加强黑龙江联交所与长江流域共同市场、东北三省一区市场合作机制以及与中国企业国有产权交易机构协会的联系，实现信息共享、市场共同开发；2012 年承担东北区域的产权交易市场合作会议，同时设立一个黑土文化的研究专题；与有关省市交易机构进行互访交流，建立紧密联系。

（二）打造高水平的招商大平台，促进各类产权配置进入市场

黑龙江联交所的运行模式有三种：第一种是接待业务，做好服务，这适用于省国资委出资企业的产权转让；第二种是主动出击，敲门联系，目前与省法院、省财政等正在进行的业务联系即属此种模式；第三种是培育会员，第三方引领客户进场，将来地市机构与经纪人就是这种形式。但是，在这些活动中，经常发生转让双方"手拉手"进场、转让信息空挂、竞价率低等现象。而要改变这一切，就要努力提高黑龙江联交所的招商水平。

1. 提供优质服务

一是对省国资委出资企业实行全要素贴身式服务。业务人员要有分工，对

重点企业进行跟踪上门服务，特别是对龙煤集团等企业的三级以下公司，要主动联系、接触，并在省国资委出台必要文件后，从股权、债权、知识产权、物权、担保、保险一直到废旧物资等全面了解，随时提供产权交易服务。

二是对地市国资监管机构及所属企业提供专家式服务。要依托当地的国资监管机构，主动与企业经营者交朋友，积极出谋划策，促进他们进入产权交易市场，利用产权并购等方式盘活资产，做大做强。

三是对省直其他部门和驻黑央企敲门服务。对于农垦、森工、财政、经贸等部门所属企业，需要登门宣传，利用关系推动进场。这个过程相对漫长，需锲而不舍。

2. 开发优质资源

一是行政事业资产。行政事业资产的管理权在财政部门，经过努力已经拿到资质。我们要立足于自己跑业务，把资产处置的大单拿到手中。

二是公共资源。地市已经有单独成立的机构，与当地的产权交易市场形成竞争。此项工作有三个方面：一要积极与省监察厅联系，从省级层面规范进入产权交易市场处置公共资源；二要充实公共资源交易所的资本金，以独立的法人实体存在，使监管单位有明确的监管对象，使潜在客户迅速了解应该与哪个市场打交道；三要积极向地市宣传公共资源交易所的业务，按公共资源清单拢住有关资源。

三是金融资产。开发金融资产有三项任务：其一，迅速抢抓资源，从现在开始，要集中力量对四大资产处置公司、四大国有商业银行、其他商业银行、省内金融机构重点攻关；其二，明确资源内容，主要是不良金融资产、金融企业国有资产处置、股权转让等；其三，形成专业市场，更好地组织信托资产、租赁资产、票据、基金的公开交易，并为金融资产的流转提供发行、认购、交易、登记、托管、结算全流程服务。

四是涉诉资产。这项工作的主管部门是省高院，目前他们正在组织制定办法规则。在当前这一"留白"期，正是秣马厉兵、准备迎战的机会，我们要提前制订严密的制度，明确规则、利益关系；充分研究其他各地市场的经验教训，做出多种预案，更稳、更准、更好地做好涉诉资产处置工作，并做好市、县涉诉资产的处置及利益分配问题。

3. 抢占未来高地

一是文化产权。文化产业的大发展、大繁荣必然需要文化产权的大流动、大并购，但是文化产权又存在着难以确权、计价、流动、保护等方面的问题。在此情况下，我们要抓住文化产权评估工作，组织评估师力量，以同源文化公司为试点，做好课题；要与版权局合作，签署版权合作协议；要组织东北四省区文化产权合作机制专题活动，推出黑土文化概念；要推出文化产品上线交易；要主动按省委宣传部要求开展业务，主动与北方文化产权交易所合作，实现共赢。

二是以项目、品种创新业务。存在于经济生活之中的农村产权、林权、环境能源、矿业权、技术产权等有着巨大的市场诱惑力。

首先，俄罗斯远东地区的上述产权十分丰富，权属也明确，但信息、信用不足，黑龙江联交所的边境特色主要体现在提供境外土地、矿产、能源等各类产权信息、增加俄方政策信用、撮合双方成交等方面，只要与商务部门共同努力，一定能够抓出特色。

其次，在国内方面，可以尝试经营农村产权的六大交易品种，涉及农村土地承包经营权、农业生产经营组织持有的股权及实物资产、农业生产资料、涉农知识产权和农村重大经济事项等。

再次，在掌握一批有实力的大学、科研院所、高技术企业等核心会员的前提下，与省技术市场联合，对科技企业、科技成果进行信息采集、筛选、策划、认定、登录、预警、发布、推介、询价和撮合成交，为科技企业和科技成果的直接融资建立快速通道；强化黑龙江联交所对于技术产权的信息服务、对接服务、中介服务、科技会展、技术产权交易和国际合作交流等 6 项服务功能建设。

最后，在环境能源方面要紧跟上海环交所，他们正在制订具体的实施方案，并考虑向全国推广。

对于林权、矿业权等目前我们还难以进入的市场，可以考虑以会员、经纪人等身份介入，在开展业务过程中建立合作关系，以"有为"抢"有位"。

4. 联系机构投资者

优质会员、战略投资者是招商、融资，最后完成产权并购的关键。这项工作主要有四个环节：一是建立投资人信息库，掌握不同投资人的投资意向与偏好；二是引导会员参与联系投资人，发挥会员的积极性；三是积极为投资人提供并购贷款、咨询策划等服务；四是建立退出机制，寻求上市退出、寻找下家接盘退出等。

（三）深化股权登记托管工作，努力打造中小企业投融资平台

1. 促进登记托管企业数量的增长

要协调省工商局、省国资委等有关部门，制定出台强制进场登记托管政策，将社会各类股份制企业集中到省股权登记托管中心，形成巨大的企业资源；提高托管的服务水平，主动为企业搞好分红派息等工作。

2. 推进质押融资工作

在控制风险的前提下，积极为省国资委出资企业及下属公司提供质押融资工作，为各类企业创造小额、快速、简单、便利的质押融资；与各地市搞好工作衔接，分清责任与利益，提高地方的积极性；与担保公司、信托公司、银行进行质押合作，争取质押融资额有大的增长。

3. 争建创新型拟上市企业培育平台

协调省金融办、省科技厅等部门开展有关试点，实施创新型企业成长路线图资助计划，在企业最为需要之际提供资金帮助，促进更多企业实现上市目标。

4. 研究发起设立创新型产业投资基金

以黑龙江联交所为发起人，省股权登记托管中心为基金管理人，充分发挥省股权登记托管中心对投资份额和股权的锁定功能，保证股权稳定性，以培育上市公司为方向，打造出活跃的地方资本市场。

（四）组织开发大宗商品交易及资产运营工作，力争资产规模翻番

1. 大宗商品的经营与开发

一是对龙滨酒进行新型设计，组织拍卖，已签订服务合作协议，此项目正在推进中。二是继续与鸡西研究石墨大宗商品交易市场的建设工作。国家对石墨资源是按照战略物资进行控制的，由此形成的稀缺性为市场带来了新机会。

三是金岸公司要在门户网站上设立独立频道，可以考虑和内设业务部合作，开展废旧物资、闲置资产、精品房产、城市矿产、贴近人民生活的其他物资、俄方产权等交易活动。

2. 承担会员经纪人工作

一是以独立法人身份参与其他产权交易市场的产权经纪工作，开展矿产、林权等交易工作；二是执行黑龙江联交所交办的其他工作，比如积极引入投资人参与竞争，提高竞价率。

3. 组织产权并购活动

一是要在一些价值洼地打捞资产，比如无人关注的优质企业资产；二是要收购优质股权，比如参股一些即将上市的企业；三是要共同开发闲置资产；四是投资开发旅游项目，比如在文化创意园区投资建设产业；五是配合组织好几家企业的多元化招商引资工作，可根据情况参股或收购资产；六是与省直企业研究处置债权；七是对产权交易市场一时卖不出去的产权，主动持有，延长产权在市场上的滞留时间，使拟转让产权在最佳时机出手。

ℬ.26
哈尔滨产权交易中心 2011 年年度报告

哈尔滨产权交易中心*

  哈尔滨产权交易中心经哈尔滨市政府批准于 1995 年 5 月成立，先后隶属于哈尔滨市财政局、国资委，为自收自支副局级事业单位。2003 年 5 月经省政府批准，依托哈尔滨产权交易中心加挂"黑龙江省产权交易中心"，实行"两块牌子，一套人马"的运作模式，2011 年 9 月，经省政府批准，省国资委牵头成立了黑龙江省联合产权交易所，省产权交易中心及其连带业务划归省联交所。哈尔滨产权交易中心是我省产权交易行业的龙头，现已发展成为集物权、债权、股权、知识产权等交易服务于一体的综合性市场平台，业务覆盖了企业国有产权、行政事业资产、金融资产、公共资源、涉诉资产、文化产权、环境能源、技术产权、林权等多个领域，是各类资本进退的专业化市场，可通过招投标、拍卖和网络竞价等多种方式为投融资方提供专业化服务，在全国同行业中具有一定影响，是全国产权交易协会常务理事单位，北方产权交易共同市场副理事长单位。

  中心内设交易部、综合项目部、涉诉资产部、研究发展部、评审部、信息部、财务部、办公室，出资成立了公共资源交易所、金融资产交易所、拍卖公司、典当行等独立法人机构。主要业务范围：企业国有产权交易，高新技术产权交易，涉诉资产处置，金融资产处置，企业国有资产产权登记与年检，国有企业评估、审计、清产核资复审，并购贷款，为企业并购、资产重组提供策划与咨询，企业破产咨询与清算，实物典当与拍卖，企业国有产权转让招投标代理，完成省、市国资委授权的其他业务。

---

 * 哈尔滨产权交易中心，成立于 1995 年，是经市政府批准成立的非财政补助的准公益类副局级事业单位，隶属于市国资委，是市国资委选定的从事企业国有产权转让的专业市场单位，是各类产权公开交易的专业化场所。

中心为促进全市经济发展、实现国有资产保值增值和源头治腐做出了应有贡献。

中心操作的哈麻集团、哈水泵厂、哈水泥厂、重型机械厂、哈中庆燃气等一批大中型国有企业的产权转让项目已成为典型案例并在全国产生重要影响，连续四年获得上海举办的中国国际工业博览会——全国产权交易行业专业奖项"产权交易最佳策划奖"，其中一等奖一次、二等奖两次、三等奖一次。

一　基本运行情况

2011 年对中心来说是充满挑战的一年。年初中心确定了"市场年"的工作思路，但金融危机导致了投资者投资意愿下降，省市产权交易机构分家还导致了业务分流和股权登记托管等项业务移出。在如此严峻的形势下，市委、市政府以及市国资委给了我们巨大的支持，中心员工也群策群力，顶住压力，积极努力，夯实主业，加大业务拓展和创新，超额完成了年初制定的工作任务，产权交易业务比 2010 年大幅增长，竞价率比 2010 年提高 8%，增值率近100%。

二　业务拓展

（一）大力开拓，市场辐射面有了扩大

针对省、市产权交易中心分家的实际，我们在地域上努力拓展县域产权交易业务，已联系 10 个县，并与哈市所属县（市）开展合作，协商成立办事处或分中心，目前有一批县（市）的交易项目已经挂牌；此外，还与各县（市）国土资源部门进行了业务洽谈。

（二）加强联合，行业地位得到了提高

2011 年初成立了全国产权交易协会，我中心被选为 11 个常务理事之一；省、市产权交易中心分拆后，由我中心承接担任了中国企业国有产权交易机构

协会常务理事单位、北方产权共同市场副理事长单位、金马甲股东等；与北京、上海、重庆、天津等国内主要交易机构加强了合作，密切联系，互访频繁；涉诉资产工作开展后，山西等交易所前来学习，行业地位和影响力得到了巩固。

（三）提高信息化程度，市场服务功能得到了增强

一是对中心网站进行了改版升级，建立了专门的公共资源交易、涉诉资产模块；二是与金马甲合作开辟了互联网涉诉资产竞价系统，金马甲副总多次带队来中心进行调研；三是很好地维护了国家国资委信息监测系统、电子竞价系统、监察厅电子监察系统以及大屏幕的稳定运行，定期对软件系统进行更新、调试；除此之外，还与全国各大交易机构实现了信息联网，扩大了信息发布范围。

（四）加强文化建设，增强团队凝聚力

文化被喻为企业发展的软实力、第四发动机，产权交易机构既是中介机构，又是服务机构，除了创造良好的工作制度外，还要拥有良好的企业文化，才能更好、更快发展。

2011年中心加大了文化建设力度。

一是营造"方便为民"的政风文化。为落实市政府"政风建设年"精神要求，中心发挥"共产党员先锋岗"模范带头作用，组织人员分组到一楼大厅窗口值班，努力做到能在窗口办理的事项就不到楼上办理，要求窗口工作人员解答办理交易业务人员的各种问题，为他们提供了方便。

二是营造"关爱集体、团结互助"的生活文化。中心与市国资委共同组织活动，有利于员工间彼此沟通，增进了友谊，提高了单位的凝聚力，培养了员工的共同价值观。

三是加强了队伍建设，提升员工积极性。中心为员工提供了良好的发展平台，创造了良好的工作氛围和竞聘机制，累计提拔28人。实践证明，通过竞聘，发现了适合岗位要求的人才，竞聘成功的员工得到了提职，在岗位上发挥了自己的才能。

三 创新

2011 年中心在行政事业资产、公共资源、金融资产、央企交易、涉诉资产等业务方面积极探索，增加了交易品种。

一是行政事业资产处置范围不断扩大。年初以来，中心相关部门走访了阿城区、香坊区、道外区、宾县、依兰县等县、区财政部门，目前香坊区财政所属资产已进入市场公开转让，与阿城的合作也在积极推进中。

二是公共资源进场范围持续拓宽。在省国资委收走"黑龙江省公共资源交易所"牌子后，中心并没有放弃这项业务，随即注册成立了哈尔滨公共资源交易所有限责任公司，并逐步开展业务：成功转让了公共停车场泊位经营权近 1500 个，与市城管局就市区户外广告设置权进场交易进行了沟通协商，还多次与市交警部门就我市小型汽车吉祥号牌进场拍卖工作进行了沟通和协商。

三是金融企业国有资产转让取得突破性进展。前不久中心刚刚注册成立了哈尔滨金融资产交易中心有限责任公司。目前，建行转让其持有的中航科技 0.3% 股权 2400 万元正在挂牌阶段。同时，省农行资产处置公开转让工作已经取得了突破性进展，省农行全省资产处置工作会明确了剥离资产转让需进入市场，并请我中心在会上作了专题介绍，黑河支行、鹤岗支行的债权转让项目合计 2.3 亿元已在中心挂牌。另外，信达转让其所持中煤 23.44% 股权 3.58 亿元项目已在我中心挂牌。

四是央企交易项目取得了一定成果。在原有与哈电站集团、国家电网黑龙江公司合作的基础上，2011 年重点开拓东安和哈飞的项目。经过积极推介，东安 17 户辅业股权剥离委托中心到北交所挂牌，已与我中心签订了委托协议；哈飞物流资产转让项目已进入我中心公开挂牌，哈飞汽车相关股权转让项目正在前期受理过程中。

五是涉讼资产评估、拍卖及司法鉴定工作进场。在市国资委、市法院的支持和推动下，前不久《哈尔滨产权交易中心受托办理司法鉴定、评估、拍卖工作操作细则（试行）》已经发布，随后开展了受托中介机构备案工作。目前受理了 67 件司法鉴定案件、84 件司法评估案件、38 件司法拍卖案件。这项工作走在了全国同行的前列，增加了一个新的业务板块，活跃了市场，提升了中心的公信力。

目前中心的主营业务中，传统的交易业务只占到了50%，行政事业资产占40%，金融资产、公共资源也占了一定比例，这是近几年中心探索创新的结果。

四 未来愿景

2012年的形势十分复杂，困难多，挑战大：一是经济危机加重。目前经济危机仍在全世界范围蔓延，且有越来越严重的趋势，加上国家金融、房地产政策调控力度的进一步增强以及人民币汇率波动，我国经济将面临更大的挑战，投资者投资意愿将降低。2011年全国各交易机构都面临房产、土地及大额交易项目普遍成交率低的问题，中心这种情况也比较明显。二是省市产权市场分家造成的业务分流。2011年属于省属项目收入达283万元，占目前总收入的14.2%。三是面临很多不确定因素。中心2011年金融资产交易增长达6.1亿元，但省市分立后，中心尚未取得省财政厅资格认定，2012年金融资产交易有一定不确定性。

在面临挑战的同时，我们还面临一些机遇：一是涉诉资产进场，将会形成业务增量。二是我市将开展机构调整、事业单位改革等工作，大批企业国有资产和行政事业资产将面临处置。三是国务院2011年11月发布的38号文，明确整顿交易机构，这将为产权市场带来良好的环境，有利于正规机构的发展。四是我们目前做的创新工作有了初步进展，特别是县市业务的开展和土地进场交易。基于此，2012年将是我们有所发展的一年，在"保双二"——即保证收入2000万元，交易额20亿元——的基础上，争取收入和交易额实现10%的增长。具体安排如下。

1. 夯实主业，扩大企业国有资产进场交易覆盖范围

立足主营业务，在市属、区属国有企业进场交易的基础上，加大哈市区域内中直企业进场交易的力度，对东安、哈飞、东轻、中粮、哈电、一重、大庆等一些中直企业进行跟踪，争取更多的合作机会。

2. 扩大区域，在部分县（市）建立分支机构

一直以来，市属各县企业国有资产处置都不规范，进场的较少，很多主管部门都不了解进场交易程序。今年将在 2011 年工作基础上，争取全市 10 个县业务都有所起色，重点跟踪企业国有资产和土地使用权转让等项目，探索建立分中心或者办事处，帮助当地政府理顺国有企业改制程序，实现规范操作。

3. 加强合作，打造金融资产处置平台

多年来，我们与信达、建行、农行等金融机构建立了良好的合作关系，2011 年我们又注册成立了哈尔滨金融资产交易中心，2012 年我们将以哈尔滨金融资产交易中心为平台，在完成 2011 年挂牌未成交项目的基础上，继续加强与信达、建行和农行等机构的合作，将他们的金融资产纳入该中心，打造哈市金融资产阳光化处置平台。

4. 积极沟通，继续推进行政事业资产和公共资源进场交易

积极与财政、城投、城管等部门联系，加强沟通，重视宣传和案例总结，争取扩大行政事业资产和公共资源进场交易范围，尤其是行政事业单位及其所属单位的租赁经营权进场交易。2011 年我们已经做了一些工作，产生了一定的影响，2012 年这方面工作仍将是一个重要的努力方向。

5. 依法合规，推进涉诉资产进场交易工作

涉诉资产是中心重要的创新业务，除了可以为中心增收外，还有重要的社会影响。在 2012 年要认真贯彻落实具体操作规则，加强人员的监督、管理和配置，部门内部在搭配和工作安排上做到合理合规，互相监督和加强自律，积极配合法院做好各项工作。另外，我们申请国资委加强监督，派驻纪检人员参与监督管理工作。

6. 大胆探索，启动典当业务

中心具有典当资质，但业务一直没有启动。目前在金融危机的环境下，企业融资难成为普遍问题，启动典当业务开展短期融资业务，会有很大的前景。2012 年开始阶段先不面向社会开展业务，试着针对进场交易的项目进行典当融资，利用中心的资金、公信力、项目等优势逐步探索，制定科学严谨的典当流程，积累经验，逐步面向社会开展业务。

7. 做好沟通，利用好各方资源

中心是政府搭建的基础性资本市场，是市国资委所属除创投公司、工业资产经营公司外另一个重要的多功能平台，它是各类权益配置、对接的融资平台，也是股权和资产等各要素流通的资本平台，还是哈尔滨市贯彻落实防腐制度的阳光平台，需要得到政府相关部门的认可和支持。要积极与国资委、纪检监察、财政局、工商局、中法院、广电局、各县（市）等相关部门做好沟通，特别是纪检监察部门，很多工作的推进和检查都需要有它们的支持和配合。我们要利用好各方资源，打造哈市区域性资本市场和为小微企业服务的融资平台。

8. 塑造文化，加强队伍建设

在 2011 年"方便为民"的政风文化和"关爱集体、团结互助"的生活文化基础上，继续塑造单位文化，加强队伍建设，营造"以学习谋发展"的创新文化和"廉洁克己"的自律文化。带领大家增强五个意识，即服务意识、忧患意识、市场开拓意识、风险意识和全局意识；注重四个提高，即提高员工素质、提高信息化水平、提高工作积极性和提高服务质量。

B.27
上海联合产权交易所 2011 年年度报告

一 2011 年运行概况

2011 年，上海产权市场不断深化市场化服务功能，充分发挥市场优化资源配置作用，全力服务实体经济转型升级，在企业国有产权交易、中小企业融资和股权融资增值服务等方面均取得新的进展。2011 年，上海联合产权交易所（以下简称上海联交所）及其下属各专业平台共完成各类交易 5 万余宗，交易标的涉及交易总量达 5545.30 亿元。其中，为中小企业融资服务千余宗，涉及中小企业近 3000 家，实现融资金额 384.35 亿元。

从 2011 年市场整体运行情况来看，上海产权市场呈现出"多元发展、稳中有升"的良好发展态势，市场运行的质量和效益不断提升，企业国有产权交易促进了国资证券化率的提升，破解中小企业融资难题有了新的举措，在央企及异地并购重组方面形成新的有效机制，多元化市场体系建设取得新的进展，市场运行效率在全国处于领先地位。

（一）充分发挥国资国企改革发展主渠道功能，促进企业国有产权市场化调整和国资证券化率提升

2011 年，上海产权市场充分发挥国资国企改革发展主渠道功能，以促进

---

* 上海联合产权交易所，成立于 2003 年 12 月，是经上海市人民政府批准设立的具有事业法人资格的综合性产权交易服务机构，是集物权、债权、股权、知识产权等交易服务于一体的专业化市场平台，是国务院国有资产监督管理委员会选定的从事中央企业国有产权转让的指定机构，是长江流域产权交易共同市场理事会理事长单位，是立足上海、面向世界、服务全国、连接各类资本进退的专业化权益性资本市场。

229

企业国有产权市场化调整和国资证券化率提升为目标，开展个性化服务，以同类业务整合为主线，积极为不同中央企业、中央和地方企业、国有和民营企业撮合交易。2011年，有95家中央企业集团在上海产权市场进行了资产整合和重组并购，其中属于纵向并购达35.29%，横向收购达41.18%，被收购的标的主要来自于其他国企、民企和外资企业，市场交易呈现出国有企业资本向优势行业和企业集中的态势。如贵州江葛水泥有限责任公司60%股权转让项目，通过多次报价法，以56.94%的增值率成功交易。该项目的出让方是贵州省一家中央企业控股的水电开发有限责任公司，在上海联交所以3863.38万元挂牌价格出售，有多个意向受让方有意收购，最终经过43轮激烈竞价，贵州省一家私营的水泥有限公司以6063.38万元价格成功收购。

与此同时，上海联交所通过精细化服务，充分运用两个市场联动（产权市场与证券市场）、两种资源联动（非上市公司与上市公司）的方式，实现企业产权资源的有效配置，提升了国资证券化率，国有资本流动机制和运营体制进一步得到优化。2011年，上海地方国有资本通过产权交易注入国资控股的上市公司项目涉及金额达313.61亿元，同比增长37.93%。企业国有产权公开挂牌交易的示范效应，也带动了外资、民资等非公产权进场交易，非公企业高度关注市场，主动参与市场，无论是通过市场出让和受让，都表现出较大增长，上海国资吸引民资收购金额达111.53亿元。

（二）积极探索金融资产处置的新方式、新方法，促进了金融资产的市场化流转

上海联交所高度关注市场需求变化，积极探索金融资产处置的新方式、新方法，有效地促进了金融资产的市场化流转。通过对投资人关注度高的金融资产项目进行大力推介宣传，采用多种竞价交易方式进行交易，充分发掘交易标的的市场价值，由此有效地提升了国有金融企业产权交易的竞价率和增值率。2011年，金融资产转让成交金额219.72亿元，金融资产转让的竞价率达到61.45%，竞价增值率达到31.37%。除上海本地外，成交标的涉及14个异地省份。其中，上海、北京、广东、福建、黑龙江等地的项目集中度高。上海产权市场的金融资产转让数量和质量在国内继续保持领先地位。申银万国证券股

份有限公司 0.0453% 股权（3044522 股）转让项目采用多次报价法成功交易。该项目在上海联交所以 1610.55 万元价格挂牌出让，最终被上海市一家私营的投资发展有限公司以 1775.55 万元价格予以收购，折算成每股成交价格为 5.83 元。

（三）积极对接中小企业融资需求，有效破解中小企业融资难题

上海产权市场依托信息集散、资源集聚、资本集中、服务集成、成本集约的优势，积极对接中小企业融资需求，以产权市场模式有效破解中小企业融资难题。2011 年累计实现中小企业融资交易 384.35 亿元，服务中小企业近 3000 家。兼并重组涉及的各类企业达到 7000 家，其中非国有资本成交项目宗数占到 50.49%，挂牌金额同比增幅达 20.50%。

一方面，上海产权市场积极聚焦知识产权质押和股权质押，推动质押型债权融资，支持中小企业发展。积极整合知识产权和股权质押，集成企业增信、质押物估值和信贷资金引入等相关环节，为中小企业提供一站式服务。2011年，总计为数百家中小企业引进扶持基金或投资机构，技术合同认定登记和技术服务 132 项，交易金额 73.22 亿元，知识产权和股权质押融资 96.28 亿元。

另一方面，以股权增资和项目并购为重点，为中小企业引进战略投资者，改善企业财务状况和治理能力，促进中小企业上市发展。2011 年，通过上海产权市场累计实现各类企业权益性融资 11.36 亿元；累计 7 家企业实现中小板和创业板上市。如深圳市银宝山新科技股份有限公司通过上海产权市场进行增资扩股 15%，资金总额 8000 万元以上，上海产权市场根据企业融资需求有针对性地进行重点推介，采取权重报价加多次报价的组合竞价模式，经过 18 轮报价，成功为企业股权增资 10296 万元，比企业最初的融资期望值提高了 24%。

（四）积极推动跨区域市场一体化建设，加强区域经济合作和交流

上海产权市场以长江流域产权交易共同市场和中国产权交易报价网为平台，积极推动跨区域的业务合作和模式创新，跨区域市场一体化建设水平不断提高。中国产权交易报价网是长江流域产权交易共同市场合作的一体化交易平

台，作为产权市场 B2B 模式，成功开发了 13 种竞价模式，是提升市场化服务功能的有益探索之举。全年有 24 家产权交易机构运用中国产权交易报价网发布项目信息，12 家机构 835 宗项目利用网络动态报价竞价交易，最高增值率为 800%，最高报价次数 528 轮，单个项目最多报价人数高达 72 人，全年累计成交金额 257 亿元。

同时，随着企业产权交易不断深入和异地机构间合作不断加强，上海产权市场服务范围进一步扩大，辐射效应更加明显。2011 年，在上海产权市场完成的异地产权交易宗数同比增长 37.35%，成交金额同比增长 93.16%；异地产权交易项目挂牌增值率达 18.16%，交易项目涉及全国 28 个省区市和境外 13 个国家与地区，项目涉及 21 个行业。如武汉航达航空科技发展有限公司 22.83% 股权转让项目成功交易，其出让方是中国航空工业集团公司金城南京机电液压工程研究中心，该项目被北京一家私营的软件技术有限公司以 3715 万元价格予以收购。异地并购活跃、区域合作增强，推动各类企业产权资源在更大范围、更宽领域、更深层次的优化配置，上海产权交易市场的影响力、辐射力日益显著。

（五）大力发展专业领域市场，多元化市场体系建设取得新进展

上海产权市场把成熟的企业国有产权交易体制逐步复制到其他专业领域市场，专业化、多板块市场结构日趋完备，多元化市场体系建设取得新的进展。

2011 年 10 月，上海联交所下属的上海环境能源交易所通过增资扩股的方式，引入了中国清洁发展机制基金管理中心等 9 家在环境能源领域拥有强大影响力的企业，成功改制成为股份有限公司，成为全国首家股份制环境交易所，进一步完善了企业法人治理结构。全年上海环境能源交易所实现挂牌项目 463 宗，挂牌金额和成交金额均居全国领先地位。

上海联交所下属的南南全球技术产权交易所（以下简称全球所）与国内外众多大型企业和社会组织建立了业务合作关系，在发展中国家和发达国家中已建立工作站 36 个，全年项目挂牌量达到 3600 多宗。2011 年第 66 届联合国大会联合国秘书长报告《南南合作情况》（A/66/229 号）中多次提到南南全球技术产权交易所在推动南南资金技术转移与交流合作中的积极作用，赞扬该

所改变了南南合作的面貌。这是继 2010 年联合国大会 64 – 222 号决议指定南南全球技术产权交易所为联合国推动南南合作的三大支柱载体之一，2008 年和 2009 年两次获得联合国南南发展博览会金奖后再次获得联合国的认可。2011 年 12 月 7 日，在南非德班会议上，全球所被联合国授权组织开展本届德班气候变化大会的碳中和行动，为推动南南国家之间的环境合作发挥了重要作用。全球所还获得了联合国气候变化大会观察员资格身份，成功举办了"2011 南南交易峰会"，进一步扩大了全球所的市场影响力和国际知名度。

上海联交所下属的上海文化产权交易所（以下简称上海文交所）认真贯彻落实十七届六中全会精神，在积极倡导和探索文化产权市场理论创新的同时，全面推动产品开发、制度建设、产业链组合、文化金融创新，在全国率先实现多个突破，得到了中宣部的充分肯定，并被中宣部指定为全国文化产权交易平台，全年完成各类文化产权交易 314 宗，成交金额 111 亿元，位居全国同类市场首位。2011 年 12 月 30 日出台的《关于贯彻落实国务院决定加强文化产权交易和艺术品交易管理的意见》（中宣发〔2011〕49 号）明确指出"稳妥推进文化产权交易试点。国家重点支持上海和深圳两个资本市场成熟、产权交易基础好的城市设立文化产权交易所作为试点，经批准可以进行文化产权交易方式探索，积累经验，发挥示范引导作用"。这为上海文化产权交易所今后跨越式发展和服务全国提供了契机。

6 月 20 日，上海联合矿权交易所及上海联合钢铁交易所同时揭牌成立。目前，各个专业领域市场运行良好，运行质量不断提升，规范建设不断完善，业务归口监管机制逐步建立，上海产权交易多元化市场体系建设迈上新台阶。

二 2012 年前景展望

2012 年是我国转变经济发展方式的关键年，是上海国资国企攻坚克难的改革年，也是上海产权市场实现转型发展的关键年。上海产权市场将遵循国务院和市委、市政府关于上海"四个中心"建设的部署要求，紧紧围绕"十二五"期间上海"创新驱动、转型发展"的发展主线，进一步丰富和完善上海多层次资本市场体系，进一步加快上海产权市场"规范化、信息化、市场化、国际化和金融化"建设步伐，确保上海产权市场实现又好又快发展。2012 年，上海产权市场计划在下面三个方面取得突破。

（一）强化对国企国资兼并重组的市场化服务

通过走访、互动，密切与区县国资委及大集团的联系，聚焦本市国有交易项目特别是本市的大项目；进一步加大为企业国有资产转让服务力度，推动提高国资证券化率水平。

（二）巩固全国性国际化产权交易中心市场地位

作为中国企业国有产权交易协会的会长单位，要强化与各地产权市场进行跨区域合作力度，积极夯实全国性产权市场。此外，依托央企产权交易，以南南全球技术产权交易所和南南全球环境能源交易所为基础，进一步扩大市场对外开放度，为企业走出去引进来搭建国际化市场平台。

（三）做实做优一批专业市场平台

上海环境能源交易所、上海文化产权交易所等现有专业交易平台要不断提高运行盈利能力；进一步稳步推进非上市公司股权交易市场建设，积极为中小企业融资服务，加紧探索上海服务长三角地区非上市公众公司股份转让的有效途径。

B.28

江苏省产权交易所 2011 年年度报告

江苏省产权交易所 *

一 基本运行

2011 年，江苏省产权交易所（以下简称"产交所"）谨慎防范交易风险，有序开展国有产权转让。一方面，动员各方力量，拓展服务边界，以应对企业国有产权交易资源的萎缩。另一方面，严格规范操作，不断完善内控制度并严格执行，以防范日益复杂多样的交易风险。对正在进行的项目，实行项目风险跟踪评价，发现问题，及时应对。

2011 年，产交所的省属企业国有产权交易、行政事业单位实物资产处置、非上市公司登记托管、股权质押融资等业务都取得了较好成绩。

此外，产交所涉及的两起诉讼都在 2011 年获得胜诉，产交所的公信力得到维护；依据省股权登记中心（产交所增挂的牌子，以下简称"省登记中心"）的风控标准，终止了一家非上市公司的登记托管服务。

二 业务拓展

（一）具体业务拓展

1. 完善行政事业单位资产交易制度，提高服务能力和水平

配合财政厅中心工作，牢固树立像管资金一样管资产的理念，充分利用现

---

* 江苏省产权交易所，由江苏省人民政府 1993 年批准设立，为各类产权交易提供场所、设施、信息等配套服务，履行相关职能，不以营利为目的，实行自律管理的事业法人，是江苏省财政厅直属事业单位；是长江流域产权交易共同市场副理事长单位，是省国资委确定的从事省属企业国有产权交易的专业机构。

有的公开市场平台和市场辐射能力,为省级行政事业单位实物资产交易提供市场化服务,密切配合财政厅相关处室提高资产管理的精细化水平。一是扩大资产处置的覆盖面。经过与省级机关事务管理局的沟通协调,与其签署了合作协议,省级机关事务管理局审批权限内的资产处置统一委托产交所进行,产交所处置资产的范围由省垂直管理部门、事业单位扩大到所有省级行政事业单位。二是对资产处置的科学性、效率性以及处置资金安全性等问题进行深入研究,对资产处置项目进行合理分类,制定相应的控制标准与流程等。三是充分利用电子网络竞价系统为行政事业单位实物资产交易提供服务。产交所将企业产权交易的电子网络竞价方式引入实物资产交易中,不仅实现了公开透明,充分发现了价格,而且还降低了交易成本。苏州工商局的一处房产通过电子网络竞价系统完成交易,较评估结果增值100%,受到了相关行政管理部门的认可与好评。四是对电子废物处置引入公开交易机制,即在网站开设电子废物定向转让专栏,发布定向转让公告,组织经产交所确定的4家电子废物专业处置机构现场看货,并通过网络竞价进行报价,确定最终受让方。通过公开交易程序,电子废物残值的价值得以发现。

2. 多方协调,努力推进股权登记托管工作

非上市公司股权登记托管,是为中小企业提供融资服务的一项重要举措,也是开展非上市公司股权交易的基础性工作。我们总结实际工作中发现的问题,进一步完善了股权登记托管的整体业务框架,优化了省登记中心的业务规则,在风险可控的前提下,尽可能精简流程,提高服务效率,完善了股权质押的业务受理规则及风险控制措施。同时,抓紧落实股权登记托管的内部风险控制制度,将已经成熟的股权登记托管业务流程以电子化的手段予以固化,完成了股权登记托管的主要 OA 流程。通过从各部门抽调业务骨干,完成了省登记中心的岗位设置,在人员十分紧张的情况下,实现了定岗到人。

3. 明确职责,做好引导基金运作的准备工作

新兴产业创业投资引导基金对产交所而言是一项全新的业务,对拓展产交所创新业务和服务空间,促进中小企业发展具有非常重要的意义。省政府批准产交所作为引导基金出资人代表后,产交所 2011 年主要做了以下几方面的工作:一是编印了《发展创业投资政策法规汇编》,组织员工认真学习引导基金相关的政策；二是抽调业务骨干，组建业务班子，具体负责引导基金的运作；三是主动与引导基金办公室汇报，明确了产交所在引导基金运作中的具体职责；四是参与了由国家、省、市三级引导基金共同出资设立的苏州、泰州两家创投企业《出资人协议》等法律文本的修改工作。上述准备工作，为 2012 年正式运作引导基金，全面履行出资人代表权利和义务奠定了基础。

4. 积极探索，加强对新业务的研发工作

在巩固现有业务的同时，产交所加强了对新业务的研发工作，积极拓展交易领域，丰富交易品种。财政部要求金融资产必须通过省级产权交易机构进行公开交易后，产交所一方面与有关部门联系沟通，进行政策宣传；另一方面做好交易规则的修订与衔接工作。2011 年已尝试开展了几宗金融资产的交易工作，为该项业务在 2012 年全面铺开做好了准备。在最高法院出台司法解释规定涉诉国有资产拍卖必须进入省级以上产权交易机构公开处置后，产交所就该规定进行了认真的研究，多次与省高院就涉诉资产进场交易问题进行协商，对进场交易的范围、交易的组织方、产交所与拍卖行的职责分工、佣金的分成比例等问题进行了讨论并达成初步共识，为 2012 年开展此项业务打下了基础。

5. 优化升级电子流程，提升科学化管理水平

为适应业务发展的需要，我们对包含有产交所业务操作规范和风控制度的业务电子流程进行了优化升级。一是对"内部办公网"进行了全面的升级改造，在原有的单一业务流程管理的基础上，引入了子流程的管理体系，更加明确了各部门的职责分工。二是对国有产权交易及资产处置的 OA 流程进行了调整。根据产交所内控制度调整的需要，对企业国有产权转让流程、实物资产转让流程以及电子废物处置流程进行了较大幅度的改动，完善了流程中的业务流转程序以及审批级次。三是为了进一步加强业务档案管理工作，对原有的电子档案程序进行了升级改造，增加了电子档案借阅审批功能，对档案借阅及归还情况进行详细记录，有效地防范档案管理工作中的风险漏洞。

（二）团队建设

产交所虽然人员数量不多，但是分工协作非常融洽，大部分人员身兼数职。省产交所在事业发展过程中，锻炼和造就了一批熟悉产权交易业务、懂资本运作与管理的专业人才，形成了一支具有丰富业务经验的精干团队，为江苏产权市场的发展奠定了人才基础。

（三）信息化建设

在信息化建设方面，产交所继续优化和更新服务器和网络设备，进一步提高了内部办公网络、电子竞价系统、网站的数据处理能力，信息化条件完全可以满足内部办公网络和对外业务平台的数据处理和数据安全的要求，为国有产权交易工作和非上市股份公司股权登记业务提供了有效的技术保障。

（四）省内业务整合和分支机构建立

13 家产权交易机构构建了江苏产权交易市场框架体系。在产交所牵头下，全省产权交易机构统一协调，通过信息共享、异地交易等方法逐步形成了江苏产权交易市场网络，各交易机构在公共信息平台——"江苏产权市场"网站上发布信息，已经体现出信息集中的优势。市场活跃、合作密切、步调一致，成为江苏产权市场的最大特色。省市产权交易机构跨地区合作开展产权交易业务正在成为常态。

搞好股权登记托管工作，不能仅仅依靠省登记中心的自身努力，必须通过省市合作，集全省股权登记机构的力量，共建全省统一的股权登记托管平台。我们多次与条件较成熟的市产权交易机构进行协商，明确了合作框架方案、岗位设置要求、人员培训计划等，并且在徐州市产权交易所安装了股权登记托管系统的终端，为下一步在全省各市建立分中心，完成全省统一中心数据库建设打下了基础。

（五）同其他产权交易机构的合作情况

江苏、上海等地的产权交易机构于 1997 年发起成立了长江流域产权交易共同市场，该共同市场的成员单位共有来自全国经济发达地区的 40 余家产权交易机构，早已突破长江流域的地理概念，成员单位之间信息流动、业务交往相当密切。产交所作为该共同市场的副理事长单位，一直致力于区域性产权市场的建设，目前已经与长江流域产权交易共同市场实现信息共享。

此外，我们还通过信息共享、异地交易等方式，与北京、天津等有重要影响力的产权交易机构保持着密切的合作关系。

三　创新

1. 业务创新

（1）交易方式创新。传统的产权交易方式主要包括现场竞价、招投标等竞价方式，这种方式虽然可以保证交易过程的公开、透明，但存在竞价效率低、竞买人易受干扰、串标、恶意串通压低价格等问题。为解决这些问题，产交所对交易方式进行了创新，在 2010 年基础上，将电子竞价系统广泛应用于 2011 年的股权交易和实物资产交易中；此外对电子废物处置引入公开交易机制，通过公开交易程序，电子废物残值的价值得以发现。

（2）交易品种创新。产交所推出了文化产权交易，为各类文化产权的有序流转提供高效、规范的交易服务。

2. 制度创新

与省工商局注册分局建立了即时信息交换沟通机制，推动了非上市公司股权登记托管工作的顺利开展。

四　未来愿景

1. 建立金融产权、涉讼资产两大交易板块，进一步拓展国有产权交易的服务空间

2012 年，我们将在企业国有产权、行政事业单位实物资产两大板块的基础上，争取相关部门的支持，增设金融产权、涉诉资产两个交易板块，金融产权交易板块主要从事金融企业的股权、资产交易，以及金融机构不良资产处置等业务；涉诉资产交易板块主要从事法院系统涉国有资产的司法强制拍卖业务以及部分非国有资产的拍卖业务。

2. 扩大股权登记规模，加快推进统一中心数据库建设

继续推动非上市公司办理股权登记托管，增加登记托管的规模。落实股权登记风险控制制度，逐步将股份过户、股权质押、增资扩股等重要的业务流程纳入 OA 管理体系中。在做好登记托管工作的同时，抓紧全省统一中心数据库的建设。进一步完善与各市的合作框架，积极与各市联系，在各主要地级市建立省登记中心的分中心，为分中心建设股权登记托管的信息系统，帮助分中心制订业务规则、业务流程、风险控制制度以及对分中心员工进行培训等，争取尽快完成全省统一的中心数据库建设。

3. 参与创投引导基金相关工作，履行出资人代表职能

2012 年省级创投引导基金将全面展开运作，这将是产交所的中心工作之一，引导基金以及引导基金所出资创业企业的股权通过产交所以公开交易方式退出，是产交所业务创新的方向之一，未来可能发展成为产交所的核心业务。我们已配备必要人员，并已进行了必要的培训，随时可以按照职责分工配合厅工贸处开展工作，切实履行出资人代表职能，为推动财政体制改革，增强我省自主创新能力，促进江苏新兴产业发展作出努力。

4. 争取与科技厅相关机构合作，共同开展技术产权交易业务

为科技创新型中小企业提供股权流转及融资服务，是产交所一直尝试开展的工作，我们打算与省科技厅技术产权交易所进行接洽，力争能够找到恰当的合作途径，共同为科技创新企业的成长出力。

B.29
福建省产权交易中心 2011 年年度报告

福建省产权交易中心*

　　2011 年，福建省产权交易中心（以下简称"中心"）在福建省国资委的正确领导和大力支持下，以中央支持海西区加快经济建设为契机，围绕"转观念、调结构"这一主线，全面贯彻落实科学发展观，在巩固原有工作成效的基础上，按照"以改革促发展、以开拓促发展、以创新促发展、以规范促发展"的总体发展思路，紧紧围绕"着力构建产权交易大格局，拓展产权交易内涵，延伸服务领域，做到产权交易全覆盖；着力搭建大平台，服务'公共资源、公共资产、公共产品'市场化配置、服务政务及社会管理，成为防腐倡廉的重要抓手；着力建设大市场，服务区域中小企业股权交易及区域资本融通，服务海西科学跨越发展"的中心任务，抓内涵深化、抓服务延伸，振奋精神，解放思想，把握机遇，努力实现福建产权市场的科学发展和跨越发展。2011 年，取得成交金额与 2010 年相比增长了 14.97% 的好成绩。

一　拓展业务范围，提升"中心"平台功能

　　2011 年，在福建省国资委的推动下，"中心"逐步拓宽了行政事业、金融企业、涉讼资产等领域的资产进场交易，拓展了林权、企业承包租赁权等权益性交易品种。

（一）实现企业资产租赁权进场交易

　　2010 年省国资委下发了《规范企业资产租赁和承包管理的意见》，明确企

---

*　福建省产权交易中心，成立于 1995 年 7 月 12 日，隶属于福建省国资委，是国务院公布的 65 家指定产权交易机构之一，是从事各类企业国有产权交易，包括中央企业资产，承办金融企业国有资产交易业务和承担中央管理金融企业国有资产转让业务的省级产权交易机构。

业资产租赁和承包必须通过福建省产权信息网进行信息披露，年租赁或承包底价100万元以上项目应进场公开竞价。2011年，"中心"先后成功组织了福建省中旅集团恒力城商场招租项目、省供销社供销大厦1～2层商场及地下层整体招租项目、省府路1号工交大院200个停车位招租项目等多项招租项目，其中省供销社供销大厦1～2层商场及地下层最终以1260万元/年成交，与原来200多万元的年租金相比，增值率达500%，创出国内租赁权竞价最高增值率。

（二）实现省直行政事业资产进场交易

"中心"配合省直机关事务管理局制定省直行政事业单位国有资产承包、租赁和交易进场制度、实施细则，并召开两次征求意见座谈会，经过多方协调，《关于规范省直行政事业单位国有资产交易行为的通知》于2011年12月6日由省纪委、省机关事务管理局、省财政厅、省国资委四部门联合发布，该通知明确指定"中心"作为唯一指定交易场所，承办省直行政事业单位国有资产交易及租赁业务。

（三）实现涉诉资产进场交易

2011年9月15日，最高人民法院出台《关于人民法院委托评估、拍卖工作的若干规定》，规定涉及国有资产的司法委托拍卖由省级以上国有产权交易机构实施后，"中心"及时协调省高院、市中院，争取涉讼资产尽快进场交易。经多方努力，2012年8月14日，福建省高级人民法院印发了《福建省高级人民法院司法评估拍卖工作规定（试行）》，明确规定"福建省高级人民法院委托拍卖进入福建省产权交易中心（所）进行"；"人民法院委托拍卖标的为国有及国有控股企业的资产及其权益，拍卖机构应通过福建省产权交易中心依照相关法律、法规和司法解释进行拍卖。"

（四）争取金融资产进场交易

2009年在财政部福建专员办的支持下，"中心"与长城、信达资产管理公司福州办事处签订了合作协议。两公司负责处置的一些不良资产委托"中心"挂牌交易。在省财政厅的支持下，广发华福证券资产、兴业证券股权、广发华福证券股权等金融资产也陆续进场交易。"十一五"期间共完成金融资产交易额 25.5 亿元。

一年来，"中心"业务范围除省属企业外，涵盖央企资产、金融资产、涉讼资产、民营资产、公共资源等。同时，"中心"密切关注产权市场的发展趋势，把握市场发展脉搏，通过邀请相关业内专家讲课、派员出去学习、进行机构间的交流取经等，对商品权益交易、环境能源交易、矿产资源交易、文化艺术品交易等进行积极有益的探索。

二 加强机构合作，推进区域性市场建设

"中心"按照国务院国资委要求，围绕"转变观念，合作共赢、错位发展"的理念，逐步推进"多元化、多层次"市场体系的建设。"中心"以规范化和信息化建设为重点，逐步推进区域性产权市场的搭建，加快海西联合产权交易市场的构建进程。

（一）以统一信息披露、统一网络交易系统，促区域市场统一

针对福建省各地市产权交易机构隶属关系、监管部门、单位性质差别较大的具体情况，"中心"以"五个统一"（统一交易平台、统一信息发布、统一交易规则、统一交易凭证、统一收费标准）为抓手，着力深化产权机构之间的合作。福建省产权交易市场已经基本实现了以"中心"网站为统一的信息发布平台、以"中心"投资的网络动态竞价系统为统一的交易平台，海西产权市场的统一向纵深推进。

（二）以信息化促区域市场的有效形成

"中心"加大力度建设福建省产权交易信息网，一年来，重点对福建省产权交易信息网门户网站进行改版，添加全省各地市产权交易机构信息自助发布板块、承包租赁权项目信息发布板块、排污权交易板块；制作信息发布流程，辅导用户单位熟悉网上信息发布程序，提供交流互动的平台；同时，为确保信息的时效性，"中心"要求相关工作人员每天对信息进行维护，及时更新。现

省内各地市产权交易机构积极利用该平台发布项目信息，省属所出资企业的承包租赁项目实现实时上网，中西部、北部等省外产权交易机构也经常要求将相关项目信息在"中心"网站发布，"福建省产权交易信息网"作为海西联合产权交易市场信息集散平台，越来越为社会所关注，网站的信息集散功能得到极大提升，影响面逐渐扩大。

（三）积极推广网络竞价交易方式，提升优化资源配置功能

"中心"依托金马甲产权交易网设立"福建产权交易网络竞价大厅"，并在海西产权交易市场推广网络竞价交易方式，拓展各地市交易机构作为金马甲联盟工作站会员，开展远程网络实时竞价，有效预防了围标、串标现象的发生，极大提升了项目的竞价率和增值率。一年来，"中心"交易项目增值率（成交额与评估值相比）达 35.5%，与前三年度平均值相比增长了193%。

三　规范运营，保障"中心"健康发展

（一）争取政府部门支持，确保产权市场规范发展

针对个别民企拟设立"产权交易所"可能对我省区域性产权市场秩序产生严重不良影响，"中心"联合全省各产权交易机构积极与省工商局等部门沟通协调，在省工商局、省国资委的大力支持下，不予批准民企设立产权交易机构，海西产权市场的健康发展得到有效保护，市场风险得到切实防范。

（二）强化建章立制，为经济建设保驾护航

"中心"始终把规范放在第一位，一年来，按照相关规定对企业国有产权交易、企业资产租赁和承包、金融企业国有产权交易、省直行政事业单位国有资产交易和股权登记托管等十多项规则、细则和内控制度进行修订梳理，确保资源流转的便捷、规范、高效。同时，根据不同项目特点和工作对象，通过事

先提醒、事中不定期检查、事后复查的方式，努力做到以制度建设推动"中心"健康、有序发展。

四　开拓创新，推进"中心"持续、跨越发展

（一）创新业务发展模式，有序推进两岸股权柜台交易市场建设

2011 年以来，"中心"加强与台湾证券交易所、证券柜台买卖中心、台湾富邦金控、中华开发金控等机构的联系，与四家机构达成初步合作意向，并与台湾中华开发金控签署了《参股海峡股权交易所合作意向书》。与省政府发展研究中心合作完成了《关于海峡股权交易市场（所）建设的可行性研究报告》，引起省领导的重视，相关领导均作了重要批示，省政府办公厅也发文要求相关部门着力推进该项工作。现"海峡股权交易所"获省政府批准同意设立，并于 2011 年 10 月在平潭注册成立，为"中心"持续和跨越发展奠定了基础。

（二）创新交易工具，全面提高竞价率和增值率

为进一步将网络科技和产权市场有机结合起来，充分发挥先进科技生产力对产权市场建设的推动作用，"中心"通过邀请全国首家且知名度较高的金马甲产权交易网络公司来福州举办两次全省产权交易机构网络交易业务培训，并在拓展泉州、龙岩、漳州、三明等地市产权交易机构为联络处的基础上，设立海西联合产权交易共同市场交易大厅，努力实现国务院国资委"联合信息披露、联合组织竞价"的工作要求，在全省乃至全世界范围内联合开展远程网络竞价，促进资源在更宽广的领域实现优化配置。2011 年 7 月 26 日，省府路 1 号工交大院 200 个停车位招租项目挂牌，"中心"采用网络动态报价交易方式，竞价次数高达 427 次，最终以 273.2 万元/年成交，与原租金 30 万元/年相比，增值率达 810%，创国内租赁权竞价的最高增值。

（三）创新交易模式，提升资源配置效率

为满足多元目标的实现，"中心"在依法依规的前提下，努力创新交易模

式，取得良好成效。2011 年 11 月 4 日，省环保厅转让福建省环境保护总公司 100% 股权项目挂牌，"中心"采用国内首创的密封式报价加电子竞价的复合交易方式，精心运作，共征集 4 名竞买者参与竞价，经过激烈竞争，最终以 780 万元成交，与挂牌价 352.16 万元相比增值了 427.84 万元，增值率达 121.49%。

五　发展愿景

未来，"中心"将以类金融行业为发展方向，实施多元化发展。"中心"将牢牢把握海峡西岸经济区建设的重大历史机遇，围绕"解放思想、转换观念、积极探索、大胆先试"和中心"十二五"发展规划的要求，全面贯彻落实科学发展观，继续以"改革、开拓、创新和规范"四个方面促发展的总体思路，以内涵深化和服务延伸为举措，全面推进"国有资产交易平台、公共资源交易平台和权益性资本市场平台"建设，加快海峡股权交易所的组建及运营，努力把"中心"打造成"多元化、信息化、金融化"发展的具有对台特色和独特竞争优势的区域性地方资本市场。

B.30
广州交易所集团 2011 年年度报告

广州交易所集团 *

一　基本运行情况

2011 年，广州交易所集团以科学发展观为指导，在市委、市政府的高度重视和支持下，坚持市场化、专业化、集团化、国际化的发展之路，秉承"为社会服务、为实体经济服务"的宗旨，按照"市场化运作、规范化发展、多元化经营、制度化监管"的原则，不断完善交易制度建设，积极推进各业务板块的产品创新和业务拓展，努力打造成为与广州国际商贸中心、广州文化名城发展规模相适应、规范高效、流转顺畅的第三方公共交易服务平台，充分发挥产权交易平台在资本市场的积极作用。2011 年，广州产权交易市场共完成各类产权交易项目和交易总额同比增长，撮合成交率达 98%，交易双方争议率不到 1‰，为国家和企业实现财富大幅增值。

二　业务拓展

1. 不断创新交易品种，完善广州产权交易市场集团化运营平台

为营造公平、公开、公正的林业产权交易市场环境，以市场化手段推进林业资源与资本市场的有效对接，广州林业产权交易中心于 2011 年 10 月挂牌成

---

* 广州交易所集团，前身为 1999 年 6 月 30 日成立的广州产权交易所，是经省、市人民政府批准成立的从事企业产权交易和综合配套服务的区域性专业机构；2010 年 6 月经广州市政府批准组建广州交易所集团，成为各专业交易所的投资和平台运营机构，并积极推动广州地区部分专业市场交易所化，打造国内第一个以广州交易所集团为引擎，各类交易所和配套服务机构集聚，带动其他产业发展的"广州联合交易园区"。

立。广州林业产权交易中心将为广大林农和林业经营者搭建方便快捷的林业服务和融资平台，进一步推动广州市实现"资源增长、农民增收、生态良好、林区和谐"的林改工作目标。

2011年11月，国内第一家专注于各类物流交易和综合配套服务的区域性专业机构——广州物流交易所挂牌成立。广州物流交易所借助现代电子技术手段，改变传统的交易模式，将有形的物流市场和无形市场相对接，致力于打造第三方物流交易公共服务平台，为物流企业提供物流信息交易、物流设备交易、物流项目招投标、物流业产权转让、企业并购、融资咨询等专业服务，加快企业物流信息对接，提高物流效率，降低物流成本，解决融资难题，并通过市场化手段，有效地减少物流市场欺行霸市、信用缺失等问题，促进广州物流向高端服务业发展。

2. 发挥专业优势，助推资产重组、金融驱动与市场平台的有效结合

广州产权交易所不断强化"存量转让与增量吸纳并举"的产权交易模式，依托高效、有序的交易平台，配合市政府完成多宗重点企业的招商引资及股权转让项目，有效推动产业结构的调整和产业升级，为企业实现融资300多亿元。例如，通过公开的市场平台，为广州纺织工贸企业集团有限公司主导筹建的广州T. I. T国际纺织城科贸园和产业园项目引入合生（广州）实业有限公司38.476亿元的注资；又如，在市领导的带领下，积极参与广州银行的资产重组工作，为其引入战略投资者提供相关咨询、策划服务，促成广州银行通过产权交易市场第三方平台引入了高素质的境外战略投资者，确保了国有资产保值增值，维护了国有资产权益。

广州私募股权交易所参与研发国内首个集原酒先期发售和后续交易于一体的创新交易模式。2011年7月，在广交所集团举行的国窖1573大坛定制原酒广州认购推介会开创了高端商品新的交易模式，有效补充了产权交易市场的一项空白，丰富了投资者可选择的消费收藏品种。

广州农村产权交易所研发了以公开市场方式为农产品交易合同征集受让方的新型交易品种。2011年8月，广州农村产权交易所受托为佛山市高明区杨梅丽堂蔬菜专业合作社自有技术种植的"丽堂菜心"向社会征集收购方，引导农民遵循经济规律实施生产和自发对农产品生产基地进行升级改造。

广州文化产权交易所在促进广州传统文化与国内外先进文化模式对接等方面做了大量行之有效的探索和尝试。2011 年 5 月，广州文化产权交易所参加了第七届文博会，成为入驻演艺馆的唯一一家交易所，并得到政府部门、文化企业的热烈关注与支持，现场委托予以牵荐衔接的文化活动项目涉及金额约 217 万元。此外，兴业、民生两家银行提出优先对广州文化产权交易所推荐的文化企业、项目开辟融资绿色通道的意向，两家银行计划为此安排专项贷款额度合计 40 亿元。

广州环境资源交易所积极致力于提高企业和公众的绿色、环保意识，推广自愿减排、碳中和理念，并成功协助兴业银行购买碳减排信用额，用于抵消兴业银行大厦在建造和营运期间所产生的 542 吨碳排放。

3. 推广专业市场交易所化，发挥产权市场集聚与辐射功能

根据市委、市政府领导关于将广州市摩托集团新港西路 82 号厂区"建设成为广州市'退二进三'标志性工程"的指示，广交所集团携手广汽集团倾力打造的"广州联合交易园区"，占地 15 万平方米，建筑面积 30 万平方米。建成后的广州联合交易园区将成为国内乃至全球首家以交易所为引擎，通过第三方资讯、交易、融资服务平台，实现专业市场功能再造的大型现代服务业集聚园区。园区以创新商业模式为核心竞争力，借助现代信息技术手段，实现铺位经济向席位经济、传统贸易商向现代交易商转变的产业升级目标。

4. 发挥市场优化资源配置优势，为行政事业单位国有资产、公共资源、涉诉资产进场交易搭建"公平、公开、公正"的平台

为推动以市场化机制优化资源配置，发挥国有资源、社会公共资源以及各种市场要素的最大效能，广州产权交易市场搭建广州市行政事业资产、公共资源交易平台。截至 2011 年 12 月，除小汽车号牌之外，共完成市属行政事业单位国有资产和公共资源项目 53 宗。其中：出租项目 43 宗、转让项目 6 宗、公有物业户外广告经营权转让项目两宗、城市道路停车泊位经营权转让项目两宗。通过市场发动后，上述项目成交金额 1.53 亿元，撮合成交率高达 93%。

广州产权交易市场积极推进司法拍卖制度改革，排除各种干扰，搭建涉诉资产交易平台。截至 2011 年底，广州产权交易市场共完成 9 宗委托进场拍卖项目，拍卖成交总额为 2.4 亿元，成交价比委托底价增值 7720 万元，增值

率为47.55%；成交价比评估价增值9870万元，增值率为70.07%。与2011年上半年未进场统计数据比较，成交率提高了约40%，增值率提高了约63%，切实保证了司法公正，保障了涉诉财产安全，最大限度维护了当事人的合法权益，"阳光交易"的成效得到广泛认可。其中，在7月29日涉诉资产进场交易启动仪式后的首场拍卖会上，广州经济技术开发区的某地块及其设备经过1个多小时48轮的激烈竞争，首拍即获成功，成交价4900万元，比评估价增值1.48倍。按照"分步实施、稳步推进"的原则，越秀区、天河区、番禺区等基层法院涉诉资产作为试点已于2011年12月率先进场交易，其他区县法院涉诉资产将于2012年全部进入广州产权交易市场交易。

5. 加快国际化发展步伐，开展多形式、多渠道、全方位的国际交流与合作

一是通过与德意志交易所集团高层互访的形式，加强双方在经营模式和管理经验的交流，进一步创新合作机制和深化合作领域；二是与以色列驻广州总领事馆就在穗合作设立"以色列技术交易中心"、开展跨国技术贸易达成共识；三是与市文广新局、广州杂技团、美国表演艺术协会、中方投资者就《红楼梦》舞台剧的创作、彩排、国际巡回演出合作事宜达成共识；四是广交所集团总裁李正希先生作为业界代表参加了南非德班联合国气候大会，进一步加强与国内外相关政府部门、非政府组织和国际知名碳排放交易机构的合作交流，借鉴国外碳交易市场的先进模式；五是与Blue Next交易所、SGS通标公司、美国气候战略研究中心、世界环境研究所、第一气候等国际碳排放研究、核证、交易等机构交流频繁，为促进广州低碳经济发展及建立完善碳交易市场体系奠定基础。

6. 发挥专业优势，配合亚运工作，传承亚运文化，主动承担企业社会责任

为弘扬奥林匹克和广州亚运精神，推动文化、体育、环保、城市发展、志愿服务等社会公益事业发展，广交所集团联手《广州日报》等机构于2011年11月成立了"'亚洲之路'俱乐部"，通过非营利性社会组织和民间力量打造一个后亚运时代纪念成功亚运、传承亚运文化、弘扬亚运精神的特殊平台。目前，借助中国2012年"韩国访问年"的契机，"'亚洲之路'俱乐部"正开展"中韩友好千里行"的系列活动，通过组织中韩两国民众、游客、体育爱好者在中韩两地开展文化、体育、旅游等活动，促进中韩两国文化、体育等方面的交流。

三　2012 年展望

2012 年，广州产权交易市场将根据广州市"十二五"规划和第十次党代会的决策部署，抢抓机遇，迎接挑战，立足广州，辐射珠三角，不断开拓创新，完善产权交易市场平台建设，发挥市场在资源配置的基础性作用，率先加快转型升级，助推广州新型城市化建设。

1. 推进各交易板块的业务创新，增强区域性产权市场的整体优势和核心竞争力

广州商品交易所要结合地区实体经济特点，积极拓展交易品种，完善大宗商品交易机制；广州私募股权交易所要积极配合相关部门做好广州股权投资协会的筹备工作，开展股权投资和股权投资管理、资讯及相关业务，致力于促进行业环境建设、建立自律监管机制、组织内外交流合作等会员服务工作；广州农村产权交易所要加强与政府有关部门及有关方面的沟通协调，紧紧抓住市场机遇，积极拓宽业务领域；广州环境资源交易所要认真配合省、市政府，积极落实碳排放试点工作；广州文化产权交易所要推广文化商圈业态，以"席位经济为主、铺位经济为辅"的现代商业服务理念，打造大型文化产业商圈。

2. 增强各类要素的流通转让、资源定价方面的影响力

按照市委、市政府"将广州联合交易园区打造成'退二进三'的标志性工程"的部署，以园区建设为契机，围绕交易所化提升传统服务运营模式，云集银行、保险、经纪、信息、质检、鉴定、设计、研究、会展、商务等配套服务机构，充分发挥广州产权交易市场规模经济效应、范围经济效应与协同效应，形成各类交易品种的"广州指数""广州价格"，提升广州产权交易市场集聚力和辐射力，增强广州在各类要素的流通转让、资源定价方面的影响力。

B.31
广西北部湾产权交易所
2011 年年度报告

广西北部湾产权交易所*

一 基本运行

2011 年是广西北部湾产权交易所（简称"北部湾交易所"）的"开拓发展年"和"企业管理年"，在延续 2010 年"夯实基础年"稳步发展的良好势头下，交易所以"拓展"和"细化"为重点，在业务领域和交流合作上积极拓展，在内部管理和制度流程上全面细化，多方面运行取得了长足进步和突破性发展，已呈现跨越式成长的态势。

2011 年，广西北部湾产权交易所企业国有产权交易业务进展顺利，总溢价率为 5.10%，竞价率达 88.24%。

二 业务拓展

（一）建立股权托管与企业融资专属服务平台，纵向延伸产权交易市场区域职能

2011 年 4 月 26 日，广西北部湾产权交易所控股子公司广西北部湾股权托管交易所正式成立，注册资本为人民币 1000 万元。经营范围为：非上市股份

---

* 广西北部湾产权交易所，成立于 2009 年 8 月 21 日，是经广西壮族自治区国资委批准设立的全区国有产权交易指定机构，中央及广西地方金融企业国有资产交易指定机构。是泛北部湾区域资本市场、要素市场体系的权益性基础市场平台，并通过建立覆盖全国及泛北部湾区域国家、地区的信息发布渠道，建立起泛北部湾区域国家、地区与全国各地的项目与资金对接平台。

有限公司、有限责任公司股权的登记、托管，融资信息服务，组织、推介股权质押融资项目，企业财务顾问、股权投资及咨询等。

股权托管交易所的成立，不仅是北部湾交易所贯彻执行《广西金融业深入实施西部大开发战略实施意见的通知》（桂政办发〔2010〕224 号）"依托中国－东盟自由贸易区经济合作平台，在南宁市建设面向东盟、服务北部湾经济区开放开发的区域性产权交易市场。重点支持广西北部湾产权交易所做好广西企业的股权托管交易工作"要求的积极举措，也是北部湾交易所完善业务布局，延展衍生金融服务触角，使业务重点从单一的为国企改革与国有资本进退服务，逐步发展为覆盖各类企业产权流转与融资服务的专业化产权交易服务平台，进一步融入区域多层次资本市场体系的有益探索。

（二）从政府采购到资产处置，系统搭建行政事业单位国有资产阳光流转平台

2011 年 6 月，广西北部湾产权交易所根据国家财政部的有关规定，在自身软硬件条件均已具备的基础上，通过主动申请，正式获批成为中华人民共和国政府采购代理乙级机构；与此同时，交易所进一步加强了与自治区财政厅的联系，积极争取政策支持，在推进区域行政事业单位资产规范进场处置方面取得了实质性进展，其中 2011 年 9 月下发的《广西壮族自治区行政事业单位国有资产管理办法》（区政府令 68 号），第一次明确了广西行政事业单位国有资产应进入产权交易机构公开处置，为交易所依法合规地开展全区行政事业单位国有资产进场处置工作打下了坚实的基础。

实际上，政府采购是各类机关、事业单位及团体组织使用财政资金购买货物、工程及服务的行为，其本质上是一种国有行政事业单位的权益流转，也是一种交易；并且，政府采购与国有资产监管的内在联系性很强，都是在公开透明的机制下通过规范交易程序来进一步提高国有资本利用率的。通过产权交易平台将两项工作有机结合，不仅可以充分发挥产权市场资源优化配置功能和信息覆盖面广的优势，利用交易所专业、规范的业务操作规程和丰富的评标经验，为各行政事业单位提供质优价廉的采购服务，更是提高国资综合效能，避免造成社会财富和资源无序浪费，全面促进国有资产良性循环的有力保障。因

此，广西北部湾产权交易所以关联拓展的方式，从政府采购到资产处置全面介入行政事业单位资产流转领域，希望通过深入参与行政事业单位的资产处置、整合、优化与再造，探索出一条实现政府采购与国有资产监管有机结合的新路径，构建一个系统高效的行政事业单位国有资产阳光流转平台。

（三）依托自治区科技厅技术转移服务平台，试点共建区域技术产权交易与投融资平台

2011 年 9 月 6 日，在广西科技厅主办的 2011 全区技术市场工作会暨广西技术转移联盟年会上，广西北部湾产权交易所与自治区科技厅下设技术成果转移服务平台——广西华南技术交易所签订了战略合作协议，将通过整合各自资源、信息网络以及专业领域服务能力等优势，在技术成果转化、技术产权转让、技术融资等方面进行全面深入合作，并以此为基础正式建立广西北部湾产权交易所技术产权交易与投融资平台试点。

技术作为一种特殊的要素资源，是无形的资产，它的交换价值难以界定，进场交易的交易成本、交易价格、交易信用等各种因素又严重制约着其最终的成交，因而国内技术产权交易的活跃度并不高。对于广西来说，技术市场的发展也一直处于艰难摸索的状态。广西北部湾产权交易所建立技术产权交易与投融资平台试点，并非要快速拓展新的业务支点，而是以此为契机进一步探索"成果产权化、产权股权化、股权资本化"的技术产权交易发展模式，研究技术交易与产权交易的良性互动方式，并在此基础上搭建综合性的技术投融资服务平台，服务广大科技企业，从而获得新业务平台的长足发展。2011 年北部湾交易所建立该平台后，主要开展了两个方面的试点工作，一是精选一批优秀技术成果项目进场挂牌，观察市场反应情况，尝试技术与资本的撮合服务，发现问题，分析问题；二是与广西华南技术交易所联合申报广西科学研究与技术开发计划课题，全面开展广西科技成果转化投融资服务平台建设研究工作，从理论到实践，系统建设广西北部湾产权交易所技术产权交易与投融资平台。

（四）双向对接民营企业，整合潜力资源提升平台活力

2011 年 10 月 31 日，广西北部湾产权交易所与广西民营企业家协会正式

签署了战略合作协议,力图通过双向合作,从为广西民营企业提供专业的产权流转和融资服务,到在挂牌项目受让等方面积极引入民营资本,全面系统地将民营企业的优势资源充分融入到交易所的业务发展中。

北部湾交易所虽然成立较晚,但也清醒地认识到国有产权交易作为存量业务的局限性,交易所要实现可持续发展,不可忽视民营企业的作用,它既是新鲜的血液,也是不可或缺的要素。因此,北部湾交易所与广西民营企业家协会合作只是一个标志性的开端,随后将以会员管理部为拓展主力,进一步与广西福州商会等各大驻桂商会建立合作关系,为交易所的平台发展注入源源不断的活力。

三 创新

(一)创新信息发布方式,精准推介项目

2011 年,北部湾交易所在原有的网络、报刊等传统信息发布渠道基础上,主动联系通信运营商,开设了会务通 ADC 彩信、短信群发系统,以《北部湾产权报》(手机报)形式,定期向潜在客户手机终端发送项目及相关信息,分类进行精准推介;其中,潜在客户主要通过北部湾交易所信息技术部设计开发的产权交易信息数据库软件进行保存、整理和分类。此方式应用在交易所挂牌转让的南宁邕州饭店"活塞式冷水机组等 10 项设备"项目中取得了积极的成效。通过"数据库 + 信息群发"一对一推介方式,该项目成功征集到合格意向受让方 69 家,项目最终经过 38 轮次激烈竞价溢价成交,增值率为 99.38%,充分体现了广泛精准地征集意向受让方,在促进实物资产保值增值方面的积极作用。该项目也荣获了中国产权交易报价网"2011 年单项目报价人数最多奖"。

(二)设计制定符合广西区域特点的"增资扩股"服务规程

2011 年 6 月 14 日,国务院国资委产权局副局长陶瑞芝一行到南宁开展业务调研。在调研座谈会上,陶瑞芝副局长对北部湾交易所提出了三点要求:一是交易所要加快形成多层次、多板块、全方位的综合性产权交易平台;二是产

权市场不仅要关注国有资产的存量市场，也要不断挖掘国有企业增资扩股的增量市场；三是利用好产权市场的信息披露和发现价格等功能，将企业国有产权交易制度扩大到所有国资交易上来，真正发挥资源配置和防止腐败行为的平台功能。

鉴于此，交易所一方面继续坚持研究与实践相辅相成的业务拓展模式，另一方面专门组织相关部门全面深入地分析了广西"增资扩股"业务的特点和难点，主动学习、借鉴外省同行的经验，设计制定出符合广西实际及交易所自身平台特点的《广西北部湾产权交易所增资扩股业务交易规则》和《广西北部湾产权交易所增资扩股业务交易流程图》，为交易所下一步开展"增资扩股"业务奠定了基础。

（三）首次采用互联网"动态报价"方式组织商铺竞租

2011 年 12 月 16 日，北部湾交易所首次采用互联网"动态报价"方式成功组织商铺竞租。本次竞租的标的为南宁市兴宁区民主路 14 间沿街商铺，项目挂牌后，共征集到 21 位竞租人，交纳 52 份保证金，报名参与商铺竞争。经激烈竞价，最终商铺租金单价从每平方米 160 元/月竞到每平方米 408 元/月，溢价率为 155%，充分体现了通过互联网"动态报价"系统竞租的优势。

基于"动态报价"系统全天 24 小时循环竞价，交易者只需通过一根网线，无论在家里、办公室或者网吧都可全程参与产权的报价和竞拍。因此，互联网竞价方式在竞租等方面的使用，使得交易突破了时间和空间的限制，对竞买人的决策方式、交易成本和发现投资人、发现价格等方面均产生了积极的影响。此外，基于互联网的动态竞价实现了意向方的相互隔绝，有效防止出现意向受让方围标串标等现象，保证了商铺竞租的公开、公平和公正。

四　未来愿景

北部湾交易所是 2009 年经自治区国资委批准设立的国有产权交易机构，经过了筹备建设、夯实基础、大力拓展三个阶段，2012 年始交易所必将迎来全面的提升。

（一）提升业务规模

2012 年，广西北部湾产权交易所将集中力量主抓业务，在进一步做大、做强、做优企业国有产权交易业务的基础上，重点开拓金融企业国有资产、行政事业单位资产、涉诉资产三大业务领域，同时兼顾增资扩股、政府采购、非公资产等领域的项目挖掘，从自治区级到各地市级、区县级，全面高效地延伸业务触角，以期实现进场项目量和交易额的大幅增长。

（二）提升工作标准化程度

标准化工作机制是机构内部运行步入成熟阶段的体现。2012 年，广西北部湾产权交易所将全面开展内控制度修订工作，对已经运行的规章制度进行精细化梳理和完善，力争实现系统化业务操作与程序化风险控制；同时，建立科学的、常态化的内部培训机制，有计划、有检验地进行内训管理工作，为全体从业人员提供定期、实用、差异化的培训课程，建立高素质的人才队伍，保障服务的质量和标准化水平。

（三）提升平台信息化水平

信息化程度在一定意义上决定着产权市场的平台功能和发展方向，信息化建设对于广西北部湾产权交易所的跨越式发展具有不可替代的积极作用。2012 年，北部湾交易所将继续把信息化建设作为工作重点，投入更多的资金和人力，进一步改进和完善网站、交易系统、监控系统等功能块面，并且积极研发和利用新的信息技术手段，以期形成强大的平台功能，成为区域产权市场的标杆。

（四）提升机构品牌效应

加快品牌化建设步伐，采取多渠道、多形式的宣传方式，系统打造平台公信力，积聚行业向心力，更好地支撑业务的规模化发展；同时，将更多地参与到区内相关重要活动中，发出产权市场的声音，营造良好的市场发展环境，实现交易所的可持续发展。

（五）提升企业集团化速度

广西北部湾产交易所作为广西壮族自治区真正意义上的省级产权交易机构，诞生伊始便肩负着整合区域要素资源市场，建立规范统一的区域性权益流转中心的使命。2012 年，北部湾交易所将在稳步快速发展的基础上，进一步探索研究集团化发展路径，为广西规范区域金融要素市场创新，形成全方位的、由点及面的金融要素市场体系，加快推进区域性金融中心建设进程。

B.32
重庆联合产权交易所 2011 年年度报告

重庆联合产权交易所 *

2011 年，重庆联合产权交易所（以下简称重交所）在市国资委的直接领导下，在市纪委（监察局）、市高法，以及有关市级部门和各区县的大力支持下，上下团结一心，紧紧围绕建设千亿级交易所的宏伟目标，在市属国有产权交易逐步萎缩的情况下（2011 年市属企业国有产权交易量与 2010 年大体持平），鲜明提出"二次创业"，加大市场拓展力度，取得了较好成绩。全年完成交易项目同比增长 35.15%，实现交易额同比增长 51.65%；成交率、竞价率、竞价增值率分别达到 81.61%、68.32% 和 25.43%；分支机构不断挖掘潜力，成效显著，共完成交易项目同比增长 39.48%，实现交易额同比增长近两倍。通过总所和分支机构的奋力拼搏和齐头并进，实现了"十二五"的良好开局，为打造千亿级平台奠定了坚实基础。

一 2011 年工作回顾

（一）业务工作亮点纷呈

1. 央企资产交易实现翻番

面对北交所、上交所等强大的竞争对手，重交所迎难而上，以认真负责的敬业精神和优质服务赢得了部分央企的信任，与中国电子科技集团、招商局、中交集团等 10 家机构建立了合作关系，与中国建设银行、中国交通银行等金

---

* 重庆联合产权交易所，成立于 2004 年 3 月 19 日，是经重庆市人民政府批准，市国资委指定的唯一的国有产权交易平台。是重庆市国有产权及全社会所有产权转让的阳光交易平台，是专业化、权益性的资本要素市场和多层次资本市场的重要组成部分。

融央企开展了合作。加强了与兄弟省市产交所在央企项目上的合作，累计与四川、贵州、广州等省市22家没有央企资产交易资质的产权交易机构建立了合作关系，全年合作项目16宗，金额近3亿元。加大了与会员机构的合作力度，与北京和航投资顾问有限公司签订战略合作协议。全年完成央企交易项目同比增长37.03%，交易额同比增长125%。

2. 诉讼资产交易额大幅增长，业务逐步推向全国

诉讼资产交易项目创历史最好成绩，交易额同比增长79.69%；成交率83.1%；增值率19.09%，同比增长7.34%。

在最高人民法院的大力支持和指导下，正牵头联合广州、贵州、云南、山东等兄弟省市产交所，依托重交所"诉讼资产网"及其交易平台开展互联网竞价交易业务，构建全国统一的诉讼资产交易共同市场。目前，最高人民法院已原则同意将重交所"诉讼资产网"前冠以"中国"二字，并以此为基础，建立全国诉讼资产统一的信息发布及交易平台。

3. 与区县公共资源交易中心的深度合作有序推进

按照黄奇帆市长去年5月24日在市国资委《关于妥善处理重庆联交所与区县公共资源交易中心关系的请示》上的批示，以及市政府《关于区县公共资源交易平台与重庆联合产权交易所协作问题的会议纪要》精神，先后与涪陵、黔江、永川、石柱、巫溪、云阳等6个区县政府签订了战略合作协议，与奉节、开县、潼南等十多个区县达成合作意向，开展两个平台间的深度合作，开创了与区县公共资源交易平台合作的涪陵、石柱和永川三种尝试。截止到12月20日，与有关区县公共资源交易中心合作完成土地出让交易项目48宗，交易额39亿元；土地平均增值35.16%，最高增值高达119%；与石柱公共资源交易中心合作完成政府采购1841.27万元。

4. 分支机构业务创新步伐加快，成绩突出

2011年，分支机构加大了业务创新步伐，开发了国有土地出让、联建房交易、国有开发房产出售及租赁、混凝土搅拌站经营权出让、电站承包经营权转让、林业罚没资产处置等新的交易品种。24个分支机构引进创新项目124宗，实现交易额33.79亿元，占分支机构交易额一半以上。在业务创新的大力推动下，分支所全年实现交易项目同比增长39.48%，交易额同比增长

189.16%，为全所业务发展作出了突出贡献。

5. 阳光规范的交易机制开始向社会延伸

与市工商联签订了战略合作协议，成立专门的交易部门，启动民营资产进场交易工作。全年交易民营资产项目 28 宗，实现交易额 4.77 亿元。与重庆 4 家知名二手房经营企业共同组建了二手房交易网络"联房网"，挂牌房屋 1.5 万套 94.21 亿元，已成交 94 套 5400 万元。正与北尊信息公司及专业团队合资合作组建联合易动房产公司，主要从事全市二手房交易，条件成熟时推向全国。

6. 对外合作取得突破

2012 年 10 月，与涪陵区政府合资组建了中西部首家林权交易所——涪陵林权交易所，以林权交易起步，探索农村"三权"交易。成交林地 5000 亩，实现交易额 448 万元，竞价率 50%，竞价增值率 27.3%，并成功撮合林权抵押贷款 500 万元。合资组建的首个市外产权交易所"内江联合产权交易所"，于 11 月 4 日正式挂牌，力争建成辐射川南的四川第二大产权交易所。

与杭州、宁夏、贵州、昆明产交所建立战略合作关系，合作机构已扩展到 22 家。新引进会员单位 4 家，会员单位总数增加到 122 家。创新会员机构合作模式，与北京合航签订合作协议，全力开拓金融央企市场。全年与会员和外地产交所合作央企项目挂牌金额 8.3 亿元，成交额 8.08 亿元，同比增长 30.69%。

7. 海关罚没财物进场交易

9 月 2 日，与重庆海关签订战略合作协议，重庆海关罚没财物正式进入重交所公开挂牌交易，并在全国率先引入互联网竞价交易模式。首宗采用互联网竞价的海关罚没车辆成交金额 124.4 万元，平均溢价 10% 左右。

（二）服务能力不断提升

1. 信息化建设上档提速

公司把信息化建设放在"二次创业"的重要位置，全力提速推进。完成了交易系统的升级改造，交易更加安全、便捷、高效；优化了门户网站；开发建立投资人数据库，投资人信息已达到 2000 人，并实现了重点交易项目与其自动匹配并同步发送信息；开发完成诉讼资产网、人民法院涉讼资产网、联房网和林权交易所网站、内江交易所网站；加快推进各类交易信息系统的标准化工作，为输出产权交易信息化服务标准提供了有力支撑。

2. 项目营销能力有所提升

更加注重项目前期跟踪、策划和包装等工作，为项目增值转让提供全方位的服务。在央企青岛中金和平顶山鸿翔热电项目中，把服务工作延伸到项目进场前，并制定了详细的项目推介及风险解决方案，最终青岛中金项目以5.2亿元、溢价57.6%成交，平顶山鸿翔热电废旧建筑物拆除市场化处置开创了国内先例，得到了交易各方的高度评价。

3. 融资平台作用初显

依托联交所平台公信力，有效对接金融机构开展融资服务，全年为交易项目融资4798.6万元，促成融资项目50宗，同比增长150%。如永川茶艺山庄项目，为投资人实现融资3500万元。

（三）内部管理规范有序

1. 员工素质不断增强

公开招聘和引进有金融、法律、财务、企业管理专业背景的优秀人才21人，其中，本科以上学历17人，有相关工作经验的10人。多种形式开展经济政治形势分析、企业管理、素质拓展培训，全所人均受训10次以上，选送1人参加清华大学首期"中国企业领军人才班"学习，员工整体素质进一步提升。

2. 财务管控日益精细

建立预算管理制度，实现了财务管控的事前计划、事中控制和事后分析，有效降低了财务风险。实现分支机构预算与核算无缝对接，制定实施《分支机构财务管理方案》等制度，有效降低了资金管理成本，提高了资金收益和调控能力。

3. 法律风险有效防范

制定《审核工作流程图》《审核常用政策法规汇编》《尽职调查表》等审核规范，交易部门制定了工作手册，修订了竞买协议、竞买须知、电子竞价风险提示和各类业务公告文本。分类梳理和完善了格式合同文本，全面加强了法律法规学习培训和案例总结分析，建立了交易风险处置预案，有效防控各类交易风险。全年成功处理合同纠纷 9 起，应诉 5 起，涉案金额约 6000 万元，无一败诉。

（四）党建和宣传工作成绩突出

党务公开工作取得明显成效，在市国资委的抽查中得到高度评价，经验交流材料在国资系统下发。隆重开展了纪念建党 90 周年活动，党委书记王学斯亲自为员工上了一堂生动的党课。积极组织开展"创先争优"活动，按照新形势新任务的要求，强化市场意识和服务意识，创新服务手段，拓展市场化、竞争性业务。深入推进各支部"一讲二评三公示"，充分调动党员的工作积极性和创造力。新发展预备党员 5 人，入党积极分子 7 人，党员人数占员工总数的 44%。狠抓党风廉政建设，深入开展廉洁自律自查自纠活动，有效杜绝各种违纪行为的发生。全所上交礼金提货卡 7900 元、礼品价值 20000 余元，拒收贿赂累计 500 万元。员工勇夺国资委系统党史党纪知识竞赛二等奖，所党委纪委、所一支部分别获得国资委"纪检监察先进集体""先进基层党组织"称号。慰问对口扶持的云阳县小学生和五保户，并出资 100 万元资助云阳县清水乡三个村的饮用水工程建设。

全年撰写简报 43 期，其中市政府采用 14 期，转报国务院办公厅 2 期。《中国证券报》、《上海证券报》、重庆卫视、新华网重庆频道、《重庆日报》、《重庆商报》等省级以上媒体报道转载新闻 300 余篇。

二 当前面临的严峻形势

（一）宏观经济形势影响产权市场发展

当前我们面临十分复杂的国际国内环境，全球经济复苏趋缓，欧债危机仍未解除，国内消费疲软、经济发展减速，形势不容乐观。反映到产权市场就是卖方因形势不好压缓项目挂牌，买方对经济前景不明，观望情绪上升，放慢投资节奏，需求不足，交易清淡。最近交易项目的一次成交率、竞价率和竞价增值率下降，正是宏观经济形势下需求不足的体现。

（二）国家对产权市场的管制更加严格规范

为了防范金融风险，规范金融秩序，维护社会稳定，2011年11月中旬，国务院下发《关于清理整顿各类交易场所切实防范金融风险的决定》（国发〔2011〕38号），对权益交易、份额化交易、标准化合约交易作了严格限制，以空前力度清理整治交易场所及部分违规操作行为，增加了产权交易向金融领域拓展和业务创新的难度，在一定程度上压缩了产权市场未来的创新空间。

（三）市属企业国有产权业务逐步萎缩

重庆市国有企业重组改制工作已基本完成，国有产权交易量呈逐年递减趋势，未来拓展空间不大，形势不容乐观。2011年，重交所市属企业国有产权交易额44.11亿元，比2010年略有下降。按目前的发展趋势，今后几年市属企业国有产权业务将再难实现大幅增长。

（四） 员工观念意识跟不上发展步伐

经过7年多的发展，重交所取得了"一次创业"的跨越式发展和辉煌。可能有的同志对此沾沾自喜，安于现状，得过且过，逐渐缺乏拼搏和创新的动力。对于班子提出的"二次创业"的构想，有的同志可能仍持观望态度，对能否实现千亿级产交所的发展目标表示怀疑。工作中，我们缺乏主动出击、精益求精、忍辱负重、百折不挠的精神，乐于程序化的传统业务，害怕尝试市场化创新业务。项目挂牌后，坐等买家上门，在项目分析、策划推荐和有效投资人信息库建设方面差距甚大。在处理复杂问题和开拓市场的过程中，有畏惧心理和畏难情绪，缺乏解决问题的恒心和韧劲。

在复杂的经济形势下，产权市场在面临巨大挑战的同时，也面临众多难得的发展机遇。当前，西部大开发渐入佳境，重庆已步入科学、健康发展的快车道，政策效应和已形成的产能加速释放，多重机遇不断汇集，产业发展进入提档升级的关键期，市政府对重交所寄予厚望，要求重交所加速发展，在2014年成立10周年之际，迈入千亿级产交所的行业。重交所的员工队伍比较年轻，富有朝气与活力，具有较大的可塑性和创造力，是重交所向前发展的不竭动力。我们将更新观念，开拓进取，以创新为手段，向市场要业绩，保质保量完成市政府交给我们的光荣使命。

三 2012 年的工作目标及主要任务

2012 年是重交所转型升级、承前启后、攻坚克难的关键之年。做好 2012 年的工作，对于确保 2013 年底实现 1000 亿元交易额的目标至关重要。

（一）工作目标

2012 年工作的总体目标是：以市委三届九次、十次全委会和全市经济工作会议精神为指导，结合国务院 38 号文件要求，加大业务创新和市场开拓力度，加快推进企业转型升级，纵向沿着产权交易链条向前后端服务延伸，不断提升专业化和精细化水平，横向不断将国有产权成功模式复制推广，吸引政府公共资源和社会资产进场交易，做好"三个延伸"，着力提升"开放度""市场度""创新度"，年交易额（不含渝富、高交会项目）超过 500 亿元，力争在 2011 年的基础上翻一番。其中，市属企业国有产权交易、市内诉讼资产交易额实现 100 亿元，央企项目实现交易额 100 亿元，诉讼资产交易延伸业务实现交易额 100 亿元，区县国有土地使用权出让实现交易额 100 亿元，对外合作业务实现交易额 100 亿元，稳定营业收入，力争实现新增长。

（二）主要任务

1. 大力推进"三个延伸"

（1）加快推进诉讼资产交易向全国延伸。组建诉讼资产交易业务延伸工作专业团队，年内走访 8~10 个省市，选定相应重点合作单位，确保上半年与 5~8 个交易所开展实质性合作，并吸纳其成为共同市场联盟成员。组织好 2 月份最高人民法院在渝举办的诉讼资产交易工作座谈会及人民法院诉讼资产网开通仪式，争取在第二季度召开全国诉讼资产交易共同市场联盟成立大会，构建全国统一的诉讼资产交易共同市场。以完善网上报名和结算环节为重点，不断提升优化交易系统功能，向合作单位开展"一对一"有针对性的服务，开创诉讼资产交易延伸工作新局面。

（2）强化与公共资源交易平台的合作。2012年确保与10个以上区县公共资源交易平台开展实质性合作，加大与涪陵、永川等几个较大区县的合作力度，确保实现土地交易业务目标。同时，借鉴合肥等地经验，以石柱等合作区县为突破口，加快研究、探索和对接区县政府采购和建设工程招投标等业务，力争实现新的突破。

（3）创新社会资产交易。狠抓民营资产和二手房交易业务。结合民营资产项目的特性及交易规律，突出项目包装、交易策划、营销推广、投融资咨询等服务功能，逐步形成独具特色、较为成熟的民营资产交易模式。投资组建二手房经营管理公司，上半年正式运营。用好信息技术，整合二手房交易链条各方的优势资源，构建一个公信力强、信息可靠、交易公平、结算安全的二手房交易结算综合平台。

2. 积极开展业务创新

（1）开展增资扩股融资服务。增资扩股融资业务是市属企业和央企业务增长的重要突破口，也是实现产权交易本质（增量融资），提高交易服务附加值的重要渠道。学习借鉴北京、上海、天津、山东、深圳等地交易所的经验，在干中学、学中干，努力探索增资扩股业务路径。既要积极争取市国资委的政策支持，实现市属国有重点企业增资扩股融资项目进场交易，更要主动上门，以敬业精神和专业能力赢得客户信任，吸引企业进场。

（2）推进农村"三权"交易。以农业产业化项目包装策划为重点，深入研究和推进以林地、农村承包土地、宅基地使用权流转为基础的农村"三权"流转业务。探索通过产权市场为农业产业化引入资金、管理和技术的路径，盘活农村资产，增加农民财产性收入，推动农民增收致富。

（3）组建技术产权交易市场。用好"国家专利技术展示交易中心"资质，与市科委和重科院合作组建技术产权交易所，运用网络技术和金融手段实现科技成果的转化。

（4）构建中小企业服务平台。以中小企业信用托管为切入口，研究有针对性的制度设计和操作性强的业务流程。与市中小企业局合作，争取市政府支持，探索建立以信用托管为核心的中小企业产权交易服务平台，拓宽中小企业投融资服务业务。

（5）开展第三方支付结算服务。开展第三方支付结算服务是重交所建成100 亿元级结算平台的重要支撑。取得市政府和中国人民银行的支持，争取年内获得《支付业务许可证》并开展业务。

（6）探索碳排放交易试点和文化产权交易。按照市发改委的统一部署，配合建立全市范围内的碳排放约束机制和交易体系，力争尽早实现碳排放所挂牌，启动碳排放权交易试点工作。

（7）加强对外投资与业务合作。稳步开展以资本为纽带的对外投资与合作，做好内江联交所的起步工作，加快与广元等地的合作步伐。力争与贵州、云南、广西等地产权交易机构建立投资性合作关系。加强与兄弟交易所在央企、诉讼、增资扩股等业务方面的合作，实现优势互补，合作共赢。

在国家政策法规允许范围内，加快探索文化产权交易，争取市委宣传部和市文广局的支持，与市文资公司合作打造新型文化产权交易服务平台。研究投资组建合资公司探索开展投行业务，对各地产权市场有潜力的项目进行收购和营销。与国内投资机构合作，建立有效的项目－资金对接机制。

（三）工作措施

1. 狠抓执行力

公司确定了今年的奋斗目标，按板块分解成了五个 100 亿。各部门负责人、分支机构，要进一步明确目标任务和责任，召开专门的工作会，对目标任务作细化分解，制订更加详细的工作措施，确保目标任务的完成。2012 年，公司将把"提高执行力"放在管理工作的首位，将执行力纳入考核指标，办公室定期对有关事项进行督办，确保既定事项的落实。

2. 大力推进企业文化建设

良好的企业文化有利于增强企业内部的凝聚力和外部竞争力，企业文化建设是企业在市场经济条件下生存发展的内在需要，又是企业现代化管理的重要内容。经过 7 年多的发展，重交所从无到有、从弱到强，形成了比较成熟的管理制度和"不甘落后""开拓创新""公平公正"的企业精神。重交所要实现跨越式发展，成为长盛不衰的"百年老店"，必须对业已形成的还不是十分成熟的企业文化加以梳理提升、推广发扬，形成指导联交所长远发展的宗旨。

3. 严格考核

强化绩效考核制度，将目标任务分解到分管领导和部门，按照"多劳多得"原则，将个人收入与经营绩效挂钩。交易业务重点考核业务收入、交易额和一次成交率、竞价增值率，以及增资扩股、融资等增值服务收益，加快向多元化业务收益模式转型。

4. 强化预算管理

一是加强成本控制，强化成本管理。确保 2013 年运营成本占比略有下降，利润实现增长；二是改革成本结构，与各部门管理挂钩，增加固定资产折旧和信息化建设等投入，相应减少其他领域的开支。

5. 加强信息化建设

增加投入，开发稳定、便捷、高效的与各项业务相匹配的信息发布系统及交易业务软件。优化信息系统流程，加强对业务风险点的控制，并逐步实现程序性工作的信息化，释放更多的生产力，不断提升业务工作的精细化水平。

6. 实施竞争上岗和双向选择制度

完成人事管理"三定"（定编、定岗、定员）工作，建立层级分明、配备合理的岗位用工管理体系。开展全员任职资格能力认证和岗位价值评估工作。春节后，进行一次中干竞争上岗和职工双向选择活动，在全所形成能者上、庸者下，多劳多得、能者多得的激励机制，做到人尽其才，才尽其用。

在新的一年里，我们要继续发扬敢想敢干、敢打硬仗的优良作风，进一步明确目标，强化措施，以更大的干劲、更积极的态度、更强的能力、更高的激情投入到重交所"二次创业"和转型升级中，在重交所快速发展过程中实现人生的价值！

B.33
西部产权交易所 2011 年年度报告

西部产权交易所 *

一 基本运行

2011 年是"十二五"规划的开局之年，更是进一步巩固西部大开发成果，全面完成"十二五"规划各项目标要求的奠基之年。西部产权交易所（以下简称西交所）紧密围绕全年的各项目标任务，以项目运作为核心，重点突出平台建设和制度建设工作，狠抓落实，积极开拓，极大地推动了陕西省产权市场建设进一步发展。

2011 年，西交所成交额、竞价率以及增值率均大幅度提升，成交额同比增长 163.3%，竞价率达 41.24%，成交额和竞价率创历史新高。

西交所自 2004 年成立以来，年交易宗数稳步提升，但由于国企改革工作的逐步完结，企业国有产权交易宗数所占比例呈下降趋势。分析 2011 年项目运作情况，西交所各项交易指标上升的主要因素有以下几个方面：一是项目推介的力度、对项目的把控能力进一步增强。如陕西鸿信物业管理公司 100% 产权转让项目、渭南华山金矿项目和商洛氮肥厂土地、设备项目等，都征集到了大量的意向受让人，项目竞价充分，市场功能得到充分体现；二是对项目的咨询策划能力进一步提高。如西色公司增资扩股项目，成功地运用了电子竞价与加权平均法确定投资价格的方法，解决了交易过程的难题；三是主动争取地方国资以外项目进场的意识进一步增强。如 2012 年争取代理央企项目 5 个、县区项目 1 个、地市非国资监管项目 5 个；争取到了西安海关罚没资产交易资

---

* 西部产权交易所，是经陕西省人民政府批准，在整合陕西省产权交易中心和陕西技术产权交易所的基础上，于 2004 年 1 月 18 日正式设立的综合性产权服务机构。其主要职责是为社会各类财产权交易提供场所、设施和信息等服务，为我国西部区域性资本市场打造良好运营平台。

269

格，取得了陕西省国有监管企业增资扩股进场交易资格，还主动联系书画等其他项目进场。

二 业务拓展与创新

2011 年西交所在业务拓展与项目创新方面取得了一定成绩，可以总结为"成绩大、亮点多、影响好"。

一是大胆探索和实践，发挥产权市场优势，圆满完成了金堆城西色（加拿大）有限公司 30% 的增资扩股项目，并创造性地运用电子竞价与传统报价相结合的方式，使企业实际融资额较计划增加了 1.4 亿元。该项目的探索实践，开创了交易所为企业直接融资的先河，在业界产生了较大影响，得到省国资委的充分肯定。2011 年 8 月，省国资委以陕国资改革发〔2011〕351 号文件出台了《陕西省国资委监管企业增资扩股择优选择投资者的规定》，规定监管企业增资扩股全部要通过产权交易市场公开征集选择投资人，成为西交所今后一项重要的业务增长点，为全国产权交易机构业务拓展提供了经验。

二是为了配合省国资委对国有企业重大投资项目的招投标活动监管，从制度上预防腐败，我们积极开展调研，配合国资委纪委探索招投标活动进场工作方案，并专门成立了工作部门，现已完成了制度设计和起草工作。

三是积极争取中央在陕企业国有产权交易服务资格，并成功完成了中央在陕企业多笔资产转让项目，取得了较好成效。

四是根据中央和国务院关于建立公共资源交易市场的意见，西交所积极响应，做了大量的调研工作，迅速形成了建设方案，并向省公开和媒体联络办公室提出申请，争取以交易所为基础建设公共资源交易市场。

五是积极开拓行政事业单位资产进场交易，与西安海关签订了合作协议，使西安海关罚没资产全面进入西交所进行公开处置。

六是积极探索产权交易市场为社会公众服务的突破口，成立专业部门开展二手车、二手房项目进场交易业务，并取得了一定的成效。

三 平台建设

（一）认真落实精细化管理，完善各项制度

制度建设是产权交易市场规范运作、降低业务风险和提高社会公信力的基础，西交所认真总结多年来项目运作的经验，依据国家和我省有关规定，积极吸收各省市产权市场的经验，经过认真调研，制定了《西部产权交易所受理转让申请操作细则》等 12 项业务操作细则，使交易所的制度建设上了一个新台阶，各个业务运作环节均有制度可依，工作效率进一步提高，业务风险进一步降低。在内部管理方面，结合交易所工作实际，对交易所人事劳资、日常管理、财务管理等多个方面的制度进行了修订完善。

（二）信息系统平台建设得到进一步加强

信息系统建设水平是产权市场服务水平的重要体现。2011 年，西交所在往年信息化建设的基础上，进一步强化了信息系统建设工作。一是适应新业务的开拓，在网站上增加了二手车、房产交易项目相关模块和信息量，开通了"西部产权交易所车网"；二是按照整体规划、统一开发平台、适应多种业务和交易方式、程序严格控制的思路，对产权交易业务系统、信息发布系统、竞价系统等系统进行整合和二次开发，使各项业务系统达到互通、互联、互补，使各项制度要求融入系统软件，提高管理和控制水平，现已完成了企业产权交易系统的全面升级和完善，实现了产权交易业务网络操作和运行；三是加强网上推介功能，继续和全国各产权交易机构合作，联合发布项目信息，与新浪产权频道继续签订合作协议，在新浪网进行项目推介，扩大项目宣传力度；四是大力推广网络竞价，利用交易所电子竞价和金马甲网络竞价系统，充分发挥市场价格发现功能。全年组织完成电子竞价 25 场，比上年增加 3 场，涉及资产额 7.6 亿元，平均增值率达 12.28%，单个项目最高增值率达 941.67%；五是按照国务院国资委信息监测系统接入的各项要

求，完善了相关硬件设施，西交所产权交易系统成功接入国务院国资委产权交易信息监测系统。

（三）继续贯彻落实学习型单位建设

按照省国资委建设学习型机关的要求，我们积极组织开展各项学习活动：一是在职工中开展了"每人读两本书"的读书活动，并列入年度计划，取得了较好效果；二是加强工作调研，提高理论实践水平，将调研任务纳入部门考核内容，各部门总体上做得比较好，形成了《关于建立我省非上市公司股权交易市场的报告》等 8 篇调研报告、论文或工作建议；三是积极组织广大干部职工参加自主选学活动，年内有 21 人次参加了学习。这些活动使交易所逐步形成了一个良好的学习研究风气。

（四）加强党风廉政建设

交易所是保证各类产权公开、公平、公正交易的市场平台，廉政建设是交易所工作的重点之一。我们加强了四个方面的工作：一是不断完善各项业务制度，狠抓制度落实，从领导开始以身作则，带头维护制度的严肃性，在交易所形成了依法、依规办事的规矩；二是强化学习教育及正反典型的示范教育和警示教育，签订廉政责任书，使广大干部职工从思想上构筑起了牢固的拒腐防腐意识；三是认真组织开展廉洁从政准则学习，开展自查活动，撰写自查报告；四是认真开展了"小金库"自检自纠和回头看工作，全面推行了公务卡结算制度，进一步严肃财经纪律。

（五）积极开展文明创建活动，争创省直机关文明单位

近年来，交易所始终坚持以邓小平理论和"三个代表"重要思想为指导，深入学习实践科学发展观，以"创先争优"活动为载体，积极争创省级文明单位。2011 年 9 月，交易所对文明单位创建工作进行了全面总结，通过了省直机关文明单位评选，获得了"省直机关文明单位"称号。西交所党支部先后荣获了省委组织部、宣传部、省直机关工委"保持先进性、建功'十一五'先进党支部"和省国资委系统"先进党支部"。

四 未来愿景

一是全面做好各级国资监管部门批准进场交易的国有产权、资产交易项目服务工作，依法严格、规范地组织交易活动，加强项目推介，提高项目竞价率和增值率。同时，进一步挖掘社会各类产权进场交易，提升西交所在地方经济发展中的作用和影响力。

二是积极配合各级人民法院贯彻最高人民法院法释〔2011〕21 号文件精神和我省有关文件规定，进一步加强涉诉资产进场交易服务工作；提高企业增资扩股进场择优选择投资者业务水平；按照省国资委的安排，积极做好企业重点项目招投标服务工作；同时做好二手车交易业务，二手车交易业务量要达到一定的规模。

三是积极配合省政府有关部门做好公共资源交易市场建设，争取以西交所为依托建立全省公共资源交易市场。

四是进一步加强西交所自身建设，提高管理水平。要以全面深入推进精细化管理工作为抓手，以学习型组织建设、创先争优、文明单位创建等活动为载体，进一步完善各项业务制度和管理制度，健全考核激励机制，抓好制度的贯彻落实。

五是继续抓好学习培训工作，倡导和开展不同形式的政治理论、管理知识和业务知识学习活动，积极开展西交所文化建设，全面提高职工队伍素质和服务水平。

案例与数据篇 *

Case Study and Data Analysis

B.34

新华人寿保险股份有限公司 6849 万股股权转让案例

交易机构：北京产权交易所

一 项目背景

北亚实业（集团）股份有限公司（以下简称"北亚股份"）于 1996 年在上海证券交易所上市，因经营问题于 2007 年暂停上市。在暂停上市过程中一直被股东及社会公众关注。2008 年黑龙江省哈尔滨市中级人民法院裁定批准了经北亚股份债权人会议和出资人会议表决通过的资产重整计划草案。依据该重整计划，北亚股份须在短时间内负责将破产重整资产全部处置变现，并按比例向债权人清偿或补充清偿。

据此北亚股份专门成立黑龙江省新北亚企业破产清算服务有限公司（以

---

* 编者按：本篇 14 个案例是全国各个样本产权交易机构征集案例。

各交易机构排名顺序按行政区划代码进行排列。

下简称"新北亚公司"），将北亚股份资产和负债全部剥离至该公司，并授权新北亚公司全权处置和对债权人清偿。北亚股份所持新华人寿保险股份有限公司（以下简称"新华人寿"）6849 万股股份，是其中最重要的一项资产。

该项目转让方是国有参股的上市公司，国有股权比例很低，转让所持新华人寿股份，不属于强制进场范围，转让方可以自行处置。由于涉及上市公司，社会关注度高，新北亚公司本着对股东、公众和债权人负责的态度，认为必须选择一个具备社会公信力、知名度和关注度高的公开平台来进行处置。经多方面考察，新北亚公司认为北京产权交易所（以下简称"北交所"）作为产权市场的排头兵，有能力协助其完成本次处置工作。经过多次沟通，北亚股份及新北亚公司同意在北交所对外公开转让所持有的新华人寿 6849 万股股份。该标的经评估净资产为 94651.28 万元。

二 方案设计

经过与转让方多次沟通，以及对市场的调研，各方面都感到在短期内处置这样大的标的比较困难，最终建议将新华人寿 6849 万股股份拆分为两个标的进行转让，以达到资产价值最大化的目的。两个标的分为 3249 万股股份及 3600 万股股份，对应转让金额为 44900.28 万元及 49751 万元。

在项目公示期内，投资人表现十分踊跃，北交所项目经办人员一方面耐心地解答客户咨询，另一方面也对客户情况进行详细记录，作为潜在投资人的储备。

截至公示期满，共有 9 家意向受让方提交了受让申请。

在竞价文件制定过程中，北交所重点考虑以下三个方面：

第一，竞价方式的选择上，要让竞买人在最短的时间内提出最高的价格。通过研究论证，最终采用网络竞价一次报价的竞价方式。网络竞价一次报价可以最有效直接地激发意向受让人的投资欲望，报价机会只有一次，不能存有侥幸心理，各意向受让方均是背对背报价，意向受让方在没有看到结果前根本不知道有几家竞价、在和谁竞价，在这种高压形式下，各意向受让方只能报出自己的心理最高价位。

第二，竞价文件的制定和交易合同的签署要足够严谨，避免或减少后期产生的不必要纠纷。在制定竞价文件过程中，北交所业务部、审核部、法律监管部等多部门密切配合，制定了严谨的竞价方案，拟定了《交易合同》范本，在向意向受让方发送后，耐心解答意向受让方提出的各类问题并对意向受让方提供辅导。

第三，采用各种有效措施，确保本次交易的公开、公平、公正。北交所在这宗大额交易中，严格按照"三号令"及配套文件运作，每一个细小环节都严格规范操作，保证整个交易过程按预想的最佳路径进行。事实也证明全程规范运作特别重要。意向受让人资格审查是一对一进行，即一个业务人员只审查一份意向受让方的信息，该业务人员不得向其他人员透露、打听相关情况，在后期的辅导过程中也是一个业务人员针对自己审查的意向受让方进行辅导。对意向受让方的信息严格保密，避免出现意向受让方相互串通的情况。

在竞价过程中由北交所相关领导、转让方负责人一起监督，并同时邀请了公证处人员对竞价过程进行了公证，在竞价前所有进入竞价现场的相关人员均上交了一切通信工具，切断与外界的联系，百分百避免外界可能产生的影响。回顾整个交易过程可以看出，假如有一个环节不依法规范进行，都可能遭到质疑。

三　处置结果

新华人寿6849万股股份项目网络竞价如期举行。

经过数十分钟的等待，在转让方及北交所领导的监督下，一个个可喜的价格呈现在电脑屏幕上，新华人寿项目的报价大大超出了所有人的预期。转让方预期本次转让金额为150000万元，最终新华人寿3600万股股份经网络竞价最高报价为153900万元，新华人寿3249万股股份经网路竞价最高报价为139999.99万元。总溢价率最高达210.51%。在2006年底，标的公司部分股份（2163万股）曾由法院委托进行拍卖，成交价仅为6.61元/股，而本次转让每股成交价格在43元左右，实现了质的飞跃。

四 项目启示

北亚股份是一家上市公司，被广大股民及社会公众所关注。作为主导重组的新北亚公司既要考虑到债权人的利益，也要给社会公众及广大股民一个交代。这种公共资产的处置，迫切需要借助产权交易市场这种具备社会公信力的机构，北交所秉承"公平、公开、公正"的原则为新北亚公司提供了全力的帮助，在处置资产过程中每一个操作环节公开透明，经得起历史的推敲，最终处置结果得到了多方的认可。

此次转让是产权市场全新的体验，是产权市场服务上市公司非股票交易的一个经典案例。

B.35
河南华诚房地产开发公司增资扩股交易案例

交易机构：天津产权交易中心

一 交易背景

河南华诚房地产开发公司成立于 1992 年，注册资本为人民币 2000 万元，主营房地产经营等业务，原隶属于武警水电指挥部，性质为国有企业。1993年 1 月，该公司与中国石化集团资产经营管理有限公司洛阳分公司签署协议，合作开发河南省"八五"期间的政府重点建设项目、占地 62.647 亩的"华诚商贸中心"。截至 1996 年底，项目总投入达 2.17 亿元。由于国家宏观经济政策调整等诸多因素影响，项目开发进展缓慢。1997 年 2 月，在部队不准办企业政策背景下河南省委、省政府和郑州市政府要求洛阳石化分公司全面接收华诚公司，华诚公司成为洛阳石化分公司的全资子公司。但是后来中国石化集团《关于严禁投资房地产项目有关规定的通知》以及《关于开展对外投资和多种经营对外清理整顿工作的通知》先后出台，华诚公司属中国石化集团要求清理退出投资的范围。基于此背景，洛阳石化分公司欲通过天津产权交易市场退出对华诚公司的投资。

二 策划重点及交易过程

天津产权交易中心组织专业团队，开展尽职调查，把握住项目特点：①标的企业为洛阳石化公司全资子公司，股权单一；②标的企业项目进展缓慢，急需建设资金；③标的企业根据有关规定急需退出房地产投资行业。中心项目组经过认真调研、咨询专家和多次论证，精心设计了"两步走"方案：第一步，针对标的企业项目进展缓慢、急需建设资金状况，增资扩股，将注册资本金由2000万元增至8000万元，筹集项目建设资金；第二步，完成增资扩股工作且公司运行平稳后，洛阳石化分公司再择机将保留股权全部转让，从而完成企业的全部退出工作。

为了保障华诚公司的管理团队、职工的稳定及项目进展顺利，中心建议洛阳石化分公司通过增资扩股方式让渡74.83%股权，保留25.17%股权。这样既为企业退出作了铺垫，又为华诚公司注入了资金，有利于平稳持续推进项目建设。

华诚公司资产评估结果为总资产8.87亿元，总负债8.67亿元，所有者权益2004万元。首先将增资扩股标的额6000万元（74.83%股权）平分为两个标段，各3000万元（37.415%股权）在天津产权交易中心挂牌，同时项目组积极征集意向投资者，以公司主要债权人作为突破口，经过商谈公司两名主要债权人摘牌。随后洛阳石化分公司在上海联交所完成了股权转让。

三 案例总结与启示

该项目的成功运作是天津产权交易中心创新思路、大胆探索、周密计划的结果。利用产权市场增资扩股既为企业盘活资产开辟一条新的融资途径，拓宽了融资渠道，也拓展了产权市场业务范围，提升了市场功能。该案例充分证明：产权市场不仅可以通过股权转让为企业提供投资退出平台，而且可以通过增资扩股方式为企业融资，推进企业重组，壮大经济实力，促进企业可持续运营。产权市场通过增资扩股为企业提供融资服务大有可为。

B.36

抓住政策机遇，促成温州银行股份
远程网络竞价成交

交易机构：天津金融资产交易所

一 案例背景

2011 年 5 月，天津金融资产交易所在激烈的竞争中从华融资产管理公司（简称华融公司）承揽到了温州银行股份转让项目。但受国家宏观调控和温州民间金融危机影响，2011 年市场形势不佳，我所建议转让方华融公司暂停挂牌，待 2012 年 4 月份后择机重新挂牌，得到了转让方的认可。之后天津金融资产交易所一直对该项目进行营销，跟踪潜在客户，同时密切关注温州经济动态，直至 2012 年 3 月 28 日，国务院决定设立温州金融改革实验区后，我们认为国家政策的开放是转让温州银行股份的重大时机，马上与转让方华融公司进行沟通，建议其抓住温州金改和城商行公开上市闸门即将打开的有利时机，力争在上半年套现，得到了华融公司的认同。

二 策划重点及交易过程

2012 年 5 月 3 日挂牌后，天津金融资产交易所立即与 10 多家潜在客户联系，为客户提供政策和交易咨询，安排客户进行尽职调查，指导客户办理受让登记手续，最终缴纳交易保证金的合格意向受让方为 3 人。同时，我所采取严密的信息隔离制度，要求相关人员严格保守客户信息，为项目竞价做好准备工作，避免围标、串标现象的发生。

温州银行股份转让项目是天津金融资产交易所有史以来最大的单体项目，我所牢牢抓住政策机遇，在前期充分营销与风险控制的基础上，发挥全国统一市场、统一服务标准和远程网络电子竞价的优势，充分挖掘意向受让方并促成项目价值的有效发现：一是充分沟通，为转让标的量身打造交易方案；二是网上营销和网下营销相结合、普遍营销及定向营销相结合，全面挖掘潜在客户；三是跟踪落实，为意向客户提供专业、细致的服务；四是严格履行信息报价义务、精心组织异地远程网络电子竞价会。事实证明，专业化运作对项目溢价起到十分关键的作用。2012 年 6 月 8 日，天津金融资产交易所在上海办事处、杭州办事处的支持下组织意向受让方同时在天津、上海和浙江三地参加远程网络电子竞价会。3 位合格意向受让方经过 20 多轮的激烈角逐，最终成交价格定格在 4.4 亿元，比挂牌底价高出 5800 万元。天津金融资产交易所的专业素质和敬业精神得到了转让方、标的企业、意向受让方的认可，并有意与天交所进行深入合作。

三　案例总结与启示

温州银行股权转让项目是天津金融资产交易所对外承揽来的项目之一，项目最终以高出底价 5800 万元转让成功，转让价格达到 4.11 元/股，15.17% 的溢价率远超市场预期，且该项目受到投资者、媒体等市场各方高度关注，市场效应极好，创造了近期大宗地方商业银行股份转让的价格新高，充分体现了天津金融资产交易所这一专业平台强大的价值发现功能，也充分体现了天交所远程网络电子竞价交易模式的特殊优势。

B.37

多家限额竞买，金融股权转让实现同股同价

交易机构：河北省产权交易中心

一 交易背景

张家口市商业银行股份有限公司成立于2003年3月，注册资本100000万元，其中：国家股20848.4万股（占比20.85%），企业法人股74998万股（占比75%），自然人股4153.6万股（占比4.15%）。经中磊会计师事务所有限责任公司（中磊专审字〔2011〕第10012号）审计，截止到2011年6月30日，资产总额2888504.40万元，负债总额2651690.10万元，净资产236814.30万元，2011年1~6月营业收入116030.88万元，利润总额57775.02万元，净利润43777.18万元。经中铭国际资产评估（北京）有限责任公司评估（中铭评报字〔2011〕第10029号）、张家口市财政局核准的资产评估结果为：截止到2011年6月30日，资产总额2910899.88万元，负债总额2651690.10万元，净资产259209.78万元。每股净资产2.59元。

转让方简介：张家口市财政局，机关法人。本次拟转让股份18814万股（含确权受托转让部分），股权比例18.81%。

受让方情况：此次交易共产生的4家受让方分别是：冀中能源集团金牛贸易有限公司，受让股份4800万股；邯郸开发区腾越物资有限公司，受让股份4714万股；邢台蓝海贸易有限公司，受让股份4700万股；唐山市汇金煤炭有限公司，受让股份4600万股。

项目的重点：本次股权转让拟选4家以上受让企业法人。根据《张家口市商业银行股份有限公司章程》及《张家口市商业银行股份有限公司关于部分股东股权转让的议案》，同一法人股东购买转让股份数量不得少于1000万

股，且受让法人股东及其关联股东累计持有股份不得超过股本总额的5%（不含5000万股），在进场挂牌交易中，同等价格条件下张家口市商业银行股份有限公司在册法人股东具有优先购买权。

项目的难点：本次的交易与以往的交易有很大的不同，转让方明确要求受让方的数量在4家以上，明确了每家受让数量的范围在1000万~5000万股之间，并且规定了优先购买权人。

二 策划重点及交易过程

本次交易的策划目标在于，确保竞价程序公开、公平、公正，确保发现全部股权成功转让的最高价格，实现同股同价。

本次交易的策划重点在于，本次交易与以往的交易有着较大的不同，以往的成交规则也不适用本次交易，这就需要为本次的交易量身打造一套完备的交易流程，以满足转让方提出的各项条件，保证交易顺利进行、交易标的成功转让。

前期准备阶段：一是要求意向受让方承诺自愿接受有效购买股数的约束，并在含有此款的承诺书上签字。二是确定有效购买股数，意向受让方报名时申报意向购买股数，经资格审查后，确定合格意向受让方，转让方对合格意向受让方意向购买股数进行审定，经审定的意向购买股数为该合格意向受让方的有效购买股数。竞价过程中合格意向受让方不得对其有效购买股数进行变更。按照竞价程序、成交规则确定的每一合格意向受让方购买股数为最终购买股数。三是挂牌期满，经资格审查小组审查后全部合格意向受让方累计有效购买股数等于或大于转让数量，启动本方案确定的竞价程序。

交易规则制定阶段：一是明确竞价方式要遵循"股数确定，自主报价，价高者先得"的原则。每一合格意向受让方以挂牌底价为基础，分别自主加价，展开多轮竞价，至没有最新出价止。对全部出价及对应的有效购买股数进行统计、排序，确定满足全部股权成功转让的最高价格（即某一价位情况下，累计有效购买股数等于或首次超过转让总股数）为成交价。

二是为满足转让方条件，制定了如下成交规则，规定经过公开竞价确定成交价后，按照以下顺序确定买受人及受让数量：价高者优先购买经确定的有效购买股数；同价位中优先购买权人优先购买经确定的有效购买股数；同等购买权的同价位者以经转让方审定的有效购买股数为基础，按相应比例购买剩余股数，计算精确到个位，剩余股数的购买权由现场抽签确定。

三　案例总结与启示

本次交易经由河北金融资产交易所全程策划、具体实施，按照转让方要求使用公开竞价的方式，经过了 15 轮的激烈竞价，最终确定出了 4 家符合条件的受让方，实现 18814 万股股权的成功转让。本次交易是在专门人员监督下进行的，从制定转让方案到竞价成交全过程公开透明，避免了"暗箱操作"，实现了交易的"公开、公平、公正"。投资者在交易中心平台上公开操作，公平参与，提高了兴趣；投资者可以自己分析和判断，并且比较其他投资者的出价，缩短了项目转让时间，降低了转、受让各方的成本，充分发挥了市场发现价格的功能，有效地保证了国有资产的保值、增值。

河北金融资产交易所的实践证明，通过交易规则的创新，公开竞价方式，实现同股同价，提高了交易效率和服务质量，在公众当中树立了产权市场的"三公"形象，可以吸引更多的投资者，特别是民营资本参与产权交易市场，最大限度地实现资源的优化配置。

B.38
排除干扰，规范竞价，
淘汰火电机组变废为宝

交易机构：内蒙古产权交易中心

一 交易背景

呼和浩特科林热电有限责任公司前身为呼和浩特发电厂，始建于 1960 年。隶属于北方联合电力有限责任公司。此次转让的是呼和浩特科林热电有限责任公司关停 2×12MW 和 2×25MW 火电供热机组及部分附属设施资产，转让方为北方联合电力有限责任公司，它是北方联合电力有限责任公司根据国家、内蒙古自治区及中国华能集团关于"上大压小、节能减排"工作的总体部署，继乌拉山电厂关停机组通过内蒙古产权交易中心成功处置后的又一批资产处置项目。

鉴于关停火电机组存在巨大的利润空间，根据以往项目操作经验，本项目难点及风险是如何通过有效的组织手段和技术措施防范串标和围标现象，主要集中在以下两方面：

一方面，出现意向受让方人为干扰竞价，或联合起来串标、围标，控制竞价现场，形成最终无报价局面。

另一方面，意向受让方形成 2~3 个小的集团，控制报价，在短时间内恶意拉高报价，中标后第一名以很小的成本弃标。

二 策划重点及交易过程

在本次科林热电有限责任公司的关停机组资产处置过程中，内蒙古产权交易中心（以下简称中心）结合以往成功经验，认真调查分析，进行方案设计。

第一，制订操作方案。制订了详细的《北方联合电力科林热电有限公司关停火电机组转让操作方案》及科林热电有限公司关停机组及部分附属设施资产处置项目《竞买文件》；就项目操作细节与北方联合电力公司进行了多次沟通磋商，达成共识，为项目顺利进场交易奠定了基础。

第二，竞价前制定预案。为保证网络竞价顺利进行，竞价前组织项目组专门召开会议研究部署竞价准备和任务分工等，制定了风险应急预案。

第三，进行广泛的信息发布。中心充分利用自己的平台优势，除常规的推介方式外，通过中心网站及全国兄弟产权交易平台进行大力推介。在网络推介的同时还通过点对点的电话、短信等方式广泛联络全国各地的投资人，提前宣传标的资产市场价值，赢得了很好的市场反馈。

第四，采用多点登记。在报名登记环节，为避免受让方互相见面，采取多点登记的方式，由中心、会员单位分别进行登记，有效避免了可能出现部分意向受让方人为干扰竞价、联合串标、围标现象的发生。

第五，创新竞价组织方式。采取金马甲集中竞价与综合评审相结合的方式。同时，为防止竞买人在短时间内恶意抬价，对网络竞价步长和加价频率的方式进行了重新设计，在限时竞价阶段设置了报价次数，每位竞买人两次报价的间隔时间需大于10分钟，报价的步长为10万元，以保证所有参与报价的意向受让方能参与报价，并最终筛选出报价和资质条件均符合要求的意向受让方。

2011年8月16日，北方联合电力呼和浩特科林热电有限责任公司的关停机组资产正式在内蒙古产权交易中心进行网络竞价，18家意向受让方参与竞价。标的挂牌价1500万元，经过前后共计76轮、近2小时40分的竞价，最高报价2560万元，较起拍价增值1060万元，增值率高达71%。变废为宝的奇迹又一次在内蒙古产权交易中心上演。

三　案例启示

该项目是继乌拉山电厂在内蒙古产权交易中心成功交易后又一典型案例，中心创新的、先进的交易模式也得到了广大投资人的充分认可。作为自治区唯一一家省级国有资产交易平台，内蒙古产权交易中心通过关停火电机组的处置，再一次显现出强大的发现价值、发现投资人功能。

北方联合电力有限责任公司作为内蒙古自治区龙头企业通过内蒙古产权交易中心国有资产交易平台实现电力企业废旧资产转让的大幅增值，为自治区电力企业合理处置废旧资产树立了良好标杆。实践证明，产权交易市场必将成为电厂淘汰资产流转的重要平台。

B.39

以省级产权交易机构为核心
构建中小微企业金融服务平台

交易机构：吉林长春产权交易中心

一　交易背景

随着吉林省国有企业改革的不断深入，以建立现代企业制度为目标的股份有限公司、有限责任公司等公司制企业得到广泛建立和发展，对经济发展起到了积极的促进作用。股权多元化后，如何使股东的知情权、参与权、决策权和收益权得到合法维护，推动股权公开、公正、公平流转，成为十分迫切的任务。

吉林长春产权交易中心（以下简称产权中心）积极调研企业情况，结合股权流转要求份额清晰、权属明确、流转方便等特点，提出规范开展公司制企业股权登记托管及转让、融资等工作，建立规范、公开市场平台的工作目标。经反复论证，2006 年，省政府下发《关于规范开展企业股权集中登记托管工作指导意见的通知》，要求在吉林依法设立的非上市股份有限公司、有限责任公司（包括国有独资公司）、股份合作制等形式企业的国有股、法人股、集体股、内部职工股和社会个人股等股权，要集中到登记托管机构办理登记托管手续。通过规范的股权管理和创新服务，明晰股权权属，提高股权管理公信力，维护股东合法权益；通过覆盖全省的股权登记托管数据库和信息网络系统，为中小微企业的快速发展、股权流转和质押融资搭建优质、高效的服务平台。截至 2012 年底，全省登记托管各类公司制企业 11464 户，股权金额 1290 亿元；办理股权转让业务 15775 宗，转让金额 139 亿元；代理分红派息 6.1 亿元；通过股权质押协助 898 户企业融资 367 亿元。

二　策划重点及交易过程

产权中心针对中小微企业普遍存在着资金短缺、融资难等问题，努力开展以企业融资发展为目标的创新服务，搭建企业与金融机构间的融资桥梁。

1. 以合作建通道

产权中心主动加强与省内各商业银行及担保、投资公司等金融机构的联系，就利用市场平台开展融资服务，推进中小微企业发展等进行深入沟通、交流并达成共识。先后与包括中国银行、招商银行、工商银行、光大银行、农业银行在内的 23 家金融机构建立合作关系，通过项目带动金融机构建立完整的内部控制制度和风险控制体系，为托管企业开辟了一条全新的融资通道，很多商业银行的国内第一笔股权质押贷款业务是从吉林开始起步。

从统计数据可以看到，金融机构已全面开展股权质押贷款业务，同时银行直接开展股权质押融资的比重在快速提高。2012 年股权融资额为 182 亿元，其中银行直接质押贷款 113 亿元，占 62%；担保公司担保融资 41 亿元，占 23%；小贷、信托和投资公司等融资 28 亿元，占 15%。

2. 以托管汇信息

依托众多的托管企业资源，产权中心积极开展市场平台和融资产品宣传，先后向托管企业及股东发放相关信函 5 万多封，并逐个与托管企业、托管股东联系，广泛征集融资项目，委派专人跟踪服务，使企业及股东逐渐了解、熟悉、利用各个创新融资方式，将手中的静态股权转化为宝贵的发展资金。

通过银企对接会的形式，产权中心组织省内银行、担保、投资等机构，与地方政府合作，在长春、四平、辽源、吉林举办银企对接活动 6 场，协助中小微企业融资 17 亿元。

3. 以创新促发展

产权中心积极探索业务创新模式，与银行合作，对优质企业股权开展免担保、基准利率、手续简化的质押贷款业务；与科技部门合作，对长吉图科技项目推广开展科技企业联保贷款；配合吉林股权交易所的组建，与 11 家银行达成整体授信贷款意向 153 亿元；与担保公司合作，降低担保费用和融资成本；

并相继开展了资产类贷款、并购贷款、基金项目对接等服务。

目前已合作开发并正在推广专利权质押融资、著名商标权质押贷款、租赁金融、低碳金融等创新服务，为中小微企业不断开辟新的融资渠道。

4. 以服务创品牌

基本实行免费服务，对非股权融资项目，如资产类贷款、并购贷款以及银企对接、项目推介等，全部实行免费服务，仅对达成股权融资的项目收取股权冻结费。同时，提供工商质押登记全程免费代办和股权变现服务，形成涵盖投融资信息汇集、创新金融产品推广、推介对接、股权冻结、工商登记代办及股权流转交易的一条龙服务，使企业和金融机构享受"一站式"办公的高效和便捷，为中小微企业发展提供了综合性支持。

三　案例总结与启示

1. 政府支持是股权托管和创新金融服务的保证

几年来，省、市领导和政府相关部门十分重视产权市场的建设与发展，多次到产权中心视察指导工作，对产权交易、股权托管和融资服务做出部署，并给予了大力支持。

2007年，省委、省政府下发《关于进一步深化金融改革推进金融业加快发展的意见》，明确"对全省非上市的股份公司等企业的股权实行集中托管，依法进行股权登记、质押、转让过户、挂失查询、分红等股权集中管理业务。"2008年底，省经委、工商局、金融办、人民银行长春中心支行、吉林银监局联合印发《吉林省股权质押融资指导意见》，促进了股权质押融资业务的健康发展。此前的股权质押融资总额仅为9.3亿元，此后融资额连年大幅度增长，2009年29.5亿元，2011年110亿元，2012年再创新高，实现融资182亿元。

2. 股权登记托管是创新金融服务的基础

与金融机构的顺利合作以及各项创新的有序推进；数量可观的托管企业所潜在的业务资源吸引着金融机构；创新业务模式在产权中心推广下可广泛复制。

3. 规范管理和加强服务是稳步开展工作的保障

产权中心制订了完善的工作程序和服务标准，强化网上信息公开，配合企业现场办公以及随来随办、当天办结等服务措施，得到企业、金融机构和工商部门的认可。股权冻结及高效变现基本消除了金融机构对质押物的顾虑。目前，没有发生一笔股权转让纠纷和质押贷款到期无法偿还的情况。

4. 多方合力是创新金融服务的关键

创新服务中存在的问题需要各方面共同解决。政府要牵头组织好银企对接并给予政策支持，工商部门要做好规范股权出质登记和维护交易安全，金融机构要搞好操作程序和风险防范体系，担保机构要积极参与补充，股权托管机构要发挥融资平台作用，这样才能为金融服务开辟一条新的途径。

5. 市场需求为创新金融服务提供了良好契机

现实中存在着这样一对矛盾：一方面，银行花费很大精力难以找到满意的融资项目；另一方面，企业难以找到融资成本低、适合自身发展的金融服务机构。产权中心的融资平台为企业和金融机构搭建了平等、畅通、便利的对接通道，对银行拓展业务和各地区的融资发展起到了积极的促进作用。

B.40

精心策划，小比例国有股权也能卖出好价钱

交易机构：哈尔滨产权交易中心

一 交易背景

转让方黑龙江省辰能电力投资有限责任公司为国有控股有限公司，其经营范围为电力行业投资、电力技术开发和技术服务，该公司持有牡丹江友搏药业有限责任公司 11.11% 股权。经国资委批复同意，黑龙江省辰能电力投资有限公司对外公开转让这宗产权。转让标的企业牡丹江友搏药业有限责任公司是国家级民营高新技术企业、中国优秀民营科技企业。其生产基地位于历史文化名城牡丹江，占地 3 万平方米，厂房总建筑面积 1.4 万平方米，是 2002 年国家发改委批准的国家中药产业基地示范工程。企业共有小容量片剂、注射剂、胶囊剂、茶剂等四个剂型的系列中西药品种，全部通过国家药品 GMP 标准认证，其中主导品种"友搏牌疏血通注射液"为国家二类中药新药，是填补国家动物类中药复方注射剂空白品种。受让方中信产业投资基金管理有限公司为国有控股的从事投资业务的专业公司，旗下管理着多支基金，具有丰富的投资管理经验。

本次转让项目的重点和难点：转让的国有股权占标的企业股权比例较小，受让方无法获得控股权。因此，股权转让过程发现投资人、发现价格的困难比较大。

二 策划重点及交易过程

为保证国有资产保值、增值，哈尔滨产权交易中心（以下简称交易中心）

遵循等价有偿和公开、公平、公正、竞争的原则，在此次股权转让过程中重点做了以下几方面工作。

1. 提前介入，精心策划，充分挖掘转让标的价值

接受转让方正式委托前，交易中心就成立了以交易部业务骨干为主要成员的项目小组，提前介入项目挂牌的前期工作，协同转让方对项目进行了精心的策划。通过与转让方的沟通以及对标的企业的了解，项目小组掌握了标的企业基本情况。该标的企业主导产品国家二类中药新药"友搏牌疏血通注射液"，是填补国家动物类中药复方注射剂空白品种，在同类药品国内销量中名列前茅。我中心在转让公告中对标的企业情况进行了详细披露，该标的企业产权清晰、资产状况优良、业务饱满、发展前景好，且不涉及职工安置等复杂问题，在披露公告中更明确标的企业主导药品相关情况。同时通过与转让方的协商，将评估值6400万元的标的以9000万元作为转让底价进行转让。转让公告的制定增强了转让方的信心，公告的发布也使意向受让方了解转让标的的内在价值。

2. 加大推介范围，扩大市场影响

交易中心采取多种推介方式全方位地宣传项目，最大限度地扩大此次转让项目的市场影响力，在网站及省级经济金融类报纸发布公告的基础上，还在转让标的企业所在地刊登报纸公告，并采取电话、邮件、QQ等方式向国内大型医药企业及投资企业定向进行项目推介。共有十几家企业向我中心咨询或提出意向性申请，最终中信产业投资基金管理有限公司和哈药集团有限公司两家企业在公告期内按照公告要求交纳了保证金和受让材料，经转让方同意，取得了意向受让方资格。

3. 局域网竞价成交，实现转让标的增值56%

2011年7月20日上午9时，牡丹江友搏药业有限责任公司11.11%股权转让竞价会在交易中心正式举行。交易中心采用了局域网竞价方式，为了确保转让公平公正，明确限制竞买方竞买人员人数不超过两人，并分别将两个买方安置在两个竞价室，并为每个买方配备一名工作人员进行现场技术指导，通过大屏幕全程监督整个竞价进程，省监察厅也通过远程监控监督了整个竞价过程。最终中信产业投资基金管理有限公司以1亿元成功受让该宗产权，成交价比评估值增值56%。

三　案例总结与启示

由于转让标的企业产权清晰、资产状况优良、业务饱满、发展前景好，且不涉及职工安置等复杂问题，属于国有股权退出类项目，股权转让就需要充分体现转让标的价值，发现更多潜在意向受让方，实现价值最大化。该项目的成功转让得益于产权交易机构提前介入参与项目挂牌前期工作，与转让方充分沟通掌握转让方及标的企业详细情况，精心策划，协助转让方制定公告内容；通过多渠道、全方位项目推介广泛征集买方，扩大市场影响；采用合理竞价方式。最终，实现了国有资产转让增值。

B.41
两段式竞价，彰显产权交易
金融化发展大力量

交易机构：上海联合产权交易所

一 交易背景

深圳市**银宝山新科技股份有限公司**（以下简称银宝山新）成立于1993年，主营业务精密模具设计开发制造，模具年产量达到1000万套以上，服务客户均为世界500强和知名企业。银宝山新先后获得国内外质量、安全、环保等多个权威认证，公司的年度资产规模和销售额连续以年均20%左右的幅度递增，为模具行业的龙头企业，是深圳市机械行业副会长企业。

银宝山新注册资本8100万元，增资前股东为两家。2010年公司总资产70877.46万元、净资产26316.36万元、净利润达到4023.69万元，已具备在中小板挂牌上市的条件，市场预期强烈。银宝山新希望在增资扩股的同时引入拥有先进的管理经验、能够进行项目合作与资源整合的合作方，实现公司产品结构调整和产业结构升级，进一步提升公司核心竞争力，加速上市进程和发展步伐。2011年8月10日，根据公司现有股东结构和资金现状，公司决定通过上海产权市场进行增资扩股15%，约合1430万股，按每股5.80元底价计算，资金总额8000万元以上。

二 策划重点

1. 确保增资目的与交易条件匹配

上海联合产权产易所（以下简称上海联交所）结合实地调研情况，根据增资方需求确定引资条件，量体裁衣，为银宝山新设定了三个交易条件作为投资者的准入门槛：一是资本运作能力，具有成功运作企业境内外上市的实战经验；二是产业合作资源，投资方在汽车、通信、医疗等行业具有产业优势的优先考虑；三是资金限制条件，基于增资扩股金额考量，投资方注册资金应在1亿元以上。

2. 精耕细作发现潜在投资人

一是挂牌前定向推介为主，确保多家投资人参与。考虑标的企业区域条件、投资机构实力等因素，对上海、北京、深圳和天津区域内的投资人进行重点推介，并逐步向其他地区投资机构辐射，先后在上海、北京等地区组织专场推介会5场，并在对投资人定向推介后，逐一实现投资人与标的企业的有效对接，包括组织实地考察与尽职调查等。二是挂牌期间重点媒体网络宣传，吸引更多投资者关注。项目挂牌后，上海联交所通过网站、报刊、手机报等多种渠道，对项目信息滚动发布与宣传，先后在《上海证券报》、《证券时报》等有影响的全国性金融类报刊发布信息20余次。

经过广泛的信息发布和推介，最终在上海、北京、天津、深圳四地征集到意向受让方6家。其中：上海地区投资人2家（1家创投公司和1家上市集团公司）、深圳地区投资人2家（PE和VC机构各1家）、北京及天津地区投资人各1家（天津地区意向投资人为受让基金联合体）。

3. 两段式竞价优选受让方

根据银宝山新增资扩股项目资本运作和业务升级的要求，考虑前期市场运作的潜在投资人数量，兼顾针对性和灵活性，上海联交所设计了"权重竞价"加"网络多次报价"相结合的两段式组合竞价的交易方式。考虑到投资公司和产业公司合作的可能性，同时允许联合报价。事后证明，灵活性组合竞价取得了非常好的效果，获得增资方高度评价。

三　交易过程

2011年9月14日，该项目以"权重竞价"加"网络多次报价"相结合的两段式组合竞价在上海联交所进行。

第一阶段是权重竞价阶段。本轮竞价以投资人资格评审和合作内容为主，选出合格投资者入围第二阶段。按照增资扩股报价50分、推荐境内上市成功案例 10 分、相关行业优势 15 分和未来经营及其合作 25 分的权重评分标准，通过专家评审筛选出最为符合发展战略目标要求的前两家意向受让方为待定投资人。在权重评分阶段，深圳市富海盈星投资发展有限公司和天津力合创赢股权投资基金、常州力合华富创业投资联合体两家的意向报价并列最高，同为 9009 万元，报价评分均为满分。其中，力合系联合受让方凭借其成功推荐 10 家上市公司，并且在汽车、通信、电子等领域已投资项目（如重庆秦川、赛轮、无锡凯龙等）可与标的公司快速对接潜在客户资源等优势，在推荐境内上市成功案例与未来经营及其合作两项评分中胜出；深圳市富海盈星投资发展有限公司由于在其参与的西安嘉业模具公司项目在模具行业积累了成功经验，故在行业优势评分中独具优势。综合各方优势及评分，最终深圳市富海盈星投资和力合系联合体排名前两位，成功入围第二轮竞价。

第二阶段是网络多次报价阶段。该轮竞价以价格为唯一条件，第一轮最终确定的两家待定投资人中以报价高者得之，最大限度地发现项目的市场公允价值。经过 18 轮报价，联合意向受让方天津力合创赢股权投资基金合伙企业和常州力合华富创业投资有限公司以 10296 万元（每股 7.2 元）成功竞得，报价高出挂牌底价 2002 万元，竞价增值率达 24%。

四 案例启示

1. 以产权市场创新国有企业增资类业务

国办发〔2005〕60 号文发布已经 6 年多了，但通过产权市场规范和改进国有企业增资扩股工作一直没有得到有效突破。要依托产权市场企业国有产权转让服务形成的经验，为国有企业增资扩股提供市场化服务。该项目表明，产权市场应积极探索以产权交易的方式创新国企增资类业务。早在 2006 年上海联交所就制定了《上海联交所增资挂牌交易试行规则》，当时规则的侧重点是规范出资者行为。经过四年多的探索，上海联交所按照市场需求变化又重新制定了《上海联交所增资业务规则（试行）》，重点从程序规范转向了市场撮合，从服务单一控制股东的需求转为服务全体股东需求的一致行为，进一步推动了一批国有企业通过进场增资扩股，成功引进合格的战略投资者。

2. 以产权市场创新中小企业融资服务模式

根据《国务院关于进一步促进中小企业发展的若干意见》以及《"十二五"中小企业成长规划》等一系列文件精神，上海联交所着力于存量交易与增量融资业务并重的发展策略，通过整合资源，创新科技金融产品，强化投贷、投担、投信、投保、投债联动服务的力度，为高科技、高成长、高附加值中小企业提供一站式集成化金融服务，不断提高产权交易金融化发展水平，用产权交易的方式为中小企业提供个性化的融资服务，在破解中小企业融资难方面取得了可喜的进展和成效。

3. 以产权市场创新国有创业投资企业股权退出机制

根据 2010 年 11 月上海市国资委和发改委联合颁布《上海市国有创业投资企业股权转让管理暂行办法》的相关要求，上海联交所制定了《上海联交所国有创业投资企业股权交易流程和审核要点》和《上海联交所国有创业投资企业股权交易操作规程》，为国有创投备案登记及股权退出提供了便捷的服务。

B.42
两轮竞价，凸显经营权租赁价值

交易机构：福建省产权交易中心

一 交易背景

福建供销大厦位于福州市八一七北路173号，距离福州最繁华的商业街区东街口仅50米，但因福州地铁1号线的建设需要，2011年7月起至2015年需对东街口及八一七北路沿线进行围挡建设，这将严重影响八一七北路沿街店面的经营。供销大厦一层、二层商场及地下层的原租赁合同于2011年4月30日到期，为使标的能找到优质的租赁方并实现最大的经济效益，经福建供销大厦的主管部门福建省供销合作社研究决定，将标的委托福建省产权交易中心（以下简称中心）进行公开竞价招租。该标的能否实现最大经济效益并找到有实力的优质投资方的重点在于承租方条件、承租条件和租赁用途等的设置。难点第一在于给予标的的原承租方优先承租权的条件，其能否在规定的时间内搬离移交，以增加现投资方的投资信心；第二是如何实现信息发布的广泛度，使潜在的投资人得到信息。中心与委托方经过深入的讨论和研究，制定了一套成熟的竞价方案，经密封式报价加网络竞价，该项目（原租金200万元/年）挂牌价500万元/年，最终福建东奥投资有限公司以1260万元/年取得标的的承租权。

二 策划重点

1. 准确的招租定位

对外招租引入战略经营者后如何实现标的的顺利移交，如何保证承租方能按预想的方案使用资产并履行租赁合同的约定，这是资产对外招租时必须面对和审慎考虑的问题。为实现资产今后可持续实现较大招租价值的需要，必须选择实力强、信誉好、能够发挥资产最大价值的战略经营者，确保资产租赁后能快速、协调、持续发展。通过方案筛选比对，将战略投资者范围确定为国内合法存续的注册资本金不低于 500 万元的企业法人，而且承租方还必须缴纳相当于 3 个月租金的租赁保证金及 10 万元水电费保证金。

2. 交易品种的创新

按现有国家规章规定，租赁权是不需要进场交易的。本次竞价在遵循 3 号令的基本原则和程序的同时，并以《商品房屋租赁管理办法》的有关规定和《中华人民共和国合同法》为主要法律依据，依法保证各方当事人的合法权益，创新交易品种，探索了租赁权进场交易的新路径。

3. 交易方式和竞价规则的创新

为实现委托方"租一个好价钱，找一个好伙伴"的目标和避免多次竞价可能出现的越竞越低的尴尬局面及防止个别竞买人故意搅局乱报价等现象，中心在两轮竞价规则上做了一系列保障性安排。如在竞价规则上，在竞价文件中明确规定了本次竞价采用密封式报价加网络竞价的公开交易方式，按照"同等条件，原承租方优先，价高者得"的原则，以最高报价者确定为承租方，即当租赁标的经公开征集产生两名或两名以上合格竞租人时，若非原承租方通过密封式报价加网络竞价交易方式成为唯一的最高报价者时，原承租方可依法行使优先承租权。当标的的非原承租方报出当前最高价格时，原承租方可以通过竞价系统选择跟进（通过键盘确认优先承租）、报价或放弃；若非原承租方再行加价，原承租方可继续选择跟进、报价或放弃；若原承租方放弃行使优先承租权的，则该非原承租方即成为本次租赁标的的承租方；若原承租方同意以该最高报价行使优先承租权时，且非原承租方放弃加价时，则该原承租方即成为本次租赁标的的承租方。同时约定若所有竞租人均放弃参加网络竞价，则取消网络竞价，确定第一轮密封式报价最高者为最终承租方。这些竞价规则有效地规范了竞租人的竞争行为，确保了本次招租的顺利进行。

三 交易过程

2011 年 4 月 13 日，中心与福建供销大厦确定委托后，于 2011 年 4 月 15

日刊登征集意向承租人公告，并确定了密封式报价加网络竞价的两轮竞价方式，将最有实力和诚意的承租人挑选确定出来。至 5 月 9 日 17：00 报名截止时，"中心"共接受了 32 个客户的咨询，23 个单位购买了竞价文件，收到 18 个单位的竞价保证金和竞价资格文件。5 月 10 日上午 10：00 举行竞价会，最终竞租人福建东奥投资有限公司以第一年年租金 1260 万元夺魁，且从第二年起每年年租金按上年度租金 3% 累进递增，从第四年起每年年租金按上年度租金 5% 累进递增，5 年总租金 6580.98 万元，较委托底价 2611.5 万元净增 3969.48 万元。

四 案例总结与启示

按现有国家法规规定，租赁权是不需要进场交易的，但福建省国资委及有关部门积极探索租赁权竞价交易的新路径，为此作了一项极其有益的探索。它的成功运作证明了中国产权市场的魅力不仅仅在于"两个发现"，而且可为各种权益的交易提供便捷的阳光平台，是构建和谐社会的重要机制之一。通过进场规范交易与公平竞争，不仅充分发现了投资者，发现了价格，而且缩短了租赁标的的谈判时间和谈判压力，争取到了更多更优的承租条件；不仅有效地防止了腐败与商业贿赂的发生，避免了利益各方因不平等、不公开的博弈而引发的社会矛盾，促进了社会的和谐与稳定，而且也减轻了企业领导的压力和职工的矛盾，证明了国资监管部门按照市场化的方式确定资产的租金是有效的、便捷的。

B.43

山东聊城鲁西化工集团有限责任公司增资扩股项目

交易机构：山东产权交易中心

一 交易背景

山东聊城鲁西化工集团有限责任公司（以下简称鲁西化工集团）为聊城市国资委出资的国有独资公司，注册资本 3.79 亿元，是全国最大的化肥生产企业之一，全国化肥行业唯一同时拥有尿素、复合肥、磷酸二铵三种国家免检产品企业。近年来，随着全国化肥行业总体趋于产能过剩，鲁西化工集团积极寻找企业新的发展增长点，将开发引进精细化工产品作为未来发展的重点，努力把鲁西化工集团打造成为一体化、集约化、园区化的循环经济化学工业园区，形成"肥化"并举的产品格局。

二 策划重点及交易过程

为加速企业发展，实现"十二五"发展规划和企业战略发展布局，鲁西化工集团计划通过引入战略投资者，实现股权多元化、资本运作等战略目标，为企业注入新生力量。山东产权交易中心（以下简称"中心"）了解到相关情况后，与聊城市国资委、鲁西化工集团进行了充分交流沟通，了解到企业实际情况和战略发展方向，并通过认真分析研究，提出了通过产权市场择优选择战略合作方，增量引入资金、技术、先进管理理念以及资本运作资源等多种发展要素的增资扩股方案。该方案得到当地政府和鲁西化工集团的认可。2011 年 9 月，根据聊城市人民政府意见，鲁西化工集团通过中心公开征集投资者，拟引进投资方新增注册资本人民币 36413.7255 万元，占增资后鲁西化工集团注册资本人民币 74313.7255 万元的 49%，增资额不低于人民币 96078.4314 万元（或等值外币）。

鲁西化工集团增资扩股项目挂牌期间，吸引了多家国内知名投资机构和私募股权投资基金（PE）前来咨询，表现出积极的投资意向，其中鼎辉投资也表示了浓厚的兴趣。鼎辉投资是国际著名的专注于投资中国市场规模最大的 PE，目前管理的资产总规模超过 470 亿元人民币，投资超过 50 家中国优秀企业，其中超过 20 家已在美国、中国香港、中国等主要资本市场成功上市，包括蒙牛乳业、百丽鞋业、山水集团等。最终，鼎辉投资组成的联合体以其综合实力和资本运作的成功经历受到各方的青睐，成功签约该项目。2011 年 11 月 15 日，鲁西化工集团增资扩股项目在山东产权交易中心交易大厅正式签约，鼎辉投资旗下天津鼎辉嘉合股权投资合伙企业、鼎辉化工（香港）有限公司和聊城市聚合投资咨询有限公司与聊城市国资委签署《增资协议》，向鲁西化工集团增资 9.6 亿元（其中包括 4980 万美元）。

鲁西化工集团增资扩股项目成功签约，标志着增资扩股业务已经成为中心常态化的重要业务品种，中心投融资平台功能日益增强。自 2008 年 6 月以来，中心已成功为潍坊亚星、万华实业、兖矿集团等企业引进多家战略投资者，累计实现增资额 40.55 亿元。经过近几年的发展，山东产权市场已经发展成为企业优化资源配置，寻找战略投资者的重要平台，为民营资本、外资和 PE 参与企业的改制重组架起了桥梁，帮助多家企业实现了企业产业链结构优化和一体化发展战略，为山东企业的跨越式发展起到了重要推动作用。

三　案例总结与启示

鲁西化工集团增资扩股项目是山东产权市场首例引入私募股权投资基金（PE）参与国企增资扩股的项目，该项目的成功运作，为山东产权市场下一步批量引入 PE 参与企业增资扩股开了个好头。

PE 具有先进的投资理念和高效的资本运营经验，在我国推动了一大批优质企业迅速成长。产权市场引入 PE 参与企业改制重组，既可发挥 PE 在资金、管理等方面的优势，推动企业的健康、快速发展，又活跃了产权市场，提升了产权市场的融资功能。此外，产权市场具有信息积累、发现投资者、发现价值的功能，也可以为 PE 退出、实现投资收益提供畅通渠道。产权市场与 PE 的成功对接，必会对二者发展和社会经济进步起到巨大的推动作用。

B.44
首创车牌竞价平台利国利民

交易机构：广州产权交易所

一 交易背景

2012 年 7 月，为缓解广州交通拥堵难题，落实公交优先原则，改善城市大气环境，广州市委、市政府作出了对广州市中小客车实行总量调控的战略性决策，率先在全国发起"无偿摇号 + 有偿竞价"的中小客车增量指标配置模式。广州产权交易所（以下简称广交所）受广州市中小客车指标调控服务中心委托，组织增量指标竞价活动，为市民提供以竞价方式获取增量指标配置的公共服务。

增量指标是一种特殊的公共资源，参与增量指标竞价活动的竞买人又是在广州市这一经济发达省会中心城市中有购车需求的众多市民或单位，竞价活动将区别于一般的产权交易项目，与社会民生密切相关，更容易受到社会各界的广泛关注。因此，竞价方式的设计是否合理、合法，是否能让广大市民方便快捷和公平、公开、公正地进行增量指标竞价，显得至关重要。

二 策划重点及交易过程

广交所高度重视增量指标竞价工作，为更好地配合该项工作的顺利开展，成立了专项工作小组，负责组织中小客车增量指标竞价工作。在时间紧、保密要求高的情况下，工作小组针对交易环节、交易时间、资金监管等核心问题进行反复研究、推敲。在综合比较上海等地的竞价模式后，遵循既充分体现市场竞争机制，又能引导竞买人理性出价的总体思路，设计了国内独一无二的网上竞价模式。按照"依法、公正、透明"的原则相继完成了制订组织实施竞价的相关规则、流程、指引、应急预案和各项规章制度，逐步落实了人员配置、场地设置、结算银行的选定、竞价系统建设等工作。

1. 设计竞价模式

广州竞价模式的创新之处在于采用网上报价方式进行，报价不统一安排场所，竞买人凭有效编码及报名时填写的手机号码进行资格激活后，自行登录竞价系统进行报价。竞价时间是每期增量指标竞价公告规定的竞价日当天9：00至15：00，不间断地连续竞价6个小时。在规定的时间内，竞买人可以报价1次，修正报价2次，以最后一次有效报价为准。竞价时间截止，竞价系统自动将竞买人的有效报价按照"价格优先、时间优先"的成交原则确定买受人。按当次增量指标投放的数量所对应的报价由高到低依次确认买受人，买受人中的最低有效报价为当次竞价入围价格。该入围价格档若存在多人的情形时，则采取时间优先原则确定该档买受人。买受人的报价为其竞得增量指标的成交价。竞价时间截止后，按照成交原则计算出竞价成交结果，通过竞价系统公布最低成交价、平均成交价、最低成交价的报价人数、最低成交价的成交人数及竞价系统服务器记录的最后一名买受人的报价时间共四项信息。

广州竞价模式没有实时公布当前最低报价的环节，只有在竞价日当天11：00和13：00分别两次公布当前平均价格，给予竞买人作修改报价的参考。这种模式可以让竞买人充分报出其对获得指标的最大心理承受价位，又可通过参考平均价格修改报价，引导竞买人报价回归相对合理水平，更有利于增量指标的增值，从而实现公共资源的最大效能。同时，有效防止竞买人集中在竞价最后时段出价，既保证竞买人在规定的时间内实现有效报价，又充分考虑服务器承受瞬间并发流量的压力，降低竞价系统风险，确保竞价顺利进行，有效配合市交委对中小客车总量调控的部署。

2. 建设竞价系统

竞价系统建设主要包括软件系统开发及硬件设备配备两大工作。

软件系统开发方面。广州市中小客车增量指标竞价系统涉及广大竞买人的信息安全，所需保密性较强，且竞价环节设计具有很强的专业性。为确保系统能在较短时间内按技术要求如期完成开发，实现与广交所现行系统的顺利对接，最大限度降低系统开发风险，广交所组织了具有多年网络竞价系统开发经验的供应商进行竞价系统的研发工作，确保系统开发的专业性、安全性，在并发量和安全网络设置方面均达到了一流水平。

硬件设备配备方面。因广州市中小客车增量指标竞价系统需要具备满足极大并发量的需求，故系统对机房、网络及安全系统的要求极高，系统硬件设备需包含服务器、存储、防火墙、入侵检测、交换机、备份、容灾等，只有与广交所现有交易系统及硬件设备有效配套衔接，才能保证整体的稳定性和兼容性。广交所在较短时间内完成了"小汽车号牌竞价管理系统""网络竞价系统"等多个交易系统的机房建设，统一网络和安全及数据存储和容灾设备的采购、安装、检测和调试，成功实现了竞价系统在现有机房配置的基础上升级扩容，结合原有系统实现统一部署管理，最大程度实现数据中心和系统的配套兼容性，避免重复建设，同时减少了硬件设备的采购资金，实现整体项目的成本节约。

3. 选定结算银行

增量指标竞价保证金、成交价款的收、核工作量大、涉及面广、情况复杂，市交委提出的保证金本息全额退还要求，大大提升了资金结算的难度。为确保资金结算工作安全、高效完成，广交所对多家银行进行严格筛选，最终选定中国银行作为保证金结算银行。经过夜以继日的谈判、磨合，与银行之间建立了一套完善的数据交换机制；同时，银行也根据竞价工作的需求，启用了一套独立的竞价保证金核算运作系统，成功实现竞价保证金结算各环节的无缝对接。

4. 组织竞价演练

增量指标竞价具有广泛的社会效应，直接影响到广州市社会民生的和谐稳定。为确保竞价活动的顺利举行，各项工作落实到位，各环节对接顺畅，广交所按照板块管理、部门落实、责任到位的原则，制订了详细的竞价演练方案。同时，为完善应急管理机制，应对紧急情况和突发事件，广交所草拟了周密的应急预案并组织全所员工开展了五次增量指标竞价的综合演练，涉及人员近1000人次。通过反复演练，及时发现问题，进行整改，为首期竞价活动的成功举办奠定了坚实基础。

5. 配备客服热线及人员

为能及时解答市民关于增量指标竞价活动的咨询，广交所组建了广州市中小客车增量指标竞价热线客服中心，配备了 12 名专业客服人员，并在广州交通服务热线 96900 下设竞价客服专线 10 个坐席答疑。竞价热线客服中心自 2012 年 8 月开通运作，至今共接入中小客车增量指标竞价业务咨询超过 10 万宗，为广大市民提供了优质专业的标准化咨询服务，有效指导市民通过互联网参与竞价活动。该中心已被广州市交通信息指挥中心授予"2012 年度信息化服务管理标兵单位"荣誉称号。

三 案例总结与启示

广州市增量指标竞价活动从 2012 年 8 月至今已举办九期，共成功配置超过 30000 个增量指标，筹集了超过 4 亿元的市财政非税收入，该款项将专项用于城市公共交通事业支出，为广州市缓解交通拥堵状况、落实公交优先战略、改善城市大气环境提供支持和保障。

广交所作为国内首家承接中小客车总量调控业务的产权交易机构，通过最大限度地调动各方资源，在短时间内搭建竞价平台，以及根据实际情况研发广州市中小客车增量指标的竞价模式、组织公众参与大型竞价等各方面所形成的经验，将对国内其他交易机构利用市场交易平台盘活政府公共资源，争取非税收入提供借鉴。

精心营销，燕京漓泉公司股份溢价
57%向自然人转让

交易机构：广西北部湾产权交易所

一 交易背景

转让方桂林市煤建总公司成立于 1951 年 10 月，1997 年公司主业经营逐年下滑，属困难国有企业。2011 年初筹划企业整体改制工作，2011 年底改制工作进入关键时期，为使企业改制工作能正常运行，保证在元旦、春节期间按时发放生活费以稳定职工。经转让方研究决定，将持有的燕京啤酒（桂林漓泉）股票 77220 股转让。

燕京漓泉啤酒（桂林）股份有限公司于 2002 年 7 月 18 日揭牌成立，是北京燕京啤酒集团公司规模最大的外埠企业，其前身桂林漓泉股份有限公司于 1985 年筹建，1987 年正式投产。历经九次改扩建，截至 2010 年，燕京漓泉公司桂林本部年产能达 80 万吨，加上控股的燕京玉林公司 40 万吨/年的生产能力，合并后公司在广西区内整体产能已达到 120 万吨/年，产品在广西市场占有率高达 85%。转让方分别于 1993 年 1 月、2008 年 12 月、2011 年 11 月以买入或增资扩股的方式持有标的企业股票共计 77220 股。

二 策划重点及交易过程

1. 策划重点

因本项目标的额不大，挂牌总金额为 54.054 万元，非常适合个人投资者，广西北部湾产权交易所（以下简称北部湾交易所）采取了广泛宣传项目信息与有针对性地做项目推介相结合的方式，进行项目营销。在接受意向报名的时候，考虑到投资者地域分布广泛，北部湾交易所及时研究决定，同意意向受让方通过邮寄材料形式参与报名登记，正式交易时再审核报名材料原件，有效降低了意向受让方成本。最终项目共征集到来自全国各地的 7 名合格意向受让方，均为自然人投资者。

2. 交易过程

2011 年底北部湾交易所获得项目信息后，主动了解项目情况，考虑到转让方资金需求紧急，时间紧迫，迅速安排专人与转让方对接，协助转让方完成挂牌转让前置审批手续。

2011 年 12 月 22 日转让方召开党政工联席会议通过转让决议，并制订方案上报上级主管单位。

2011 年 12 月 28 日上级主管单位批复同意转让。

2012 年 1 月 13 日，北部湾交易所接受委托，并在较短时间内拟定公告内容报转让方及国资监管部门同意，于 1 月 19 日正式对外发布挂牌转让公告。

2012 年 2 月 20 日，公告期满，经广泛宣传并有针对性的重点推介，共征集到来自全国各地的 7 名合格意向受让方。

2012 年 3 月 6 日，项目以网络竞价方式组织交易。该项目的挂牌价为 7 元/股，北部湾交易所将加价幅度设定为 0.1 元/次，经过意向受让方 37 次报价，最终以 11 元/股成交，溢价率 57.14%。

2012 年 3 月 6 日，网络竞价会当日，转、受让双方签订了《交易合同》。

2012 年 4 月 1 日，北部湾交易所出具了该项目《交易鉴证书》，转、受让双方根据约定办理了价款结算、产权交割。

三 案例总结与启示

一是通过交易所的公平竞争平台，各意向受让方激烈竞价，项目最终溢价成交，充分体现了产权交易机构为非上市股份公司股票流转实现价值最大化的平台优势。

二是通过产权交易市场集聚项目信息，产权交易机构可成为广大投资者寻找投资项目的项目库平台。

三是针对项目的特点采取多种方式相结合的营销手段，能够更有效地发掘意向受让方，实现标的的保值增值。

B.46
物业公司场外转让困难，产权市场转让成为"香饽饽"

交易机构：西部产权交易所

一 交易背景

根据国家关于金融企业从业政策要求，陕西省国际信托股份有限公司持有的陕西鸿信物业管理有限公司 100% 股权需在 2011 年 10 月份前完成转让。鸿信物业管理公司成立于 1993 年 9 月，注册资金 200 万元。它主要承接了原鸿信房地产公司 8 个小区的物业管理工作，管理了 3426 户约 41 万平方米的住宅和商业用房，公司管理人员由陕西省国际信托股份有限公司派出，其他 219 名人员均从社会上招聘。经资产评估，企业资产总额 875.45 万元，负债 762.99 万元，净资产 112.46 万元，近两年来一直亏本经营。公司管理的 8 个物业小区分别存在着物业收费标准偏低却不能提高、部分住宅长期空置、个别业主拒不缴纳物业和水电费用、管理设施维护成本较大、管理难度加大和管理成本增加等实际问题，转让方也多次想从其中退出，但一直没有找到合适的投资者接管。事先他们也进行过市场寻价，只有一个公司同意以 50 万元接收，并提出了一些不合理的补偿要求。直至银监会通知转让方在规定时限内清退非主业投资后，他们按政策要求启动了进场交易程序，经评估，转让标的对应的评估值为 112.46 万元，他们对这个转让价格能否成功转让表示怀疑，也做好了降价转让的思想准备。

二 策划重点及交易过程

西部产权交易所在接受项目委托后，组织专业人员实地考察项目，并针对物业管理政策要求、项目现状和西安市物业管理龙头企业等进行洽谈。通过尽职调查，我们感到鸿信物业管理公司虽然存在一些历史遗留问题影响经营业绩，但主要原因是管理成本过大和商业模式落后等因素造成亏损，在提升物业管理的服务理念和服务方式方面有很大的空间和市场机遇。为此，在项目推介策划中，我们重点强调了以下四个方面：一是鸿信物业管理公司服务的8个小区的区位优势和市场影响力；二是借鉴成熟社区物业管理做法，宣传先进的物业管理服务理念和服务方式；三是结合项目实际，向投资人介绍"好项目"的认识理念，投资人的管理理念与管理方法对项目发展的影响；四是深入挖掘项目本身和潜在的价值因素、社会效应因素等。通过策划宣传，投资者对物业管理公司有了新的认识，普遍感到这是一个投资较少、风险较小、收入稳定、资金周转快、安排人员就业方便、能实现管理创新和服务创新的好项目，物业管理是一个新兴市场，有着很大的发展空间和机遇。

项目在挂牌期间，吸引了30多家全国各地的物业公司和个人咨询，有25家公司和个人亲自到交易所了解项目详细情况，有13家公司和个人递交了意向受让申请资料，最终有9家公司和个人缴纳了交易保证金并参加竞价活动。2011年7月15日，该标的挂牌价为112.46万元，加价幅度设计为0.2万元及其整数倍，报价时间设置为120秒，采用场内电子竞价方式选择受让方。竞价活动一开始，9家意向受让方就展开了激烈的报价，5分钟之内就有97次报价，报价达到191.86万元，20分钟之内就有218次报价，报价达到282.06万元。随着报价次数的增多，加价幅度也由刚开始的0.2万元上升到1.0万元、6.0万元、10.0万元，使交易现场变得异常火爆。历时2小时24分钟后，报价次数达802次，最终以587.26万元成交，比挂牌价高出474.8万元，增值率达到422%，书写了西部产权交易所自成立以来报价次数最多、竞价时间最长纪录，在全国产权交易市场竞价活动中也是一次发现买家较多、发现项目价值能力较强、竞价活动最为激烈的交易活动之一。

三　案例总结与启示

一是做好项目尽职调查是完成产权交易市场"两个发现"功能的基础工

作，必须给予高度重视；二是要善于从社会发展和经济转型的变化中捕捉产业发展趋势，用政策和信息引导投资者；三是要善于学习借鉴先进的经营理念和管理模式，用成功的经营理念和商业模式影响投资者，同时要注重结合投资者的需求对项目优劣情况进行分析；四是要重视发挥全国产权交易机构信息发布和市场发现功能，运用好广泛、高效的信息系统实现潜在买家的发现和市场价值的发现工作；五是在努力提高从业者的专业化服务水平的同时，还要重视从业者组织协调和沟通能力的培养。产权经纪业务也是一个"以人为本"的工作，人的素质和综合能力是产权交易机构发展的核心竞争力。

B.47
产权交易及相关资本市场数据*

表1 75家会员单位5大类业务统计

单位：万元

业务类型	产股权交易		实物资产交易	涉诉资产交易	公共资源交易	融资服务	五类业务交易额合计
	全部产股权交易	企业国有产权交易					
金额合计	28470542.64	15655508.76	4148140.99	462289.68	6217889.92	23883732.04	63182595.27

表2 产股权交易业务按增值率分段统计家数

产股权交易增值率分段统计				
增值率	5%以下	5%~15%	15%~25%	25%以上
机构数量	25	24	8	16

表3 实物资产交易业务按增值率分段统计家数

实物资产交易增值率分段统计				
增值率	5%以下	5%~15%	15%~25%	25%以上
机构数量	30	17	9	17

表4 会员单位已开展业务种类统计

已开展业务类型统计				
业务类型这	产股权交易	实物资产交易	涉诉资产交易	公共资源交易	融资服
机构数量	73	73	35	31	39

表5 会员单位机构性质统计

会员单位机构性质统计				
机构性质	股份有限公司	有限责任公司	事业单位法人	其他
机构数量	4	38	32	1

---

* 资料来源：中国企业国有产权交易机构协会。协会对83家会员单位进行行业数据统计，共有75家产权交易机构完成数据报送。

产权交易及相关资本市场数据

单位：万元

表6 2011年会员单位交易业务汇总

序号	省区市	会员单位名称	产权交易			实物资产交易	涉诉资产交易	公共资源交易	融资服务	五类业务交易额合计	备注
			全部产权交易	其中：企业国有股权交易	企业国有股权交易宗数						
1	上海	上海联合产权交易所	9416654.57	7416979.00	906	339154.93	—	—	526894.63	10282704.13	
2	北京	北京产权交易所	5733164.07	2980202.00	628	264574.56	1450.00	—	14608911.53	20608100.16	
3	天津	天津产权交易中心	1050180.00	1050180.00	181	381331.37	444.00	—	1004608.57	2436563.94	
4	重庆	重庆联合产权交易所	394750.57	391341.00	97	368224.27	257189.77	216738.20	4798.00	1241700.81	
5	河北	河北省产权交易中心	117418.00	117418.00	34	123077.92	0.00	0.00	91000.00	331495.92	
6	黑龙江	哈尔滨产权交易中心	56841.25	42400.00	11	54495.25	0.00	57776.71	0.00	169113.21	
7	江苏	江苏省产权交易所	119234.25	119234.25	0	6079.62	—	920.00	—	126233.87	
8	湖北	武汉光谷联合产权交易所	162191.12	88734	26	166052.55	3639.13	0.00	160264.14	492146.94	
9	陕西	西部产权交易所	204833.81	—	—	15073.98	55.00	—	86256.11	306218.90	2011年11月接入监测系统，不公布

续表

序号	省区市	会员单位名称	产权股权交易			实物资产交易	涉诉资产交易	公共资源交易	融资服务	五类业务交易额合计	备注
			全部产股权交易	其中：企业国有产股权交易	企业国有产股权交易宗数						
10	广东	广州产权交易所	191661.87	—	—	1000103.50	24000.00	14880.30	4969353.66	6199999.33	2011年11月接入监测系统，不公布
11	山东	青岛产权交易所	114629.10	24112.00	7	3188.17	0.00	—	0.00	117817.27	
12	山西	山西省产权市场	26630.32	18268.00	9	30642.71	0.00	0.00	0.00	57273.03	
13	内蒙古	内蒙古产权交易中心	87680.00	87680.00	19	14436.90	—	—	35820.00	137936.90	
14	辽宁	沈阳联合产权交易所	164779.00	46861	11	25994.00	—	—	119568.00	310341.00	
15	辽宁	大连产权交易所	572127.23	376.00	1	61709.46	—	—	3300.00	637136.69	
16	吉林	吉林长春产权交易中心	61010.02	9680.00	6	85642.86	7066.62	955	16.6	154691.10	
17	浙江	浙江产权交易所	576396.00	573074.00		9027.00	—	—	64988.00	650411.00	
18	浙江	宁波市产权交易中心	42978.47	35149.70		16094.04	—	4664.56	—	63737.07	
19	安徽	安徽省产权交易中心	41120.16	36200.16	0	37770.48	—	—	—	78890.64	

续表

序号	省区市	会员单位名称	产权股权交易			实物资产交易	涉诉资产交易	公共资源交易	融资服务	五类业务交易额合计	备注
			全部产股权交易	其中:企业国有产股权交易	企业国有产股权交易宗数						
20	福建	福建省产权交易中心	46719.88	1928.00	3	62360.21	—	—	—	109080.09	
21	福建	厦门产权交易中心	64069.00	63799.00	20	4317.00	0.00	11462.00	0.00	79848.00	
22	江西	江西省产权交易所	155152.64	78008.00	22	105709.64	—	—	259464.00	520326.28	
23	山东	山东产权交易中心	368571.42	291154.00	51	148736.31	—	—	123874.43	641182.16	
24	河南	郑州市产权交易市场	73217.61	73217.61		860.00	510.00	0.00	674832.00	749419.61	
25	湖南	湖南省联合产权交易所	316396.29	44916.00	10	67597.62	0.00	0.00	47380.42	431374.33	
26	广东	南方联合产权交易中心	125356.36	—	—	79320.28	—	—	1650	206326.64	2011年11月接入监测系统，不公布
27	广东	深圳联合产权交易所	6035703.15	5111156.00	46	79566.32	0.00	564.60	811662.83	6927496.90	
28	广西	广西北部湾产权交易所	43132.00	43132.00		3842.61	—	—	14123.52	46974.61	
29	海南	海南产权交易所	28468.00	3707.00	3	4127.93	—	—		46719.45	

续表

序号	省区市	会员单位名称	产股权交易			实物资产交易	涉诉资产交易	公共资源交易	融资服务	五类业务交易额合计	备注
			全部产股权交易	其中：企业国有产股权交易	企业国有股权交易宗数						
30	四川	西南联合产权交易所	270580.00	270580.00	50	54347.14	3943.00	3273.02	0.00	332143.16	
31	贵州	贵州阳光产权交易所	143859.00	143859.00	17	31785.00	—	46410.00	3000.00	225054.00	
32	云南	云南产权交易所	107945.84	47361.00	8	29404.84	—	—	—	137350.68	
33	甘肃	甘肃省产权交易所	16511.84	1660.00	4	55618.29	—	18638.40	108600.00	199368.53	
34	青海	青海省产权市场	40620.99	33315.00	2	1240.20	—	—	—	41861.19	
35	宁夏	宁夏科技资源与产权交易所	28963.56	—	—	635.14	0.00	0.00	0.00	29598.7	2011年11月接入监测系统，不公布
36	新疆	新疆产权交易所	34969.87	—	—	25124.47		—	59365.75	119460.09	2011年11月接入监测系统，不公布
37	黑龙江	黑龙江联合产权交易所有限责任公司									2011年末成立

续表

序号	省区市	会员单位名称	产股权交易			实物资产交易	涉诉资产交易	公共资源交易	融资服务	五类业务交易额合计	备注
			全部产股权交易	其中:企业国有产股权交易	企业国有产股权交易宗数						
38	江苏	南京产权交易中心	65102.24	65102.24		11100.47	2909.41	—	—	79112.12	
39	江苏	苏州产权交易所	88945.38	88945.38		20059.85	—	—	—	109005.23	
40	江苏	徐州产权交易所	3474.87	3474.87		8650.66	1653.32	195.45	3000.00	16974.30	
41	江苏	无锡产权交易所	127490.67	126890.67		17336.29	—	4900.88	—	149727.84	
42	江苏	常州产权交易所	106572.72	88466.17		4925.08	2171.49	37438.33	10468.00	161575.62	
43	江苏	镇江市产权交易中心	4536.00	4536.00		6789.89	—	—	—	11325.89	
44	江苏	南通众和产权交易所	20050.64	11729.32		13995.60	—	—	—	34046.24	
45	江苏	连云港市产权交易所	320.00	320.00		492	—	—	—	812.00	
46	江苏	扬州市产权交易中心	7909.41	7909.41		—	—	—	—	7909.41	
47	江苏	盐城市产权交易所	24862.44	18497.49		824.31	—	—	60000.00	85686.75	

续表

序号	省区市	会员单位名称	产权股权交易			实物资产交易	涉诉资产交易	公共资源交易	融资服务	五类业务交易额合计	备注
			全部产股权交易	其中：企业国有股权交易	企业国有产股权交易宗数						
48	江苏	江苏淮安产权交易中心									
49	江苏	泰州国联产权所									
50	浙江	杭州产权交易所	75145.21	75038.70		44987.86	51700.76	—	—	171833.83	
51	浙江	温州产权交易中心	33080.15	281.00		9438.86	0.00	—	—	42519.01	
52	浙江	台州市产权交易所	18536.00			99.00	—	—	—	18635.00	
53	浙江	金华产权交易所	1426.00	1426.00		617	—	—	—	2043.00	
54	安徽	合肥市产权交易中心	158614.73	158614.73	0	88046.87	43998.99	5009000.00	—	5299660.59	
55	安徽	蚌埠市产权交易中心	0.00	0.00	0	2605.89	7147.27	634422.00	—	644175.16	
56	安徽	安徽长江产权交易所	214363.00	211158.00	0	28030.00	—	—	—	242393.00	
57	河南	河南省产权交易中心	350946.01	109990.79		36226.51	52837.19	0.00	25298.85	465308.56	
58	河南	南阳市产权交易中心	10828.30	1860.00		—	—	—	—	10828.30	

续表

序号	省区市	会员单位名称	产股权交易				实物资产交易	涉诉资产交易	公共资源交易	融资服务	五类业务交易额合计	备注
			全部产股权交易	其中:企业国有产股权交易	企业国有产股权交易宗数							
59	河南	许昌亚太产权交易中心	5599.8	5599.8			—	205.00	—	—	5804.80	
60	河南	开封市公共资源交易中心有限公司	35.34	35.34			750.00	—	—	—	785.34	
61	河南	洛阳市产权交易中心										
62	广东	珠海市产权交易中心	61407.21	—	—		17576.35	—	29466.45	5200.00	113650.01	2011年11月接入监测系统,不公布
63	广西	广西联合产权交易所	4737.18	111.00	1		6326.63	—	—	3.00	11066.81	
64	云南	昆明泛亚联合产权交易所	13173.08	—	—		14476.83	—	109262.03	—	136911.94	2011年11月接入监测系统,不公布
65	宁夏	银川市产权交易中心										
66	宁夏	宁夏产权交易所有限公司	8198.00	8198.00			1481.00	1247.00	8096.00	30.00	19052.00	

续表

序号	省区市	会员单位名称	产权股权交易			实物资产产交易	涉诉资产产交易	公共资源交易	融资服务	五类业务交易额合计	备注
			全部产股权交易	其中：企业国有产股权交易	企业国有产股权交易宗数						
67	河北	衡水市产权交易中心	4518.63	4518.63		0.00	0.00	0.00	0.00	4518.63	
68	黑龙江	牡丹江市产权交易所	5446.00	5446.00		4446	—	—	—	9892.00	
69	黑龙江	黑龙江农垦龙信产权交易有限公司	1080.00	1080.00		9836	—	—	—	10916.00	
70	河北	邯郸产权交易中心	6885.24	1909.00		8878.78	—	—	—	15764.02	
71	河北	邢台市企业产权交易中心	186.40	164.50			—	—	—	186.40	
72	山西	阳泉市产权交易市场	—	—		5497	—	—	—	5497.00	
73	山西	焦作市产权交易中心	4448.62	791.04		66.9255	121.73	—	—	4637.28	
74	山西	长治市产权交易市场	4845.57	4472.57		1452.1	—	—	—	6297.67	
75	山西	晋城市产权交易中心	626.15	626.15		180.15	—	—	—	806.30	

续表

序号	省区市	会员单位名称	产股权交易			实物资产交易	涉诉资产交易	公共资源交易	融资服务	五类业务交易额合计	备注
			全部产股权交易	其中：企业国有产股权交易	企业国有产股权交易宗数						
76	山西	临汾市资产调剂产权交易中心	—			1065.87				1065.87	
77	新疆	新疆昌吉回族自治州产权交易中心	—	—		1122	—	—	—	1122.00	
78	山东	济南产权交易中心	1264.80	1264.80		6948.57	—	—	—	8213.37	
79	辽宁	铁岭市产权交易中心									
80	安徽	安徽省股权交易所									
81	浙江	义乌产权交易所	1369.60	1369.60		15930.65	—	8652.02	—	25952.27	
82	新疆	伊犁哈萨克自治州联合产权交易有限责任公司	—	—		613.423	173.96942	—	787.39		
		合计：	28470542.64	15655508.76		4148140.99	462289.68	6217889.92	23383732.04	63182595.27	
83	北京	北京中招国际拍卖有限公司	11355.00	11355.00		16545.00			27900.00		

注：7家交易机构未报送数据。

年度法规篇

Annual Policies

B.48
关于深化政务公开加强政务服务的意见

（中办发〔2011〕22 号）

为深入贯彻落实党的十七大和十七届三中、四中、五中全会精神，促进服务政府、责任政府、法治政府、廉洁政府建设，提高依法行政和政务服务水平，现就深化政务公开、加强政务服务提出如下意见。

一 深化政务公开、加强政务服务的重要性和总体要求

1. 深化政务公开、加强政务服务的重要性。深化政务公开、加强政务服务，对于推进行政体制改革、加强对行政权力监督制约、从源头上防治腐败和提供高效便民服务，都具有重要意义。党的十六大以来，在党中央、国务院坚强领导下，政务公开不断深化，政府信息公开、行政权力公开透明运行、公共企事业单位办事公开全方位推进，政务（行政）服务中心（以下简称服务中心）发展迅速，服务群众功能不断完善。但是，工作中也还存在一些问题，主要是：政务公开方面，有的存在重形式轻内容现象，有的公开内容不全面、

程序不规范，有的不能妥善处理信息公开与保守秘密的关系，政府信息共享机制不够健全；政务服务方面，服务体系建设不够完善，服务中心运行缺乏明确规范，公开办理的行政审批和服务事项不能满足群众需求等。各地区各部门要高度重视解决这些问题，坚持保障人民群众的知情权和监督权，加大推进政务公开力度，把公开透明的要求贯穿于政务服务各个环节，以公开促进政务服务水平的提高，创造条件保障人民群众更好地了解和监督政府工作。

2. 深化政务公开、加强政务服务的总体要求。要以邓小平理论和"三个代表"重要思想为指导，深入贯彻落实科学发展观，坚持以人为本、执政为民，坚持围绕中心、服务大局，按照深化行政体制改革的要求，转变政府职能，推进行政权力运行程序化和公开透明；按照公开为原则、不公开为例外的要求，及时、准确、全面公开群众普遍关心、涉及群众切身利益的政府信息；按照便民利民的要求，进一步改进政务服务，提高行政效能，推进政务服务体系建设，为人民群众提供优质便捷高效服务。

二　以改革创新精神深化政务公开工作

3. 创新政务公开方式方法。坚持方便群众知情、便于群众监督的原则，拓宽工作领域，深化公开内容，丰富公开形式，促进政府自身建设和管理创新。坚持区别情况、分类指导，提高政务公开的针对性和有效性。坚持创新载体、完善制度，实现政务公开的规范化、标准化。坚持问政于民、问需于民、问计于民，依靠群众积极支持和广泛参与，畅通政府和群众互动渠道，切实提高政务公开的社会效益。

4. 推行行政决策公开。坚持依法科学民主决策，建立健全体现以人为本、执政为民要求的决策机制，逐步扩大行政决策公开的领域和范围，推进行政决策过程和结果公开。凡涉及群众切身利益的重要改革方案、重大政策措施、重点工程项目，在决策前要广泛征求群众意见，并以适当方式反馈或者公布意见采纳情况。完善重大行政决策程序规则，把公众参与、专家论证、风险评估、合法性审查和集体讨论决定作为必经程序加以规范，增强公共政策制定透明度和公众参与度。

5. 推进行政权力公开透明运行。坚持依法行使权力，积极推进行政权力运行程序化和公开透明，确保行政机关和公务员严格依照法律规定的权限履职尽责。按照职权法定、程序合法的要求，依法梳理审核行政职权，编制行政职权目录，明确行使权力的主体、依据、运行程序和监督措施等，并向社会公布。严格规范行政裁量权行使，细化、量化裁量基准，公开裁量范围、种类和幅度。重点公开行政机关在实施行政许可、行政处罚、行政收费、行政征收等执法活动中履行职责情况，积极探索执法投诉和执法结果公开制度。

6. 加大行政审批公开力度。公布本地区本部门不涉及国家秘密、商业秘密和个人隐私的行政审批项目目录，继续清理、调整和减少行政审批事项。没有法律法规依据，行政机关不得设置或变相设置行政许可事项和非行政许可审批事项。进一步减少审批事项，优化工作流程，公开办理程序，强化过程监控，建立行政审批事项的动态管理制度。逐步依法将审批职能和审批事项集中到服务中心公开办理，建立健全决策、执行、监督相互协调又相互制约的运行机制。

7. 深入实施政府信息公开条例。各级行政机关要严格执行政府信息公开条例，主动、及时、准确公开财政预算决算、重大建设项目批准和实施、社会公益事业建设等领域的政府信息。各级政府财政总预算和总决算，部门预算和决算，以及政府性基金、国有资本经营等方面的预算和决算，都要向社会公开。公开的内容要详细全面，逐步细化到"项"级科目。各部门要逐步公开出国出境、出差、公务接待、公务用车、会议等经费支出。抓好重大突发事件和群众关注热点问题的公开，客观公布事件进展、政府举措、公众防范措施和调查处理结果，及时回应社会关切，正确引导社会舆论。进一步完善政府信息依申请公开、保密审查和监督保障等措施，认真做好涉及政府信息公开的举报投诉、行政复议、行政诉讼等工作。妥善处理好信息公开与保守秘密的关系，对依法应当保密的，要切实做好保密工作。

8. 着力深化基层政务公开。总结推广基层政务公开的成熟做法，大力推进乡镇（街道）政务公开，及时公开城乡社区居民关心的事项。健全农村集体资金、资产、资源管理制度，为深入推进村务公开打好基础。健全公共企事业单位办事公开制度，所有面向基层服务的医院、学校、公交等公共企事业单位，都要全面推行办事公开，主动接受群众监督。要编制办事公开目录，重点公开岗位职责、服务承诺、收费项目、工作规范、办事纪律、监督渠道等。主管部门要切实承担起对公共企事业单位办事公开的组织协调、监督指导职责。

9. 加强行政机关内部事务公开。加大干部工作、机关财务预决算、政府采购、基建工程等信息的公开力度，加强权力运行监控。开展廉政风险防控管理，梳理行政机关内部职权依据和运行流程，查找廉政风险点，制定防控措施，并及时在内部公开，加强对关键岗位和重点环节权力运行的制约和监督，防止权力滥用。

三　统筹推进政务服务体系建设

10. 逐步建立健全政务服务体系。按照建设服务型政府的要求，将政府及其部门的政务服务体系建设纳入基本公共服务体系建设的范畴，完善相关政策规定和管理措施，整合政务服务资源，健全政务服务平台，促进政务服务的均等化、规范化、高效化，提供让群众满意的高质量政务服务。

11. 充分发挥服务中心作用。服务中心是实施政务公开、加强政务服务的重要平台。各地要因地制宜规范和发展各级各类服务中心。凡与企业和人民群众密切相关的行政管理事项，包括行政许可、非行政许可审批和公共服务事项均应纳入服务中心办理。因涉密、场地限制等特殊情况不进入服务中心办理的，由本级政府决定。双重管理和垂直管理部门的行政许可、非行政许可审批和公共服务事项，按照便于工作、加强服务的原则，适合依托服务中心的可纳入当地服务中心办理。

12. 明确服务中心职能。各省（自治区、直辖市）要在本行政区域内规范省、市、县三级服务中心的名称、场所标识、进驻部门、办理事项和运行模式，推进政务服务规范化建设。服务中心管理机构负责对政府各部门进驻、委托事项办理的组织协调、监督管理和指导服务，对进驻窗口工作人员进行管理培训和日常考核，承担本级政府赋予的其他职责。服务中心管理机构作为行政机构，应使用行政编制，配备少而精的工作人员；已使用事业编制的，应在行政编制总额内调剂出一部分进行替换。在调整、配备服务中心编制中，要结合当地政府机构改革，注重优化整体编制结构，坚持增减平衡。服务中心管理机构规格由本级政府决定，其运行经费和人员办公经费列入本级财政预算。经本级政府同意确需由部门单独设立的办事大厅，应当接受服务中心的指导和监督。

13. 规范服务中心运行。以提高服务质量和效率为重点规范服务中心运行，着力为群众解决实际问题。进驻服务中心的政府部门要对其服务窗口办理事项充分授权，使不需要现场勘察、集体讨论、专家论证、听证的一般性审批事项能在窗口受理后直接办结。逐步实行"一个窗口受理、一站式审批、一条龙服务、一个窗口收费"的运行模式。对同一个行政审批事项涉及两个以上部门的，逐步实行联合办理或并联审批。凡进驻服务中心办理的事项都要公开办理主体、办理依据、办理条件、办理程序、办理时限、办事结果、收费依据、收费标准和监督渠道。建立健全首问负责、限时办结、责任追究、效能评估等制度，提高服务水平。服务中心应设置专门的政府信息公开查阅场所。

14. 推进基层便民服务。坚持把方便基层群众办事作为政务服务的出发点和落脚点。探索在乡镇（街道）开展便民服务的有效形式，有条件的地方要依托城乡社区综合服务设施设立便民服务中心，将劳动就业、社会保险、社会救助、社会福利、计划生育、农用地审批、新型农村合作医疗及涉农补贴等纳入其中公开规范办理；在城乡社区（村）设立便民代办点，将便民服务向城乡社区（村）延伸。推行便民服务免费代办制度。

15. 建立统一规范的公共资源交易平台。完善公共资源配置、公共资产交易、公共产品生产领域的市场运行机制，推进公共资源交易统一集中管理，逐步拓展公共资源市场化配置的实施范围，确保公共资源交易公开、公平、公正。为公共资源交易搭建平台、提供服务，逐步推进省、市、县、乡四级公共资源交易网络建设。有条件的地方可探索公共资源交易平台与服务中心合并的一体化管理模式。

16. 加强信息化建设。推广电信网、广电网、互联网等现代科技手段在政务服务中的应用，提高政务服务信息化水平。将服务中心信息化纳入当地电子政务建设总体规划，充分利用现有电子政务资源，逐步实现网上办理审批、缴费、咨询、办证、监督以及联网核查等事项。规范技术标准，推动不同层级服务中心之间实现网络互联互通、信息共享和业务协同。重视和加强政府网站建设，完善门户网站功能，扩大网上办事范围，及时充实和更新信息发布内容，凡是不涉密的文件要通过政府门户网站公开发布。

17. 整合政务服务资源。进一步加强各项载体建设，发挥好政府公报、政务公开栏、公开办事指南等在政务服务中的作用，完善新闻发言人制度，创新政务服务方式，畅通政务服务渠道。进一步加强统一规划和资源整合，充分发挥现有场所和信息化资源功能，切实避免重复建设和投资浪费。要以服务中心为主体，逐步实现各级各类政务服务平台的连接与融合，形成上下联动、层级清晰、覆盖城乡的政务服务体系。

四　强化监督保障措施

18. 加强组织领导。各级党委和政府要高度重视政务公开和政务服务工作，将其列入重要议事日程，统一研究部署，及时解决工作中的重大问题。坚持从实际出发，研究提出改进和加强政务公开和政务服务工作的措施，循序渐进，务求实效。行政首长要作为第一责任人，分管领导要亲自抓督促、抓协调、抓落实。落实政府部门工作责任，进一步加强财政、编制等方面的支持保障，加强宣传教育，加大培训力度，形成工作合力。切实加强服务中心党的建设，深入开展创先争优活动。政务公开工作领导机构要协助党委和政府抓好统筹安排，指导、协调政务公开和政务服务各项工作。各级监察机关要认真履行行政监察法赋予的职责，加强对政务公开工作的组织协调和检查指导。

19. 加强制度建设。建立和完善规范行政裁量权、加强廉政风险防控、完善政务公开程序、规范服务中心运行、评议政务服务质量等方面的制度，为深化政务公开、加强政务服务提供制度保障。建立健全政府信息公开条例配套制度，制定政府信息公开的评估标准和程序，逐步实现政府信息公开的系统化和标准化。研究建立党务公开、政务公开、司法公开、厂务公开、村务公开和公共企事业单位办事公开有机结合的制度规范，使之相互促进、协调运转。

20. 加强监督考核。各地区各部门要把政务公开和政务服务工作纳入党风廉政建设责任制考核、行政机关绩效考核和民主评议范围，细化考核评估标准。建立健全电子监察系统，对行政许可、非行政许可审批和公共服务事项实现全过程监察。加强党的基层组织和党代会代表的监督，充分发挥人大代表、政协委员、民主党派、人民团体和新闻媒体的监督作用，强化社会监督。高度重视人民群众监督，认真解决群众投诉反映的问题。研究改进和加强监督的方式方法，切实提高监督实效。建立健全激励和问责机制，对工作落实到位、社会满意度高的地区和部门要予以奖励；对工作落实不力的，要进行诫勉谈话，限期整改；对损害群众合法权益、造成严重后果的，要严格追究责任，坚决避免政务公开和政务服务流于形式，确保各项工作落到实处。

中共中央办公厅　国务院办公厅

2011 年 6 月 8 日

B.49

中央企业境外国有产权管理暂行办法

（国务院国有资产监督管理委员会第 27 号令）

《中央企业境外国有产权管理暂行办法》已经国务院国有资产监督管理委员会第 102 次主任办公会议审议通过，现予公布，自 2011 年 7 月 1 日起施行。

国务院国有资产监督管理委员会主任　王勇

2011 年 6 月 14 日

中央企业境外国有产权管理暂行办法

第一条　为加强和规范中央企业境外国有产权管理，根据《中华人民共和国企业国有资产法》、《企业国有资产监督管理暂行条例》（国务院令第 378 号）和国家有关法律、行政法规的规定，制定本办法。

第二条　国务院国有资产监督管理委员会（以下简称国资委）履行出资人职责的企业（以下简称中央企业）及其各级独资、控股子企业（以下简称各级子企业）持有的境外国有产权管理适用本办法。国家法律、行政法规另有规定的，从其规定。

本办法所称境外国有产权是指中央企业及其各级子企业以各种形式对境外企业出资所形成的权益。

前款所称境外企业，是指中央企业及其各级子企业在我国境外以及香港特别行政区、澳门特别行政区和台湾地区依据当地法律出资设立的企业。

第三条　中央企业是其境外国有产权管理的责任主体，应当依照我国法律、行政法规建立健全境外国有产权管理制度，同时遵守境外注册地和上市地的相关法律规定，规范境外国有产权管理行为。

第四条　中央企业应当完善境外企业治理结构，强化境外企业章程管理，优化境外国有产权配置，保障境外国有产权安全。

第五条　中央企业及其各级子企业独资或者控股的境外企业所持有的境内国有产权的管理，比照国资委境内国有产权管理的相关规定执行。

第六条　境外国有产权应当由中央企业或者其各级子企业持有。境外企业注册地相关法律规定须以个人名义持有的，应当统一由中央企业依据有关规定决定或者批准，依法办理委托出资等保全国有产权的法律手续，并以书面形式报告国资委。

第七条　中央企业应当加强对离岸公司等特殊目的公司的管理。因重组、上市、转让或者经营管理需要设立特殊目的公司的，应当由中央企业决定或者批准并以书面形式报告国资委。已无存续必要的特殊目的公司，应当及时依法予以注销。

第八条　中央企业及其各级子企业发生以下事项时，应当由中央企业统一向国资委申办产权登记：

（一）以投资、分立、合并等方式新设境外企业，或者以收购、投资入股等方式首次取得境外企业产权的。

（二）境外企业名称、注册地、注册资本、主营业务范围等企业基本信息发生改变，或者因企业出资人、出资额、出资比例等变化导致境外企业产权状况发生改变的。

（三）境外企业解散、破产，或者因产权转让、减资等原因不再保留国有产权的。

（四）其他需要办理产权登记的情形。

第九条　中央企业及其各级子企业以其拥有的境内国有产权向境外企业注资或者转让，或者以其拥有的境外国有产权向境内企业注资或者转让，应当依照《企业国有资产评估管理暂行办法》（国资委令第 12 号）等相关规定，聘请具有相应资质的境内评估机构对标的物进行评估，并办理评估备案或者核准。

第十条　中央企业及其各级子企业独资或者控股的境外企业在境外发生转让或者受让产权、以非货币资产出资、非上市公司国有股东股权比例变动、合并分立、解散清算等经济行为时，应当聘请具有相应资质、专业经验和良好信誉的专业机构对标的物进行评估或者估值，评估项目或者估值情况应当由中央企业备案；涉及中央企业重要子企业由国有独资转为绝对控股、绝对控股转为相对控股或者失去控股地位等经济行为的，评估项目或者估值情况应当报国资委备案或者核准。

中央企业及其各级子企业独资或者控股的境外企业在进行与评估或者估值相应的经济行为时，其交易对价应当以经备案的评估或者估值结果为基准。

第十一条　境外国有产权转让等涉及国有产权变动的事项，由中央企业决定或者批准，并按国家有关法律和法规办理相关手续。其中，中央企业重要子企业由国有独资转为绝对控股、绝对控股转为相对控股或者失去控股地位的，应当报国资委审核同意。

第十二条　中央企业及其各级子企业转让境外国有产权，要多方比选意向受让方。具备条件的，应当公开征集意向受让方并竞价转让，或者进入中央企业国有产权转让交易试点机构挂牌交易。

第十三条　中央企业在本企业内部实施资产重组，转让方为中央企业及其直接或者间接全资拥有的境外企业，受让方为中央企业及其直接或者间接全资拥有的境内外企业的，转让价格可以以评估或者审计确认的净资产值为底价确定。

第十四条　境外国有产权转让价款应当按照产权转让合同约定支付，原则上应当一次付清。确需采取分期付款的，受让方须提供合法的担保。

第十五条　中央企业及其各级子企业独资或者控股的境外企业在境外首次公开发行股票，或者中央企业及其各级子企业所持有的境外注册并上市公司的股份发生变动的，由中央企业按照证券监管法律、法规决定或者批准，并将有关情况以书面形式报告国资委。境外注册并上市公司属于中央企业重要子企业的，上述事项应当由中央企业按照《国有股东转让所持上市公司股份管理暂行办法》（国资委令第19号）等相关规定报国资委审核同意或者备案。

第十六条　中央企业应当按照本办法落实境外国有产权管理工作责任，完善档案管理,并及时将本企业境外国有产权管理制度、负责机构等相关情况以书面形式报告国资委。

第十七条 中央企业应当每年对各级子企业执行本办法的情况进行监督检查,并及时将检查情况以书面形式报告国资委。

国资委对中央企业境外国有产权管理情况进行不定期抽查。

第十八条 中央企业及其各级子企业有关责任人员违反国家法律、法规和本办法规定,未履行对境外国有产权的监管责任,导致国有资产损失的,由有关部门按照干部管理权限和有关法律法规给予处分;涉嫌犯罪的,依法移交司法机关处理。

第十九条 地方国有资产监督管理机构可以参照本办法制定所出资企业境外国有产权管理制度。

第二十条 本办法自 2011 年 7 月 1 日起施行。

B.50

国务院关于清理整顿各类交易场所
切实防范金融风险的决定

（国发〔2011〕38号）

各省、自治区、直辖市人民政府，国务院各部委、各直属机构：

近年来，一些地区为推进权益（如股权、产权等）和商品市场发展，陆续批准设立了一些从事产权交易、文化艺术品交易和大宗商品中远期交易等各种类型的交易场所（以下简称交易场所）。由于缺乏规范管理，在交易场所设立和交易活动中违法违规问题日益突出，风险不断暴露，引起了社会广泛关注。为防范金融风险，规范市场秩序，维护社会稳定，现作出如下决定：

一 高度重视各类交易场所违法交易活动蕴藏的风险

交易场所是为所有市场参与者提供平等、透明交易机会，进行有序交易的平台，具有较强的社会性和公开性，需要依法规范管理，确保安全运行。其中，证券和期货交易更是具有特殊的金融属性和风险属性，直接关系到经济金融安全和社会稳定，必须在经批准的特定交易场所，遵循严格的管理制度规范进行。目前，一些交易场所未经批准违法开展证券期货交易活动；有的交易场所管理不规范，存在严重投机和价格操纵行为；个别交易场所股东直接参与买卖，甚至发生管理人员侵吞客户资金、经营者卷款逃跑等问题。这些问题如发展蔓延下去，极易引发系统性、区域性金融风险，甚至影响社会稳定，必须及早采取措施坚决予以纠正。

各地人民政府和国务院有关部门要统一认识，高度重视各类交易场所存在的违法违规问题，从维护市场秩序和社会稳定的大局出发，切实做好清理整顿各类交易场所和规范市场秩序的各项工作。各类交易场所要建立健全规章制度，严格遵守信息披露、公平交易和风险管理等各项规定。建立与风险承受能力、投资知识和经验相适应的投资者管理制度，提高投资者风险意识和辨别能力，切实保护投资者合法权益。

二　建立分工明确、密切协作的工作机制

为加强对清理整顿交易场所和规范市场秩序工作的组织领导，形成既有分工又相互配合的监管机制，建立由证监会牵头，有关部门参加的"清理整顿各类交易场所部际联席会议"（以下简称联席会议）制度。联席会议的主要任务是，统筹协调有关部门和省级人民政府清理整顿违法证券期货交易工作，督导建立对各类交易场所和交易产品的规范管理制度，完成国务院交办的其他事项。联席会议日常办事机构设在证监会。

联席会议不代替国务院有关部门和省级人民政府的监管职责。对经国务院或国务院金融管理部门批准设立从事金融产品交易的交易场所，由国务院金融管理部门负责日常监管。其他交易场所均由省级人民政府按照属地管理原则负责监管，并切实做好统计监测、违规处理和风险处置工作。联席会议及相关部门和省级人民政府要及时沟通情况，加强协调配合，齐心协力做好各类交易场所清理整顿和规范工作。

三　健全管理制度、严格管理程序

自本决定下发之日起，除依法设立的证券交易所或国务院批准的从事金融产品交易的交易场所外，任何交易场所均不得将任何权益拆分为均等份额公开发行，不得采取集中竞价、做市商等集中交易方式进行交易；不得将权益按照标准化交易单位持续挂牌交易，任何投资者买入后卖出或卖出后买入同一交易品种的时间间隔不得少于5个交易日；除法律、行政法规另有规定外，权益持有人累计不得超过200人。

除依法经国务院或国务院期货监管机构批准设立从事期货交易的交易场所外，任何单位一律不得以集中竞价、电子撮合、匿名交易、做市商等集中交易

方式进行标准化合约交易。从事保险、信贷、黄金等金融产品交易的交易场所，必须经国务院相关金融管理部门批准设立。

为规范交易场所名称，凡使用"交易所"字样的交易场所，除经国务院或国务院金融管理部门批准的外，必须报省级人民政府批准；省级人民政府批准前，应征求联席会议意见。未按上述规定批准设立或违反上述规定在名称中使用"交易所"字样的交易场所，工商部门不得为其办理工商登记。

四 稳妥推进清理整顿工作

各省级人民政府要立即成立领导小组，建立工作机制，根据法律、行政法规和本决定的要求，按照属地管理原则，对本地区各类交易场所，进行一次集中清理整顿，其中重点是坚决纠正违法证券期货交易活动，并采取有效措施确保投资者资金安全和社会稳定。对从事违法证券期货交易活动的交易场所，严禁以任何方式扩大业务范围，严禁新增交易品种，严禁新增投资者，并限期取消或结束交易活动；未经批准在交易场所名称中使用"交易所"字样的交易场所，应限期清理规范。清理整顿期间，不得设立新的开展标准化产品或合约交易的交易场所。各省级人民政府要尽快制定清理整顿工作方案，于2011年12月底前报国务院备案。

联席会议要切实负起责任，加强组织指导和督促检查，切实推动清理整顿工作有效、有序开展。商务部要在联席会议工作机制下，负责对大宗商品中远期交易市场清理整顿工作的监督、检查和指导，抓紧制定大宗商品交易市场管理办法，确保大宗商品中远期交易市场有序回归现货市场。联席会议各有关部门要按照职责分工，加强沟通，相互配合，相互支持，尽职尽责做好工作。金融机构不得为违法证券期货交易活动提供承销、开户、托管、资金划转、代理买卖、投资咨询、保险等服务；已提供服务的金融机构，要及时开展自查自清，做好善后工作。

国务院

2011 年 11 月 11 日

B.51
关于贯彻落实国务院决定加强文化产权
交易和艺术品交易管理的意见

（中宣发〔2011〕49号）

各省、自治区、直辖市党委宣传部、商务厅（局）、文化厅（局）、广播影视局、新闻出版局：

为贯彻落实《国务院关于清理整顿各类交易场所切实防范金融风险的决定》（国发〔2011〕38号，以下简称《决定》），推动文化产权交易和艺术品交易健康有序发展，现制定实施意见如下：

一、文化产权交易是指文化产权所有者将其拥有的资产所有权、经营权、收益权及相关权利全部或者部分有偿转让的一种经济活动。交易范围包括文化创意、影视制作、出版发行、印刷复制、广告、演艺娱乐、文化会展、数字内容和动漫等领域。文化产权交易所是为文化产权转让提供条件和综合配套服务的专业化市场平台，业务活动主要有政策咨询、信息发布、组织交易、产权鉴证、资金结算交割等，是文化领域多层次市场的重要组成部分。

二、按照"总量控制、合理布局、依法规范、健康有序"的原则，统筹规划文化产权交易场所的数量规模和区域分布，制定文化产权交易品种结构规划和审查标准，加强对文化产权交易的宏观调控和分类管理。根据文化体制改革和文化产业发展实际，原则上只允许在省一级设立文化产权交易所。清理整顿期间，不得设立新的文化产权交易所。

三、明确设立文化产权交易所的基本条件。申请设立文化产权交易所的省份，须基本完成文化体制改革重点任务，文化企业数量达到一定规模；文化资源资产化程度较高，文化企业间的联合、重组、并购活跃。设立文化产权交易所，须有法定注册资本、固定交易场所、完整交易规则、专业交易人才，须提供权威专业的投资咨询、评估鉴定、金融服务等中介服务。

四、完善审批设立程序。设立文化产权交易所，必须由省级人民政府批准。批准前应征求文化部、广电总局、新闻出版总署意见，并经中央文化体制改革工作领导小组办公室和清理整顿各类交易场所部际联席会议认可。文化产权交易所的业务活动须符合现行法律、行政法规以及文化市场准入政策和行业管理规范。

五、稳妥推进文化产权交易试点。国家重点支持上海和深圳两个资本市场成熟、产权交易基础好的城市设立文化产权交易所作为试点，经批准可以进行文化产权交易方式探索，积累经验，发挥示范引导作用。中央文化企业国有产权转让须在上海和深圳两个文化产权交易所挂牌交易；鼓励各地文化企业国有产权进入上海和深圳两个文化产权交易所交易。按照国务院文件要求，上海文化产权交易所和深圳文化产权交易所经批准可探索采取非公开发行或其他方式进行艺术品交易。

六、加强各类文化产权交易所的整顿规范。各省（区、市）文化、广电、新闻出版部门要在同级文化体制改革工作领导小组、清理整顿交易场所工作领导小组领导下，切实履行监管职责，组织力量开展对各类文化产权交易所的整顿规范工作。对未按审批设立程序批准、已注册使用"交易所"名称的文化产权交易所，应限期予以规范。文化产权交易所不得将任何权益拆分为均等份额公开发行，不得采取集中竞价、做市商等集中交易方式进行交易；不得将权益按照标准化交易单位持续挂牌交易，任何投资者买入后卖出或卖出后买入同一交易品种的时间间隔不得少于 5 个交易日。对从事违法证券期货交易活动的文化产权交易所，严禁以任何方式扩大业务范围，严禁新增交易品种，严禁新增投资者，并限期取消或结束交易活动。对逾期不取消、继续或变相违法从事证券期货交易的各类文化产权交易所，文化、广电、新闻出版部门要积极协助证监会作出认定，依照有关规定从严惩处。其他类型的产权交易所参照本规定对已开展的文化产权交易活动进行清理。

七、加强文化艺术品交易管理。艺术品经营企业应当履行公平交易责任，禁止交易、展示假冒他人名义、侵犯著作权、没有合法来源、产权归属不清晰的艺术品。开展艺术品拍卖违法违规行为治理整顿专项活动，由商务部会同文化、文物、公安、工商、版权、人民银行等相关部门重点就拍卖主体资格、拍品来源、确权和流转、拍卖程序进行专项整治，重点解决艺术品拍卖中无资质拍卖、知假拍假、虚假拍卖等突出问题。研究制定相关法规，明确艺术品市场主体准入条件、从业人员资质条件，完善艺术品交易规则，规范艺术品市场交易秩序。建立拍卖交易、画廊经纪、展览展销、进出口、鉴定评估、复仿制等艺术品市场管理制度，依法监管艺术品市场，促进其健康发展。加强文物市场管理，依照《文物保护法》规范文物交易行为。文化行业相关主管部门要加强对广播、电视、报刊、网络等媒体中艺术品鉴定、拍卖等节目（栏目）的管理。

中共中央宣传部　商务部　文化部

国家广播电影电视总局　新闻出版总署

2011 年 12 月 30 日

B.52
关于国有企业改制重组中
积极引入民间投资的指导意见

（国资发产权〔2012〕80号）

根据《国务院关于鼓励和引导民间投资健康发展的若干意见》（国发〔2010〕13号）和《国务院办公厅关于鼓励和引导民间投资健康发展重点工作分工的通知》（国办函〔2010〕120号）精神，为了积极推动民间投资参与国有企业改制重组，现提出以下意见：

一、坚持毫不动摇地巩固和发展公有制经济、毫不动摇地鼓励支持和引导非公有制经济发展，深入推进国有经济战略性调整，完善国有资本有进有退、合理流动机制。

二、积极引入民间投资参与国有企业改制重组，发展混合所有制经济，建立现代产权制度，进一步推动国有企业转换经营机制、转变发展方式。

三、国有企业改制重组中引入民间投资，应当符合国家对国有经济布局与结构调整的总体要求和相关规定，遵循市场规律，尊重企业意愿，平等保护各类相关利益主体的合法权益。

四、国有企业在改制重组中引入民间投资时，应当通过产权市场、媒体和互联网广泛发布拟引入民间投资项目的相关信息。

五、国有企业改制重组引入民间投资，应当优先引入业绩优秀、信誉良好和具有共同目标追求的民间投资主体。

六、民间投资主体参与国有企业改制重组可以用货币出资，也可以用实物、知识产权、土地使用权等法律、行政法规允许的方式出资。

七、民间投资主体可以通过出资入股、收购股权、认购可转债、融资租赁等多种形式参与国有企业改制重组。

八、民间投资主体之间或者民间投资主体与国有企业之间可以共同设立股权投资基金，参与国有企业改制重组，共同投资战略性新兴产业，开展境外投资。

九、国有企业改制上市或国有控股的上市公司增发股票时，应当积极引入民间投资。国有股东通过公开征集方式或通过大宗交易方式转让所持上市公司股权时，不得在意向受让人资质条件中单独对民间投资主体设置附加条件。

十、企业国有产权转让时，除国家相关规定允许协议转让者外，均应当进入由省级以上国资监管机构选择确认的产权市场公开竞价转让，不得在意向受让人资质条件中单独对民间投资主体设置附加条件。

十一、从事国有产权转让的产权交易机构，应当积极发挥市场配置资源功能，有序聚集和组合民间资本，参与受让企业国有产权。

十二、国有企业改制重组引入民间投资，要遵守国家相关法律、行政法规、国有资产监管制度和企业章程，依法履行决策程序，维护出资人权益。

十三、国有企业改制重组引入民间投资，应按规定履行企业改制重组民主程序，依法制定切实可行的职工安置方案，妥善安置职工，做好劳动合同、社会保险关系接续、偿还拖欠职工债务等工作，维护职工合法权益，维护企业和社会的稳定。

十四、改制企业要依法承继债权债务，维护社会信用秩序，保护金融债权人和其他债权人的合法权益。

国务院国有资产监督管理委员会

2012 年 5 月 23 日

B.53

国家出资企业产权登记管理暂行办法

（国务院国有资产监督管理委员会第29号令）

《国家出资企业产权登记管理暂行办法》已经国务院国有资产监督管理委员会第114次委主任办公会议审议通过，现予公布，自2012年6月1日起施行。

国务院国有资产监督管理委员会主任　王勇

2012年4月20日

国家出资企业产权登记管理暂行办法

第一章　总则

第一条　为了加强国家出资企业产权登记管理，及时、真实、动态、全面反映企业产权状况，根据《中华人民共和国企业国有资产法》、《企业国有资产监督管理暂行条例》（国务院令第378号）等法律和行政法规，制定本办法。

第二条　本办法所称国家出资企业产权登记（以下简称产权登记），是指国有资产监督管理机构对本级人民政府授权管理的国家出资企业的产权及其分布状况进行登记管理的行为。

第三条　国家出资企业、国家出资企业（不含国有资本参股公司）拥有实际控制权的境内外各级企业及其投资参股企业（以下统称企业），应当纳入产权登记范围。国家出资企业所属事业单位视为其子企业进行产登记。

前款所称拥有实际控制权，是指国家出资企业直接或者间接合计持股比例超过 50%，或者持股比例虽然未超过 50%，但为第一大股东，并通过股东协议、公司章程、董事会决议或者其他协议安排能够实际支配企业行为的情形。

第四条 本办法所指出资人分为以下五类：

（一）履行出资人职责的机构；

（二）履行出资人职责的机构、国有独资企业、国有独资公司单独或者共同出资设立的企业；

（三）以上两类出资人直接或者间接合计持股比例超过 50% 不足 100% 的企业；

（四）以上三类出资人直接或者间接合计持股比例未超过 50% 但为第一大股东，并通过股东协议、公司章程、董事会决议或者其他协议安排能够实际支配企业行为的企业；

（五）以上四类出资人以外的企业、自然人或者其他经济组织。

以上（二）、（三）、（四）类出资人统称为履行出资人职责的企业。

第五条 企业为交易目的持有的下列股权不进行产权登记：

（一）为了赚取差价从二级市场购入的上市公司股权；

（二）为了近期内（一年以内）出售而持有的其他股权。

第六条 办理产权登记的企业应当权属清晰。存在产权纠纷的企业，应当在及时处理产权纠纷后申请办理产权登记。

第七条 各级国有资产监督管理机构分别负责本级人民政府授权管理的国家出资企业的产权登记管理。国务院国有资产监督管理机构对地方国有资产监督管理机构的产权登记工作进行指导和监督。

第八条 国家出资企业负责对其履行出资人职责的企业的产权登记工作进行管理，并向国有资产监督管理机构申请办理企业产权登记。

第九条 各级国有资产监督管理机构、国家出资企业应当定期对产权登记数据进行汇总分析。

省级国有资产监督管理机构应当于每年 1 月 31 日前，将本地区上年度企业产权登记数据汇总分析后，报国务院国有资产监督管理机构。

第二章　产权登记类型

第十条　产权登记分为占有产权登记、变动产权登记和注销产权登记。

第十一条　履行出资人职责的机构和履行出资人职责的企业有下列情形之一的，应当办理占有产权登记：

（一）因投资、分立、合并而新设企业的；

（二）因收购、投资入股而首次取得企业股权的；

（三）其他应当办理占有产权登记的情形。

第十二条　占有产权登记应包括下列内容：

（一）企业出资人及出资人类别、出资额、出资形式；

（二）企业注册资本、股权比例；

（三）企业名称及在国家出资企业中所处级次；

（四）企业组织形式；

（五）企业注册时间、注册地；

（六）企业主营业务范围；

（七）国有资产监督管理机构要求的其他内容。

第十三条　有下列情形之一的，应当办理变动产权登记：

（一）履行出资人职责的机构和履行出资人职责的企业名称、持股比例改变的；

（二）企业注册资本改变的；

（三）企业名称改变的；

（四）企业组织形式改变的；

（五）企业注册地改变的；

（六）企业主营业务改变的；

（七）其他应当办理变动产权登记的情形。

第十四条　有下列情形之一的，应当办理注销产权登记：

（一）因解散、破产进行清算，并注销企业法人资格的；

（二）因产权转让、减资、股权出资、出资人性质改变等导致企业出资人中不再存续履行出资人职责的机构和履行出资人职责的企业的；

（三）其他应当办理注销产权登记的情形。

第三章　产权登记程序

第十五条　企业发生产权登记相关经济行为时，应当自相关经济行为完成后 20 个工作日内，在办理工商登记前，申请办理产权登记。企业注销法人资格的，应当在办理工商注销登记后，及时办理注销产权登记。

第十六条　企业申请办理产权登记，应当由履行出资人职责的企业按照填报要求，填写有关登记内容和相关经济行为合规性资料目录，逐级报送国家出资企业，国家出资企业负责对登记内容及相关经济行为的合规性进行审核后，向国有资产监督管理机构申请登记。

同一国有资产监督管理机构及其管理的多个履行出资人职责的企业共同出资的企业，由拥有实际控制权的一方负责申请办理产权登记；任一方均不拥有实际控制权的，由持股比例最大的一方负责申请办理产权登记；各方持股比例相等的，由其共同推举一方负责申请办理产权登记。

非同一国有资产监督管理机构及其管理的多个履行出资人职责的企业共同出资的企业，由各方分别申请办理产权登记。

第十七条　国有资产监督管理机构自国家出资企业报送产权登记信息 10 个工作日内，对符合登记要求的企业予以登记；对相关经济行为操作过程中存在瑕疵的企业，国有资产监督管理机构应当向国家出资企业下发限期整改通知书，完成整改后予以登记。

第十八条　已办理产权登记的国家出资企业，由国有资产监督管理机构核发产权登记证；已办理产权登记的其他企业，由国有资产监督管理机构或者由国有资产监督管理机构授权国家出资企业核发产权登记表。

产权登记证、登记表是企业办结产权登记的证明，是客观记载企业产权状况基本信息的文件。产权登记证、登记表的格式和内容由国务院国有资产监督管理机构统一制发，企业在使用过程中不得擅自修改。

第十九条　企业应当在办理工商登记后 10 个工作日内，将企业法人营业执照或者工商变更登记表报送国有资产监督管理机构；工商登记信息与产权登记信息存在不一致的，企业应当核实相关资料，涉及变更产权登记信息的，企业应当修改后重新报送，国有资产监督管理机构或者国家出资企业对相关登记信息进行确认后重新核发产权登记证、登记表。

第二十条 产权登记仅涉及企业名称、注册地、主营业务等基础信息改变的，可在办理工商登记后申请办理产权登记。

第四章 产权登记管理

第二十一条 国家出资企业应当建立健全产权登记制度和工作体系，落实产权登记管理工作责任，并对制度执行情况进行监督检查。年度检查结果应当书面报告国有资产监督管理机构。

第二十二条 各级国有资产监督管理机构应当对企业产权登记工作的日常登记情况、年度检查情况和限期整改事项落实情况等进行检查，并予以通报。

第二十三条 国有资产监督管理机构、国家出资企业应当建立健全产权登记档案管理制度；国家出资企业对办理完成的产权登记事项，应当及时将合规性资料目录中所列资料整理归档，分户建立企业产权登记档案。

第二十四条 企业违反本办法规定，有下列行为之一的，由国有资产监督管理机构责令改正或者予以通报，造成国有资产损失的，依照有关规定追究企业领导和相关人员的责任：

（一）未按本办法规定及时、如实申请办理产权登记的；

（二）未按期进行整改的；

（三）伪造、涂改产权登记证、登记表的。

第五章 附则

第二十五条 省级国有资产监督管理机构可以依据本办法制定本地区的具体实施办法。

第二十六条 本办法自 2012 年 6 月 1 日起施行。

B.54

国务院办公厅关于清理整顿
各类交易场所的实施意见

（国办发〔2012〕37号）

各省、自治区、直辖市人民政府，国务院各部委、各直属机构：

为贯彻落实《国务院关于清理整顿各类交易场所切实防范金融风险的决定》（国发〔2011〕38号，以下称国发38号文件），进一步明确政策界限、措施和工作要求，扎实推进清理整顿各类交易场所工作，防范金融风险，维护社会稳定，经国务院同意，现提出以下意见：

一　全面把握清理整顿范围

遵循规范有序、便利实体经济发展的原则，准确界定清理整顿范围，突出重点，增强清理整顿各类交易场所工作的针对性、有效性。本次清理整顿的范围包括从事权益类交易、大宗商品中远期交易以及其他标准化合约交易的各类交易场所，包括名称中未使用"交易所"字样的交易场所，但仅从事车辆、房地产等实物交易的交易场所除外。其中，权益类交易包括产权、股权、债权、林权、矿权、知识产权、文化艺术品权益及金融资产权益等交易；大宗商品中远期交易，是指以大宗商品的标准化合约为交易对象，采用电子化集中交易方式，允许交易者以对冲平仓方式了结交易而不以实物交收为目的或不必交割实物的标准化合约交易；其他标准化合约，包括以有价证券、利率、汇率、指数、碳排放权、排污权等为标的物的标准化合约。

各类交易场所已设立的分支机构，按照属地管理原则，由各分支机构所在地省、自治区、直辖市人民政府（以下称省级人民政府）负责清理整顿。

依法经批准设立的证券、期货交易所，或经国务院金融管理部门批准设立的从事金融产品交易的交易场所不属于本次清理整顿范围。

二 准确适用清理整顿政策界限

违反下列规定之一的交易场所及其分支机构，应予以清理整顿。

（一）不得将任何权益拆分为均等份额公开发行。任何交易场所利用其服务与设施，将权益拆分为均等份额后发售给投资者，即属于"均等份额公开发行"。股份公司股份公开发行适用公司法、证券法相关规定。

（二）不得采取集中交易方式进行交易。本意见所称的"集中交易方式"包括集合竞价、连续竞价、电子撮合、匿名交易、做市商等交易方式，但协议转让、依法进行的拍卖不在此列。

（三）不得将权益按照标准化交易单位持续挂牌交易。本意见所称的"标准化交易单位"是指将股权以外的其他权益设定最小交易单位，并以最小交易单位或其整数倍进行交易。"持续挂牌交易"是指在买入后 5 个交易日内挂牌卖出同一交易品种或在卖出后 5 个交易日内挂牌买入同一交易品种。

（四）权益持有人累计不得超过 200 人。除法律、行政法规另有规定外，任何权益在其存续期间，无论在发行还是转让环节，其实际持有人累计不得超过 200 人，以信托、委托代理等方式代持的，按实际持有人数计算。

（五）不得以集中交易方式进行标准化合约交易。本意见所称的"标准化合约"包括两种情形：一种是由交易场所统一制定，除价格外其他条款固定，规定在将来某一时间和地点交割一定数量标的物的合约；另一种是由交易场所统一制定，规定买方有权在将来某一时间以特定价格买入或者卖出约定标的物的合约。

（六）未经国务院相关金融管理部门批准，不得设立从事保险、信贷、黄金等金融产品交易的交易场所，其他任何交易场所也不得从事保险、信贷、黄金等金融产品交易。

商业银行、证券公司、期货公司、保险公司、信托投资公司等金融机构不得为违反上述规定的交易场所提供承销、开户、托管、资产划转、代理买卖、投资咨询、保险等服务；已提供服务的金融机构，要按照相关金融管理部门的要求开展自查自清，并做好善后工作。

三　认真落实清理整顿工作安排

（一）排查甄别。各省级人民政府要按照国发38号文件和本意见要求，组织对本地区各类交易场所的交易品种、交易方式、投资者人数等是否违反规定，以及风险状况进行认真排查甄别。对违反国发38号文件规定的交易场所，严禁新增交易品种。

（二）整改规范。各类交易场所对自身存在问题纠正不及时、不到位的，有关省级人民政府要按照国发38号文件及本意见的要求，落实监管责任，对问题交易场所采取整改措施。交易规则违反国发38号文件规定的，不得继续交易；已暂停交易的，不得恢复交易，并依据相关政策规定修改交易规则，报本省（区、市）清理整顿工作领导小组批准。交易产品违反国发38号文件规定的，要取消违规交易产品并处理好善后问题；权益持有人累计超过200人的，要予以清理。

（三）检查验收。各省级人民政府应当组织对各类交易场所整改规范情况进行检查验收。重点核查交易场所章程、交易规则、交易品种、交易方式、投资者适当性、管理制度是否符合国发38号文件和本意见的规定，交易信息系统是否符合安全稳定性要求等。

（四）分类处置。各省级人民政府要对交易场所进行分类处置，该关闭的要坚决关闭，该整改的要认真整改，该规范的要切实规范。对确有必要保留的，要按照国发38号文件和本意见的要求履行相应审批程序。对于拒不整改、无正当理由逾期未完成整改的，或继续从事违法证券、期货交易的交易场所，各省级人民政府要依法依规坚决予以关闭或取缔。清理整顿过程中，各省级人民政府要采取有效措施确保投资者资金安全和社会稳定；对涉嫌犯罪的，要移送司法机关，依法追究有关人员的法律责任。

各省级人民政府要在清理整顿工作基本完成后，对清理整顿工作过程、政策措施、验收结果、日常监管和风险处置等情况进行全面总结，并书面报告清理整顿各类交易场所部际联席会议（以下简称联席会议）。

四　严格执行交易场所审批政策

（一）把握各类交易场所设立原则。

各省级人民政府应按照"总量控制、合理布局、审慎审批"的原则，统筹规划各类交易场所的数量规模和区域分布，制定交易场所品种结构规划和审查标准，审慎批准设立交易场所，使交易场所的设立与监管能力及实体经济发展水平相协调。

（二）严格规范交易场所设立审批。

1. 凡新设交易所的，除经国务院或国务院金融管理部门批准的以外，必须报省级人民政府批准；省级人民政府批准前，应取得联席会议的书面反馈意见。

2. 清理整顿前已设立运营的交易所，应当按照下列情形分别处理：

一是省级人民政府批准设立的交易所，确有必要保留，且未违反国发 38 号文件和本意见规定的，应经省级人民政府确认；违反国发 38 号文件和本意见规定的，应予清理整顿并经省级人民政府组织检查验收，验收通过后方可继续运营。各省级人民政府应当将上述两类交易所名单分别报联席会议备案。

二是未经省级人民政府批准设立的交易所，清理整顿并验收通过后，拟继续保留的，应按照新设交易场所的要求履行相关审批程序。省级人民政府批准前，应取得联席会议的书面反馈意见。

三是历史形成的从事车辆、房地产等实物交易的交易所，未从事违反国发 38 号文件和本意见规定，名称中拟继续使用"交易所"字样的，由省级人民政府根据实际情况处理，并将交易所名单报联席会议备案。

3. 从事权益类交易、大宗商品中远期交易以及其他标准化合约交易的交易场所，原则上不得设立分支机构开展经营活动。确有必要设立的，应当分别经该交易场所所在地省级人民政府及拟设分支机构所在地省级人民政府批准，并按照属地监管原则，由相应省级人民政府负责监管。凡未经省级人民政府批准已设立运营的经营性分支机构，要按照上述要求履行审批程序。违反上述规定的，各地工商行政管理部门不得为分支机构办理工商登记，并按照工商管理相关规定进行处理。

名称中未使用"交易所"字样的各类交易场所的监管办法，由各省级人民政府制定。

五　切实贯彻清理整顿工作要求

（一）统一政策标准。各省级人民政府在开展清理整顿工作中，要严格按照国务院、联席会议及有关部门的要求，统一政策标准，准确把握政策界限。实际执行中遇到疑难问题或对相关政策把握不准的，要及时上报联席会议。

（二）防范化解风险。各省级人民政府在清理整顿工作中，要制定完善风险处置预案，认真排查矛盾纠纷和风险隐患，及时掌握市场动向，做好信访投诉受理和处置工作。要加强与司法机关的协调配合，严肃查处挪用客户资金、诈骗等涉嫌违法犯罪行为，妥善处置突发事件，维护投资者合法权益，防范和化解金融风险，维护社会稳定。

（三）落实监管责任。各省级人民政府要制定本地区各类交易场所监管制度，明确各类交易场所监管机构和职能，加强日常监管，建立长效机制，持续做好各类交易场所统计监测、违规处理、风险处置等工作。相关省级人民政府要加强沟通配合和信息共享。联席会议成员单位和国务院相关部门要做好监督检查和指导工作。

国务院办公厅

2012 年 7 月 12 日

B.55
非上市公众公司监督管理办法

（中国证券监督管理委员会第 85 号令）

《非上市公众公司监督管理办法》已经 2012 年 5 月 11 日中国证券监督管理委员会第 17 次主席办公会议审议通过，现予公布，自 2013 年 1 月 1 日起施行。

中国证券监督管理委员会主席：郭树清

2012 年 9 月 28 日

非上市公众公司监督管理办法

第一章　总则

第一条　为了规范非上市公众公司股票转让和发行行为，保护投资者合法权益，维护社会公共利益，根据《证券法》、《公司法》及相关法律法规的规定，制定本办法。

第二条　本办法所称非上市公众公司（以下简称公众公司）是指有下列情形之一且其股票未在证券交易所上市交易的股份有限公司：

（一）股票向特定对象发行或者转让导致股东累计超过 200 人；

（二）股票以公开方式向社会公众公开转让。

第三条　公众公司应当按照法律、行政法规、本办法和公司章程的规定，做到股权明晰，合法规范经营，公司治理机制健全，履行信息披露义务。

第四条　公众公司股票应当在中国证券登记结算公司集中登记存管，公开转让应当在依法设立的证券交易场所进行。

第五条　为公司出具专项文件的证券公司、律师事务所、会计师事务所及其他证券服务机构，应当勤勉尽责、诚实守信，认真履行审慎核查义务，按照依法制定的业务规则、行业执业规范和职业道德准则发表专业意见，保证所出具文件的真实性、准确性和完整性，并接受中国证券监督管理委员会（以下简称中国证监会）的监管。

第二章　公司治理

第六条　公众公司应当依法制定公司章程。

中国证监会依法对公众公司章程必备条款作出具体规定，规范公司章程的制定和修改。

第七条　公众公司应当建立兼顾公司特点和公司治理机制基本要求的股东大会、董事会、监事会制度，明晰职责和议事规则。

第八条　公众公司的治理结构应当确保所有股东，特别是中小股东充分行使法律、行政法规和公司章程规定的合法权利。

股东对法律、行政法规和公司章程规定的公司重大事项，享有知情权和参与权。

公众公司应当建立健全投资者关系管理，保护投资者的合法权益。

第九条　公众公司股东大会、董事会、监事会的召集、提案审议、通知时间、召开程序、授权委托、表决和决议等应当符合法律、行政法规和公司章程的规定；会议记录应当完整并安全保存。

股东大会的提案审议应当符合程序，保障股东的知情权、参与权、质询权和表决权；董事会应当在职权范围和股东大会授权范围内对审议事项作出决议，不得代替股东大会对超出董事会职权范围和授权范围的事项进行决议。

第十条　公众公司董事会应当对公司的治理机制是否给所有的股东提供合适的保护和平等权利等情况进行充分讨论、评估。

第十一条　公众公司应当强化内部管理，按照相关规定建立会计核算体系、财务管理和风险控制等制度，确保公司财务报告真实可靠及行为合法合规。

第十二条　公众公司进行关联交易应当遵循平等、自愿、等价、有偿的原则，保证交易公平、公允，维护公司的合法权益，根据法律、行政法规、中国证监会的规定和公司章程，履行相应的审议程序。

第十三条　公众公司应当采取有效措施防止股东及其关联方以各种形式占用或者转移公司的资金、资产及其他资源。

第十四条　公众公司实施并购重组行为，应当按照法律、行政法规、中国证监会的规定和公司章程，履行相应的决策程序并聘请证券公司和相关证券服务机构出具专业意见。

任何单位和个人不得利用并购重组损害公众公司及其股东的合法权益。

第十五条　进行公众公司收购，收购人或者其实际控制人应当具有健全的公司治理机制和良好的诚信记录。收购人不得以任何形式从被收购公司获得财务资助，不得利用收购活动损害被收购公司及其股东的合法权益。

在公众公司收购中，收购人持有的被收购公司的股份，在收购完成后 12个月内不得转让。

第十六条　公众公司实施重大资产重组，重组的相关资产应当权属清晰、定价公允，重组后的公众公司治理机制健全，不得损害公众公司和股东的合法权益。

第十七条　公众公司应当按照法律的规定，同时结合公司的实际情况在章程中约定建立表决权回避制度。

第十八条　公众公司应当在章程中约定纠纷解决机制。股东有权按照法律、行政法规和公司章程的规定，通过仲裁、民事诉讼或者其他法律手段保护其合法权益。

第三章　信息披露

第十九条　公司及其他信息披露义务人应当按照法律、行政法规和中国证监会的规定，真实、准确、完整、及时地披露信息，不得有虚假记载、误导性陈述或者重大遗漏。公司及其他信息披露义务人应当向所有投资者同时公开披露信息。

公司的董事、监事、高级管理人员应当忠实、勤勉地履行职责，保证公司披露信息的真实、准确、完整、及时。

第二十条 信息披露文件主要包括公开转让说明书、定向转让说明书、定向发行说明书、发行情况报告书、定期报告和临时报告等。具体的内容与格式、编制规则及披露要求，由中国证监会另行制定。

第二十一条 公开转让与定向发行的公众公司应当在每一会计年度的上半年结束之日起 2 个月内披露记载中国证监会规定内容的半年度报告，在每一会计年度结束之日起 4 个月内披露记载中国证监会规定内容的年度报告。年度报告中的财务会计报告应当经具有证券期货相关业务资格的会计师事务所审计。

股票向特定对象转让导致股东累计超过 200 人的公众公司，应当在每一会计年度结束之日起 4 个月内披露记载中国证监会规定内容的年度报告。年度报告中的财务会计报告应当经会计师事务所审计。

第二十二条 公众公司董事、高级管理人员应当对定期报告签署书面确认意见；对报告内容有异议的，应当单独陈述理由，并与定期报告同时披露。公众公司不得以董事、高级管理人员对定期报告内容有异议为由不按时披露定期报告。

公众公司监事会应当对董事会编制的定期报告进行审核并提出书面审核意见，说明董事会对定期报告的编制和审核程序是否符合法律、行政法规、中国证监会的规定和公司章程，报告的内容是否能够真实、准确、完整地反映公司实际情况。

第二十三条 证券公司、律师事务所、会计师事务所及其他证券服务机构出具的文件和其他有关的重要文件应当作为备查文件，予以披露。

第二十四条 发生可能对股票价格产生较大影响的重大事件，投资者尚未得知时，公众公司应当立即将有关该重大事件的情况报送临时报告，并予以公告，说明事件的起因、目前的状态和可能产生的后果。

第二十五条 公众公司实施并购重组的，相关信息披露义务人应当依法严格履行公告义务，并及时准确地向公众公司通报有关信息，配合公众公司及时、准确、完整地进行披露。

参与并购重组的相关单位和人员，在并购重组的信息依法披露前负有保密义务，禁止利用该信息进行内幕交易。

第二十六条　公众公司应当制定信息披露事务管理制度并指定具有相关专业知识的人员负责信息披露事务。

第二十七条　除监事会公告外，公众公司披露的信息应当以董事会公告的形式发布。董事、监事、高级管理人员非经董事会书面授权，不得对外发布未披露的信息。

第二十八条　公司及其他信息披露义务人依法披露的信息，应当在中国证监会指定的信息披露平台公布。公司及其他信息披露义务人可在公司网站或者其他公众媒体上刊登依本办法必须披露的信息，但披露的内容应当完全一致，且不得早于在中国证监会指定的信息披露平台披露的时间。

股票向特定对象转让导致股东累计超过 200 人的公众公司可以在公司章程中约定其他信息披露方式；在中国证监会指定的信息披露平台披露相关信息的，应当符合本条第一款的要求。

第二十九条　公司及其他信息披露义务人应当将信息披露公告文稿和相关备查文件置备于公司住所供社会公众查阅。

第三十条　公司应当配合为其提供服务的证券公司及律师事务所、会计师事务所等证券服务机构的工作，按要求提供所需资料，不得要求证券公司、证券服务机构出具与客观事实不符的文件或者阻碍其工作。

第四章　股票转让

第三十一条　股票向特定对象转让导致股东累计超过 200 人的股份有限公司，应当自上述行为发生之日起 3 个月内，按照中国证监会有关规定制作申请文件，申请文件应当包括但不限于：定向转让说明书、律师事务所出具的法律意见书、会计师事务所出具的审计报告。股份有限公司持申请文件向中国证监会申请核准。在提交申请文件前，股份有限公司应当将相关情况通知所有股东。

在 3 个月内股东人数降至 200 人以内的，可以不提出申请。

股票向特定对象转让应当以非公开方式协议转让。申请股票向社会公众公开转让的，按照本办法第三十二条、第三十三条的规定办理。

第三十二条　公司申请其股票向社会公众公开转让的，董事会应当依法就股票公开转让的具体方案作出决议，并提请股东大会批准，股东大会决议必须经出席会议的股东所持表决权的 2/3 以上通过。

董事会和股东大会决议中还应当包括以下内容：

（一）按照中国证监会的相关规定修改公司章程；

（二）按照法律、行政法规和公司章程的规定建立健全公司治理机制；

（三）履行信息披露义务，按照相关规定披露公开转让说明书、年度报告、半年度报告及其他信息披露内容。

第三十三条 申请其股票向社会公众公开转让的公司，应当按照中国证监会有关规定制作公开转让的申请文件，申请文件应当包括但不限于：公开转让说明书、律师事务所出具的法律意见书、具有证券期货相关业务资格的会计师事务所出具的审计报告、证券公司出具的推荐文件、证券交易场所的审查意见。公司持申请文件向中国证监会申请核准。

公开转让说明书应当在公开转让前披露。

第三十四条 中国证监会受理申请文件后，依法对公司治理和信息披露进行审核，作出是否核准的决定，并出具相关文件。

第三十五条 公司及其董事、监事、高级管理人员，应当对公开转让说明书、定向转让说明书签署书面确认意见，保证所披露的信息真实、准确、完整。

第五章　定向发行

第三十六条 本办法所称定向发行包括向特定对象发行股票导致股东累计超过 200 人，以及股东人数超过 200 人的公众公司向特定对象发行股票两种情形。

前款所称特定对象的范围包括下列机构或者自然人：

（一）公司股东；

（二）公司的董事、监事、高级管理人员、核心员工；

（三）符合投资者适当性管理规定的自然人投资者、法人投资者及其他经济组织。

公司确定发行对象时，符合本条第二款第（二）项、第（三）项规定的投资者合计不得超过 35 名。

核心员工的认定，应当由公司董事会提名，并向全体员工公示和征求意见，由监事会发表明确意见后，经股东大会审议批准。

投资者适当性管理规定由中国证监会另行制定。

第三十七条 公司应当对发行对象的身份进行确认，有充分理由确信发行对象符合本办法和公司的相关规定。

公司应当与发行对象签订包含风险揭示条款的认购协议。

第三十八条 公司董事会应当依法就本次股票发行的具体方案作出决议，并提请股东大会批准，股东大会决议必须经出席会议的股东所持表决权的 2/3 以上通过。

申请向特定对象发行股票导致股东累计超过 200 人的股份有限公司，董事会和股东大会决议中还应当包括以下内容：

（一）按照中国证监会的相关规定修改公司章程；

（二）按照法律、行政法规和公司章程的规定建立健全公司治理机制；

（三）履行信息披露义务，按照相关规定披露定向发行说明书、发行情况报告书、年度报告、半年度报告及其他信息披露内容。

第三十九条 公司应当按照中国证监会有关规定制作定向发行的申请文件，申请文件应当包括但不限于：定向发行说明书、律师事务所出具的法律意见书、具有证券期货相关业务资格的会计师事务所出具的审计报告、证券公司出具的推荐文件。公司持申请文件向中国证监会申请核准。

第四十条 中国证监会受理申请文件后，依法对公司治理和信息披露以及发行对象情况进行审核，作出是否核准的决定，并出具相关文件。

第四十一条 公司申请定向发行股票，可申请一次核准，分期发行。自中国证监会予以核准之日起，公司应当在 3 个月内首期发行，剩余数量应当在 12 个月内发行完毕。超过核准文件限定的有效期未发行的，须重新经中国证监会核准后方可发行。首期发行数量应当不少于总发行数量的 50%，剩余各期发行的数量由公司自行确定，每期发行后 5 个工作日内将发行情况报中国证监会备案。

第四十二条 公众公司向特定对象发行股票后股东累计不超过 200 人的，

或者公众公司在 12 个月内发行股票累计融资额低于公司净资产的 20% 的，豁免向中国证监会申请核准，但发行对象应当符合本办法第三十六条的规定，并在每次发行后 5 个工作日内将发行情况报中国证监会备案。

第四十三条　股票发行结束后，公众公司应当按照中国证监会的有关要求编制并披露发行情况报告书。申请分期发行的公众公司应在每期发行后按照中国证监会的有关要求进行披露，并在全部发行结束或者超过核准文件有效期后按照中国证监会的有关要求编制并披露发行情况报告书。

豁免向中国证监会申请核准定向发行的公众公司，应当在发行结束后按照中国证监会的有关要求编制并披露发行情况报告书。

第四十四条　公司及其董事、监事、高级管理人员，应当对定向发行说明书、发行情况报告书签署书面确认意见，保证所披露的信息真实、准确、完整。

第四十五条　公众公司定向发行股份购买资产的，按照本章有关规定办理。

第六章　监督管理

第四十六条　中国证监会会同国务院有关部门、地方人民政府，依照法律法规和国务院有关规定，各司其职，分工协作，对公众公司进行持续监管，防范风险，维护证券市场秩序。

第四十七条　中国证监会依法履行对公司股票转让、定向发行、信息披露的监管职责，有权对公司、证券公司、证券服务机构采取《证券法》第一百八十条规定的措施。

第四十八条　中国证券业协会应当发挥自律管理作用，对从事公司股票转让和定向发行业务的证券公司进行监督，督促其勤勉尽责地履行尽职调查和督导职责。发现证券公司有违反法律、行政法规和中国证监会相关规定的行为，应当向中国证监会报告，并采取自律管理措施。

第四十九条　中国证监会可以要求公司及其他信息披露义务人或者其董事、监事、高级管理人员对有关信息披露问题作出解释、说明或者提供相关资料，并要求公司提供证券公司或者证券服务机构的专业意见。

中国证监会对证券公司和证券服务机构出具文件的真实性、准确性、完整性有疑义的，可以要求相关机构作出解释、补充，并调阅其工作底稿。

第五十条 证券公司在从事股票转让、定向发行等业务活动中，应当按照中国证监会的有关规定勤勉尽责地进行尽职调查，规范履行内核程序，认真编制相关文件，并持续督导所推荐公司及时履行信息披露义务、完善公司治理。

第五十一条 证券服务机构为公司的股票转让、定向发行等活动出具审计报告、资产评估报告或者法律意见书等文件的，应当严格履行法定职责，遵循勤勉尽责和诚实信用原则，对公司的主体资格、股本情况、规范运作、财务状况、公司治理、信息披露等内容的真实性、准确性、完整性进行充分的核查和验证，并保证其出具的文件不存在虚假记载、误导性陈述或者重大遗漏。

第五十二条 中国证监会依法对公司进行监督检查或者调查，公司有义务提供相关文件资料。对于发现问题的公司，中国证监会可以采取责令改正、监管谈话、责令公开说明、出具警示函等监管措施，并记入诚信档案；涉嫌违法、犯罪的，应当立案调查或者移送司法机关。

第七章　法律责任

第五十三条 公司以欺骗手段骗取核准的，公司报送的报告有虚假记载、误导性陈述或者重大遗漏的，除依照《证券法》有关规定进行处罚外，中国证监会可以采取终止审查并自确认之日起在 36 个月内不受理公司的股票转让和定向发行申请的监管措施。

第五十四条 公司未按照本办法第三十一条、第三十三条、第三十九条规定，擅自转让或者发行股票的，按照《证券法》第一百八十八条的规定进行处罚。

第五十五条 证券公司、证券服务机构出具的文件有虚假记载、误导性陈述或者重大遗漏的，除依照《证券法》及相关法律法规的规定处罚外，中国证监会可视情节轻重，自确认之日起采取 3 个月至 12 个月内不接受该机构出具的相关专项文件，36 个月内不接受相关签字人员出具的专项文件的监管措施。

第五十六条 公司及其他信息披露义务人未按照规定披露信息，或者所披露的信息有虚假记载、误导性陈述或者重大遗漏的，依照《证券法》第一百九十三条的规定进行处罚。

第五十七条 公司向不符合本办法规定条件的投资者发行股票的，中国证监会可以责令改正，并可以自确认之日起在 36 个月内不受理其申请。

第五十八条 信息披露义务人及其董事、监事、高级管理人员，公司控股股东、实际控制人，为信息披露义务人出具专项文件的证券公司、证券服务机构及其工作人员，违反《证券法》、行政法规和中国证监会相关规定的，中国证监会可以采取责令改正、监管谈话、出具警示函、认定为不适当人选等监管措施，并记入诚信档案；情节严重的，中国证监会可以对有关责任人员采取证券市场禁入的措施。

第五十九条 公众公司内幕信息知情人或非法获取内幕信息的人，在对公众公司股票价格有重大影响的信息公开前，泄露该信息、买卖或者建议他人买卖该股票的，依照《证券法》第二百零二条的规定进行处罚。

第八章　附则

第六十条 公众公司向不特定对象公开发行股票的，应当遵守《证券法》和中国证监会的相关规定。

公众公司申请在证券交易所上市的，应当遵守中国证监会和证券交易所的相关规定。

第六十一条 本办法施行前股东人数超过 200 人的股份有限公司，依照有关法律法规进行规范，并经中国证监会确认后，可以按照本办法的相关规定申请核准。

第六十二条 本办法所称股份有限公司是指首次申请股票转让或定向发行的股份有限公司；所称公司包括非上市公众公司和首次申请股票转让或定向发行的股份有限公司。

第六十三条 本办法自 2013 年 1 月 1 日起施行。

B.56
跋 走向成熟

中国"产权市场蓝皮书"2012~2013年卷将要出版了。值此交付稿件之际，感慨良多。过去一年是我国产权交易市场持续发展的第十个年头。2011年，我国产权交易规模达6318亿元，产权市场遍布大江南北，市场类别延伸涉入金融、环境、文化，甚至一系列在西方经济中尚未出现的特种第三方市场领域。

本年度报告充分考虑产权市场上述累积绩效，适当将往年报告展开方式——年度现状描述、业内实绩、问题反映及未来发展等——换个角度，从中国产权交易市场新一轮规范发展、业务创新与后续趋势分析来展开报告的内容。毕竟，国有产权规模的壮大和市场类别延伸的速度，带来了在更高层面上回视自己的问题和整装新发的需要。

事物总是在曲折中前进，在前进中发展，产权市场亦是如此。中国产权市场的发展是很快的，但近年来也出现了不少问题。2010年底2011年初发生的河南省技术产权交易所和天津文化艺术品交易所两起事件，引发产权市场的新一轮整顿。随着2012年国务院对全国各类产权交易场所清理整顿工作的开展，中国交权交易市场开始步入规范发展的轨道。

我们的心随中国产权市场的脉搏一起跳动，我们希望中国产权市场不断前进、走向繁荣，我们希望中国产权市场能够为"中国梦"助力。

这是我们的第四卷"产权市场蓝皮书"，经过几年的积淀，我们的研究队伍已经成熟，"蓝皮书"也逐渐成熟。本卷的作者群依然保持了前三卷作者群的基本队伍，同时又增加了新的团队成员。这些作者涵盖了政府层面及交易机构的领导者、高等院校的学者、研究机构的研究者，他们都是产权交易市场研究方面的专家，在业界具有一定的知名度。他们提交的文章论点明确，数据翔实，保证了本书的学术质量，使本书从理论认知角度综合性地反映行业年度现状、样本实绩和潜存趋势。

　　国务院国资委产权管理局局长邓志雄先生已连续四次为我们提供稿件，国家发展和改革委员会经济体制综合改革司司长孔泾源先生这一次也欣然接受了我们的约稿。身为学者型官员的他们从百忙中抽出时间写稿、对我们的工作表示支持，我们心存感动和感激。我们感谢中国企业国有产权交易机构协会副秘书长、研究员何亚斌先生，国务院发展研究中心金融研究所所长、研究员张承惠女士，广州交易所集团董事长、高级经济师李正希先生，作为本书副主编，他们对本书编辑出版工作给予了长期支持。感谢课题组综合部副部长李宁女士以及其他同事，他们孜孜矻矻，为本书约稿、编辑、校对作了大量工作，使本书能够及时成型付梓。最后要感谢的是本书责任编辑、社会科学文献出版社周映希女士，她对本书的编辑、出版尽心尽力，提出了许多建设性意见，使我们受益匪浅。

　　本书尚有许多不尽如人意之处，敬请业内人士批评指正。

北京大学产权与 PE 市场研究课题组

2013 年 5 月

中国皮书网

发布皮书研创资讯，传播皮书精彩内容
引领皮书出版潮流，打造皮书服务平台

栏目设置：

- ☐ 资讯：皮书动态、皮书观点、皮书数据、皮书报道、皮书新书发布会、电子期刊
- ☐ 标准：皮书评价、皮书研究、皮书规范、皮书专家、编撰团队
- ☐ 服务：最新皮书、皮书书目、重点推荐、在线购书
- ☐ 链接：皮书数据库、皮书博客、皮书微博、出版社首页、在线书城
- ☐ 搜索：资讯、图书、研究动态
- ☐ 互动：皮书论坛

www.pishu.cn

中国皮书网依托皮书系列"权威、前沿、原创"的优质内容资源，通过文字、图片、音频、视频等多种元素，在皮书研创者、使用者之间搭建了一个成果展示、资源共享的互动平台。

自2005年12月正式上线以来，中国皮书网的IP访问量、PV浏览量与日俱增，受到海内外研究者、公务人员、商务人士以及专业读者的广泛关注。

2008年10月，中国皮书网获得"最具商业价值网站"称号。

2011年全国新闻出版网站年会上，中国皮书网被授予"2011最具商业价值网站"荣誉称号。

权威报告 热点资讯 海量资源

当代中国与世界发展的高端智库平台

皮书数据库 www.pishu.com.cn

皮书数据库是专业的人文社会科学综合学术资源总库，以大型连续性图书——皮书系列为基础，整合国内外相关资讯构建而成。包含七大子库，涵盖两百多个主题，囊括了近十几年间中国与世界经济社会发展报告，覆盖经济、社会、政治、文化、教育、国际问题等多个领域。

皮书数据库以篇章为基本单位，方便用户对皮书内容的阅读需求。用户可进行全文检索，也可对文献题目、内容提要、作者名称、作者单位、关键字等基本信息进行检索，还可对检索到的篇章再作二次筛选，进行在线阅读或下载阅读。智能多维度导航，可使用户根据自己熟知的分类标准进行分类导航筛选，使查找和检索更高效、便捷。

权威的研究报告，独特的调研数据，前沿的热点资讯，皮书数据库已发展成为国内最具影响力的关于中国与世界现实问题研究的成果库和资讯库。

皮书俱乐部会员服务指南

1. 谁能成为皮书俱乐部会员？

- 皮书作者自动成为皮书俱乐部会员；
- 购买皮书产品（纸质图书、电子书、皮书数据库充值卡）的个人用户。

2. 会员可享受的增值服务：

- 免费获赠该纸质图书的电子书；
- 免费获赠皮书数据库100元充值卡；
- 免费定期获赠皮书电子期刊；
- 优先参与各类皮书学术活动；
- 优先享受皮书产品的最新优惠。

社会科学文献出版社 皮书系列

卡号：3449482422916564

密码：

（本卡为图书内容的一部分，不购书刮卡，视为盗书）

3. 如何享受皮书俱乐部会员服务？

（1）如何免费获得整本电子书？

购买纸质图书后，将购书信息特别是书后附赠的卡号和密码通过邮件形式发送到 pishu@188.com，我们将验证您的信息，通过验证并成功注册后即可获得该本皮书的电子书。

（2）如何获赠皮书数据库100元充值卡？

第1步：刮开附赠卡的密码涂层（左下）；

第2步：登录皮书数据库网站（www.pishu.com.cn），注册成为皮书数据库用户，注册时请提供您的真实信息，以便您获得皮书俱乐部会员服务；

第3步：注册成功后登录，点击进入"会员中心"；

第4步：点击"在线充值"，输入正确的卡号和密码即可使用。

皮书俱乐部会员可享受社会科学文献出版社其他相关免费增值服务

您有任何疑问，均可拨打服务电话：010-59367227 QQ:1924151860

欢迎登录社会科学文献出版社官网(www.ssap.com.cn)和中国皮书网（www.pishu.cn）了解更多信息

社会科学文献出版社

皮书系列

"皮书"起源于十七、十八世纪的英国，主要指官方或社会组织正式发表的重要文件或报告，多以"白皮书"命名。在中国，"皮书"这一概念被社会广泛接受，并被成功运作、发展成为一种全新的出版形态，则源于中国社会科学院社会科学文献出版社。

皮书是对中国与世界发展状况和热点问题进行年度监测，以专家和学术的视角，针对某一领域或区域现状与发展态势展开分析和预测，具备权威性、前沿性、原创性、实证性、时效性等特点的连续性公开出版物，由一系列权威研究报告组成。皮书系列是社会科学文献出版社编辑出版的蓝皮书、绿皮书、黄皮书等的统称。

皮书系列的作者以中国社会科学院、著名高校、地方社会科学院的研究人员为主，多为国内一流研究机构的权威专家学者，他们的看法和观点代表了学界对中国与世界的现实和未来最高水平的解读与分析。

自20世纪90年代末推出以经济蓝皮书为开端的皮书系列以来，至今已出版皮书近800部，内容涵盖经济、社会、政法、文化传媒、行业、地方发展、国际形势等领域。皮书系列已成为社会科学文献出版社的著名图书品牌和中国社会科学院的知名学术品牌。

皮书系列在数字出版和国际出版方面成就斐然。皮书数据库被评为"2008~2009年度数字出版知名品牌"；经济蓝皮书、社会蓝皮书等十几种皮书每年还由国外知名学术出版机构出版英文版、俄文版、韩文版和日文版，面向全球发行。

2011年，皮书系列正式列入"十二五"国家重点出版规划项目；2012年，部分重点皮书列入中国社会科学院承担的国家哲学社会科学创新工程项目；一年一度的皮书年会升格由中国社会科学院主办。

法 律 声 明

"皮书系列"(含蓝皮书、绿皮书、黄皮书)由社会科学文献出版社最早使用并对外推广,现已成为中国图书市场上流行的品牌,是社会科学文献出版社的品牌图书。社会科学文献出版社拥有该系列图书的专有出版权和网络传播权,其 LOGO( ) 与"经济蓝皮书"、"社会蓝皮书"等皮书名称已在中华人民共和国工商行政管理总局商标局登记注册,社会科学文献出版社合法拥有其商标专用权。

未经社会科学文献出版社的授权和许可,任何复制、模仿或以其他方式侵害"皮书系列"和 LOGO( )、"经济蓝皮书"、"社会蓝皮书"等皮书名称商标专用权的行为均属于侵权行为,社会科学文献出版社将采取法律手段追究其法律责任,维护合法权益。

欢迎社会各界人士对侵犯社会科学文献出版社上述权利的违法行为进行举报。电话:010-59367121,电子邮箱:fawubu@ ssap. cn。

社会科学文献出版社